本书受中国矿业大学马克思主义理论学科建设专项经费资助出版

| 光明社科文库 |

农民公共精神培育的思想政治教育路径研究

甘永宗◎著

光明日报出版社

图书在版编目（CIP）数据

农民公共精神培育的思想政治教育路径研究 / 甘永宗著. -- 北京：光明日报出版社，2019.4
（光明社科文库）
ISBN 978-7-5194-5279-7

Ⅰ.①农… Ⅱ.①甘… Ⅲ.①农民—思想政治教育—研究—中国 Ⅳ.①D422.62

中国版本图书馆 CIP 数据核字（2019）第 083733 号

农民公共精神培育的思想政治教育路径研究

NONGMIN GONGGONG JINGSHEN PEIYU DE SIXIANG ZHENGZHI JIAOYU LUJING YANJIU

著　　者：甘永宗

责任编辑：史　宁　　　　责任校对：赵鸣鸣
封面设计：中联学林　　　责任印制：曹　诤

出版发行：光明日报出版社
地　　址：北京市西城区永安路 106 号，100050
电　　话：010-67017249（咨询）　63131930（邮购）
传　　真：010-67078227，67078255
网　　址：http：//book.gmw.cn
E - mail：shining@gmw.cn
法律顾问：北京德恒律师事务所龚柳方律师

印　　刷：三河市华东印刷有限公司
装　　订：三河市华东印刷有限公司
本书如有破损、缺页、装订错误，请与本社联系调换，电话：010-67019571

开　　本：170mm×240mm
字　　数：242 千字　　　　印　　张：17
版　　次：2019 年 9 月第 1 版　　印　　次：2019 年 9 月第 1 次印刷
书　　号：ISBN 978-7-5194-5279-7

定　　价：89.00 元

前　言

“公共精神”是人作为社会性存在为维护和促进公共生活而形成了精神现象，公共生活是其存在载体。但原始的氏族公共生活，传统宗族、乡村等以血缘、地缘等为特征公共生活，因抹杀个性、抑制个人自由发展，都不是现代真正意义上的公共生活。现代公共生活尊重个性特质和权利诉求的同时强调公共性的核心价值。尽管人们对“怎样的公共性”具有不同的价值预设，但都强调个体性与公共性的公共生活特质。即使在面对现代社会“原子化”加剧，公共性日渐式微的现实，解决个体性与公共性的“悖论”亦具有共识性。其中，公共精神扬弃公共性与个体性的二元分殊而寻求二者统一，即个体性含有公共性元素抑或公共性尊重个体性因子，从而在学理上构建了两者的“和谐”关系。公共精神也以其规范——德性——德行“三位一体”的实践结构形态在公共生活中实现观念与行为的统一，个体性与公共性的和谐共处，进而在公共生活达至民主与秩序的融合。以此逻辑分析中国农村社会，如果说传统“家国同构”的社会结构使中国农村缺乏现代意义上的公共生活，相应地也不主张公共精神，人们遵循着“独善其身”的私德伦理。那么近代以来特别是随着人民公社体制解体，村民自治真正开启了农村公共生活，并通过治理和民主两大功能得以彰显其公共性。相应地，公共精神在村民自治的民主与治理的公共生活中也具有其不可或缺的功能与价值。就公共治理而言，实施村民自治，在实现从人民公社治理体制向村民自主性治理体制转化的同时，弥补人民公社体制解体后农村治理空缺，以制度供给的推进方式回应农村现代化进程中经济社会发展、资源整合和秩序重构等治理诉求。就政治民主而言，实施村民自治，将农民当家做主的民主诉求变成切实可行的民主实践，并以此为基础推进社会主义民主政治发展。村民自治30多年的实践，在丰富了农村公共生活的同时，因单纯依靠制度供给发展思路中出现的问题，需要考虑非制度性因素在农村公共生活中的价值与功能，特别是考虑农民公共精神之于村民自治制度的内在支撑作用。这也是党的十九大报告强调的“坚持依法治国和以德治国相结合”的问题指向。

然而，农村日益丰富的公共生活对农民公共精神的伦理要求与传统农民“人人独善其身”的精神质态存在着内在的紧张。这种紧张不仅仅源自“家国同构”的传统社会结构使然，更值得关注来自推进作为农村公共生活的村民自治实践制度化取向以及支持这一实践的理论研究缺陷。就实践推进制度化取向而言，我国农村公共生活具有特殊的发展逻辑，即农村社会跨越式发展很难经历西方式漫长工业化过程和思想启蒙，使村民自治的公共生活不具有西方“繁衍性”而表现出“建构性”特征。这种“建构性”决定了村民自治在短期内不可能繁衍出适应公共生活的公共精神。而农民个体因联产承包制在获得经济自主后，经过市场“利益最大化”的经济理性洗礼后表现出公共理性不足。建构性的发展逻辑和经济理性的张扬都共同指向了农民公共精神不足的当代归因，同时也提出了需要关注促进村民自治的农民公共精神问题。国家基于“实用主义”立场实施“制度优先”的建构思路，使村民自治甫一实施就获得制度化的规范体系支持，并实现农村公共生活形式上的规范和有序。纵观30年来的村民自治制度推进实践，尽管村民自治作为乡村基层民主这一发展思路与西方民主发展的“制度优先”的发展逻辑具有一致性，即以完善制度规范推进乡村民主发展，人民当家做主的民主理念获得制度上的认可。但制度推进所要求的可操作性特征决定了对农村基层民主实践着力于制度规范的建构和完善，甚至是“嵌入性”民主制度的建构。这种制度化推进模式忽视促进村民自治制度运行的社会文化环境的营造，特别是忽视对农民公共精神的关照，没有实现村民自治制度与以农民公共精神为核心的农村公共文化的内洽。村民自治制度化推进方式固然在很大程度上使农村社会有序治理和在形式上实现农民当家做主的民主诉求，但村民自治制度因社会文化因素的缺失并没有真正扎根于乡村社会。农民遵守自治制度并不完全是公共理性的价值理念使然，而是基于惩罚或诱惑的利害权衡结果。这使农村基层民主治理与制度绩效不具有正相关性。就理论研究不足而言，应对农村基层民主推进的制度主义模式中出现的问题，理论界也进行了大量的反思。学者们基于各自的问题意识进行了广泛研究，形成了各具特色的观点，概括起来大致有三种：一是“矛盾说”，认为村民自治的民主理念没有获得体现是因为自治机构中的矛盾所致。如“乡（镇）村矛盾”“两委矛盾”“国家与社会矛盾”等等。二是“制度缺陷说”，认为村民自治发展面临的主要问题是制度不完善、制度不配套、制度建设滞后于实践的发展等。三是“文化制约说”，认为村民自治发展面临的困难主要是官僚主义文化困扰和地方官员们政治宽容度不高等问题，特别是传统宗族伦理文化抑制了农民的民主观念和参与意识。这些分析无疑是很有见地的。但主流的观点还是适应农村社会从传统向现代转型和推进农村基层民主发展的制度主义分析框架。该分析框架借鉴西方“制度优先”的现代化模式，以制度推进来检视中国乡村自治的发生发展轨迹，强调制度对社会行为的规范引导作用。其中，结构制度主义将乡村社会进行了传统——现代的二元划分，以现代理想化的设计来检视我国村民自治中的问题，但难以架构起中国乡村传统社会向理想化设计之间的发展路径与方案，从而使这一分析架构批判性有余而建构性不足。批判性有余是指其用理性设计的现代理想化制度方案去批判村民自治制度安排的合理与否，而不考虑现代理想模式作为参照是否合理，是否切合国情，是否具有可行性等；往往将违背理性设计方案简单解释为违逆于现代，或是传统势力对民主制度的抑制。其建构性不足是指没有架构与传统与现代的逻辑桥梁，忽视乡村社会中多元文化特别是人的能动性因素，仅仅用现代化的制度语言去解释村民自治的丰富内涵。

不管村民自治制度化推进模式中理论研究如何具有“逻辑性”，也不管村民自治的民主实践形式如何完善，都没有改变制度主义的基本分析思路，也不可避免出现现代民主推进中的制度主义缺陷。克服“制度优先”的民主推进模式的问题不是要否定制度本身的价值，而是要考虑如何使制度的民主价值理念得到充分体现和实施。村民自治实践中的问题表明，村民自治作为基层民主政治建设的重要内容，不仅仅依赖于完善的制度，还与促进制度运行的经济、文化及乡村“地方性知识”密切相关。仅仅从制度层面推进村民自治的民主建设，虽然有助于村民自治规范运行，但却忽视农民伦理责任、公共理性和制度认同等对村民自治制度的支撑作用，使村民自治制度的民主理念难以实现。由此，在制度主义分析框架下，除了要考虑制度本身的正当性与合理性外，还需要考虑正当与合理制度的适应环境，特别是发挥起内在支撑的农民公共精神的作用。这为村民自治民主理念实现和村治民主制度有效实施在制度主义分析框架下提供了新的视角与分析架构。这关涉农民公共精神与村民自治制度的内洽性，农民公共精神如何养成，以及农民公共精神养成与中国共产党传统思想政治教育的内在关联等。这些问题就需要在分析村民自治制度的问题及归因基础上论证村民自治制度、农民公共精神和农民思想政治教育三者的互动关系。即村民自治制度依赖农民公共精神的支撑，农民公共精神培育和养成需要农民思想政治教育的支持。探求通过思想政治教育培育农民公共精神，以实现村民自治良性运行和落实村民自治制度的民主理念成为解决村治民主的问题域。

为此，本书从承载农村社会治理和农民当家做主的民主发展并以此彰显农村公共生活的村民自治切入，以农村公共生活发展逻辑提出了农民公共精神的伦理诉求，以及培育农民公共精神的基本路径。该研究思路在制度主义分析框架下进行了一些创新尝试。第一，提出了村民自治制度、农民公共精神和农民思想政治教育三元互动模式。村民自治的核心价值是实现农村基层民主，其民主理念获得村民自治制度的法权保障。村民自治制度的民主理念既需要通过制度规范的民主机制得以实现，更需要民主机制下的农民民主意识、公共理性、互惠包容等公共精神做内在支撑。村民自治制度虽然提供民主运行机制以规范化、有序化，但积极的、主动的规范民主需要关照到农民公共精神之于村民自治制度的支撑作用。因此，需要在尊重村民自治制度的规范功能的同时，从农民公共精神培育视角研究村民自治，强调农民公共精神对村民自治的良性运行和村治制度的民主理念具有积极推进作用。相应地，培育农民公共精神就成为推进村民自治的重要研究思路，该思路因关照到作为自治主体的人的伦理精神而使村民自治的研究突破了传统完善制度、理顺机制等研究范式，丰富了村民自治的研究内容。第二，选择了农民思想政治教育的研究视角。该视角以马克思共同体理论为指导，立基于“管理有序、服务完善和文明祥和”的社会生活共同体建构基本样态，分析了农村社会生活共同体的基本内涵，提出了共同体生活强调民主制度完善和支撑民主制度的农民公共精神培育，以此为基点展开对农民公共精神培育的思想政治教育理论路径建构。该视角充分尊重社会生活共同体的制度化建构思路，并在此框架下基于中国国情提出了社会生活共同体建构的中国特色。一方面中国特色社会生活共同体依赖农民公共精神培育，另一方面社会生活共同体建构也对农民公共精神培育和思想政治教育提出相应的规范和要求。以社会生活共同体建构探究农民思想政治教育不仅强调农民思想政治教育必要性，而且因应社会生活共同体建构而使农民思想政治教育具有明确的问题指向，使农民公共精神培育从道理上“应该怎样”向客观实际“要求怎样”转变，实现农民思想政治教育“应然”与“实然”的统一。第三，架构了农民公共精神培育的思想政治教育实践路径。本书没有接受学界大多借鉴西方公共精神生成于公民社会的发展逻辑而主张发展农村公民社会、促进公共领域完善的农民公共精神培育思路。因为这种思路虽然为农民公共精神提供生成环境，但中国农村社会发展的独特性不能实现农民公共精神自发生成，需要通过人为的思想政治教育促进农民公共精神培育。本书基于农民生存方式原子化和生活方式流动性造成思想政治教育的操作性和有效性不足的问题，通过农村社会生活共同体建构营造的社会生态，形成农民公共精神培育的思想政治教育的生活教育实践路径。该路径在尊重农民公共精神的生成逻辑的同时利用思想政治教育基本理念与方法培育农民公共精神，既尊重公共精神生成的客观规律性又发挥思想政治教育的主观能动性，形成合目的性与合规律性相统一的农民公共精神培育的思想政治教育基本思路。

以上农民公共精神培育研究尝试关涉相关的理论问题，如农民公共精神培育与村民自治制度的内在关联，农民公共精神培育的思想政治教育路径的可行性分析，农民思想政治教育路径的理论建构和实践操作等问题，这些问题的解决使农民公共精神培育具有较强的理论意义和现实意义。第一，探索中国农村基层民主的制度化推进模式。当代中国农村社会现代化建设探索出了一条适应中国乡村实际的、具有中国特色的乡村现代化路径，特别是村民自治的深入推进，不仅彰显农民“当家做主”的主人翁地位，而且形成了后发外生型国家现代化的政府驱动路径。政府制度化驱动模式主要表现为：一是提供农村从传统向现代转型的经济制度供给。国家推进农村联产承包责任制和完善农村市场经济体制，实现农村从“领域合一”向“领域分离”的转化，使适应“领域合一”的人民公社体制遭到瓦解。二是提供了乡村民主和村民自治的制度供给。“领域分离”的社会结构使农村面临着社会治理的复杂问题，特别是传统政府层面的人民公社解体和乡村宗族等自治组织遭到解构，而适应农村社会变革的自我管理机制尚未建立。国家通过理性设计和规范化的制度供给落实村民自治的同时开展农村基层民主建设，真正实现人民当家做主。中央和地方各级政府和基层自治组织围绕村民自治的推广和实施，提供了大量的制度供给，形成了较为完整的村民自治制度体系。但任何制度体系的良性运行都需要与之相适应的公共伦理基础。"如果一个国家的人民缺乏一种赋予这些制度以真实生命力的广泛的现代心理基础，如果执行和运用着这些现代制度的人，自身还没有从心理、思想、态度和行为方式上都经历一个向现代化的转变，失败和畸形发展的悲剧结局是不可避免的。"由此，农村基层民主制度化推进模式面临着缺失文化的、伦理的认同。为解决民主制度的价值认同和摆脱外在强制性带来的"制度缺陷"，农民公共精神培育势必成为破解村民自治制度运行的德性诉求，农民公共精神培育也成为促进农村基层民主制度化发展的重要支撑。农民公共精神培育通过引导农民在村民自治实践中践行公共至上的价值理念，强化包容多元、尊重多样、互惠互助等，使导致农村社区矛盾的多元利益诉求和价值观差异在公共精神的价值导向上具有更大价值共识和伦理认同，村民自治制度也在这种价值共识和伦理认同中获得德性支持，进而实现村民自治制度的良性运行。第二，拓展农民公共精神培育思路。在西方语境中，公共精神繁荣与公共生活的丰富密切相关，特别是西方早期的城邦政治，现代公共精神生发于公私分离后的公共领域，公共精神与公民社会、公共领域等公共性生活密切相关。早在中世纪中后期，随着城市的重新兴盛，公民身份重新获得其政治意义，资本经济摆脱了传统庄园经济的束缚获得主导性发展空间，与此相适应的市民社会发展起来，市民社会的发展和公共生活的开显，对人们公共生活交往提出相应的道德要求。在漫长的公共生活交往实践中，西方公共精神获得了实践训练的机会。阿伦特认为公共领域是公共精神的所塑之物。西方公共精神具有其生成的自发性，是以近代市民社会和公共领域的崛起为前提，具有其历史发展的自在逻辑。中国作为后发国家，农村基层民主发展具有理性设计和制度安排的特征，农村基层民主发展和公共生活日益丰富，农民公共精神培育具有了现实必要性。但农民公共精神不可能像西方那样自发生成，而是通过有效的农民思想政治教育得以实现。中国共产党在长期的革命、建设和改革实践中，积累了丰富的农民思想政治教育经验，形成了共产党独特的政治优势。将农民公共精神培育纳入思想政治教育体系之中，不仅丰富了农民思想政治教育内涵，而且拓展了农民公共精神培育的思路。第三，克服生活德育的消极因素。生活教育克服知性教育的抽象性、理想化，与现实生活相衔接而成为思想政治教育新的教育理念。生活教育作为一种教育理念具有合理性。生活不仅应该是思想政治教育前提与基础，好生活和有意义的生活也应该是思想政治教育追求的目标。但是生活在价值导向上存在着健康的、好的、有意义的或理性的生活和颓废的、消极的、低级的、感性无目标的生活。在生活方式多元和价值观多样化的生活中，思想政治教育因生活的多元而呈现不同的形态，甚至因生活的理解错误而出现思想政治教育内容、过程和目标上的问题，“无法真正实现道德教育回归生活家园的梦想。”农村社会生活共同体作为农民生活的客观环境，它一方面为农民思想政治教育的生活教育提供了生活环境，满足农民公共精神生成的前提；另一方面在管理有序、服务完善和文明祥和的生活环境中，农民之间互惠互助、包容尊重、公共至上等价值观念过滤了丰富生活中的消极因素，筛选了促进农民思想政治教育的积极的、健康的生活素材，使农民思想政治教育生活化具有具象性、可操作性。

以思想政治教育的思路求解农民公共精神培育问题，进而解决村民自治中制度推进模式中的问题，关涉政治学、教育学和思想政治教育等相关学科的知识与研究方法。虽然本书力图逻辑性地建立起农民公共精神培育必要性、可行性和可操作性。但也因面临各学科范畴之间的对接，各范畴之间复杂的内在逻辑关系的建构而存在着困难与不足。第一，农民公共精神培育如何避免共同体生活消极影响较难。公共精神孕育于现代公共生活之中，以全体公民和社会整体的生存和发展为价值取向。公私分离是公共精神生发的逻辑前提。公共精神独特的生成逻辑提出了公共生活领域存在的基本要求，但公共生活领域并不必然培育农民公共精神。农民思想政治教育的生活教育固然涉及场域问题，但社会生活中消极的、颓废的生活方式与农民公共精神培育的价值相悖。如何通过社会生活共同体建构，如何通过完善思想政治教育的社会教育机制过滤消极的生活影响，倡导积极的生活方式以促进农民思想政治教育尚需要深入研究。第二，农民公共精神培育存在着研究方法上的困难。农民公共精神培育具有很强的现实性和矛盾问题的直接指向性，理应获得相应的乡村生活的例证和数据做实证分析，由于研究精力等原因影响而缺少实证研究，需要在今后的研究中进行进一步研究和深化。

目　录
CONTENTS

绪论

农民公共精神培育的问题指向

一、农民公共精神培育的缘起

伴随着改革深入推进和市场经济的完善，我国农村社会进入了全面转型时期。这种转型不是指向某个具体领域的局部调整，而是如同西方社会功能结构学派提出的“社会结构性变化”，包括体制转换、利益重组和观念转变等全面变革。农村经济体制的变革，实现了私人领域的拓展和个体经济权利的释放，极大调动了广大农民的积极性，促进农村经济的发展，增强了农村的自主性，解决了私人物品的供给机制和组织形态，改变了人民公社时期形成的农民与作为国家力量代表的公社之间的依赖关系。但政社合一的人民公社体制失去了赖以存在的基础而解体后，农村传统“领域合一”的社会格局全面进入领域分离状态，社会生活结构和发展格局被打破，利益、观念、角色和伦理规范等冲突不断，农村社会中公共物品的供给因缺乏组织化渠道而式微，特别是具有抽象意义的社会规范和公共伦理等公共物品，在联产承包制下经济理性对传统宗族伦理和人民公社时期的“集体”意识的僭越后式微的严重性尤为突出。村民自治作为一种自上而下的国家制度安排，力图在解决公共物品供给的同时促进我国农村基层民主政治发展，在政治上真正实现人民当家做主。全国人大原常委会委员长彭真在审议经过修改的《村民委员会组织法》草案时强调：“没有群众自治，没有基层直接民主，农民、居民的公共事务和公益事业不由他们直接当家做主办理，我们的社会主义民主就还缺乏一个侧面，还缺乏全面巩固的群众基础。”① 30 年来各级政府和自治组织围绕村民自治的推广、实施进行了大量的制度设计和供给，形成了国家、地方和村镇的三级制度供给体系，这些制度都作为农村基层民主的规范体系来发挥作用。

但任何制度的有效运行除了制度本身所具有的正义价值和现实问题的有效应对之外，还在于制度本身获得民众认同和制度所及民众的制度认知能力和公民素养。“了解农民的生活方式是一个很重要的工作。现代的人只能说服而不能强迫，要想说服就必须知道他们原来的价值观，他们是如何看待世界和他们周围的社会。简言之，必须知道他们的‘认知图示’。”② 旨在发展农村基层民主的村民自治由国家自上而下的制度设计，也必然要考虑其起支撑作用的公共精神的“认知图示”。然而，村民自治制度面临着农民公共精神不足。一方面中国传统“家国同构”的社会结构缺乏对农民公共精神足够关照，现代农村市场化带来的经济理性冲击着人民公社时的“公共”理性，传统村落生活中的祛公共性的“宗族关系、习俗和秩序”在局部地区有了回潮趋势。村民自治良性运行对公共精神的要求与市场经济的经济理性和传统宗族伦理之间不可避免地形成其内在张力。这种张力在农村基层民主实践中表现为农民主体意识增强的同时个体出现原子化；思维方式具有理性化的同时经济理性过于张扬而公共理性不足；公共参与意愿增强的同时出现参与的功利化和行为的短期化；权利意识增强的同时公共责任意识淡薄；农民在村民自治的平台上增加公共交往的同时，农民之间的信任、合作、公共至上和互惠规范日渐消解。另一方面，缺乏农民公共精神支撑而通过外在的、标准的和统一的自治制度供给，或“复制”其他成功的制度规范，出现制度供给与制度需求之间的结构性紧张关系，农民作为自治制度的承受者和践行者的紧张感最为明显和直接，他们因制度的强制性而不得不受制于制度规范的约

① 彭真文选［M］. 北京：人民出版社，1991：608.

② 〔美〕埃弗里特 · M. 罗吉斯，拉伯尔 · J. 伯德格. 乡村社会变迁［M］. 杭州：浙江人民出版社，1988：320 - 321.

束，而不是主动认同、尊重制度规范，并在行使权利和村治民主实践中自觉遵守和维护规范体系。其结果使村民自治制度陷入技能化、工具化和“没有发展的增长”的内卷化窘境，农村基层民主出现仪式性、功利性、盲目性和非理性等特点，村民自治成为利益博弈的平台，出现“成长的烦恼”和“发展的困境”。这种“烦恼”与“困境”就是在缺乏民主传统的中国乡村社会，在缺乏内在动力情况通过外部性的制度安排实施村民自治，面临公民权利的“悬空”。①

在因农民公共精神不足导致村民自治制度困境和民主理念异化的同时，农民公共精神培育也存在着有效性不足的问题。一方面农民公共精神疏离于农民思想政治教育体系。为培育适应农村社会转型的具有权责意识的现代公民，各种形式的公民教育成为系统教育的主题，公民教育的主张和实践异彩纷呈。但受西方自由主义思潮的影响，当前农民思想政治教育存在着权利教育获得了广泛的认可，而责任教育却没有获得应有的重视，权利与责任之间不能实现平衡。现代公民所应有的公共精神因责任缺失而被异化。“自由主义的市场又不能自发培育出公共精神”，反而会孕育出一种功利主义的公民文化，人人成为逐利的理性“经济人”，加重了农村社会健康发展所需要的公共利益观念、公共责任意识的失落。另一方面缺乏有效的教育手段和规划。农民公共精神培育是一个持续化过程，特别是成人后的农民作为农村基层民主主体，直接参与村民自治，在面对村庄公共事务的决策、公共资源分配等矛盾与冲突时，需要农民公共精神做内在支撑，以实现互惠合作。但农民教育缺乏有效的教育手段和系统的教育规划，使农民的公共精神培育停留在生活的自发教育层面。这面临的问题是公共精神生活化培育如何克服生活教育的消极影响，如何通过已习得的公共精神去改造生活和提升生活品质等。近些年来，随着哲学家们的眼光投身生活世界，德育生活化获得了具有人本意义的哲学支持，公共精神培育不仅从理念、学理层面向生活转身，而

---

① 徐勇．村民自治的深化：权利保障与社区重建——新世纪以来中国村民自治发展的走向［J］．学习与探索，2005（4）：61.

且农村社会在保持其私人领域独立性的同时，公共生活的丰富性加剧了农村社会的“领域合一”转向“领域分离”。公共精神具有其生成的公共生活存在的客观前提，公共精神培育因基层民主制度发展而具有现实需求。强化农民公共精神培育成为农村社会进步和农村基层民主发展的重要内容。那么，如何开展农民公共精神培育就成为解决问题的关键。如何系统规划农民公共精神培育？思想政治教育是否可成为农民公共精神培育的有效路径？农村正全面推进旨在实现社会生活共同体目标的社区建设，中国特色社会生活共同体对农民思想政治教育提出了何种要求？对这些问题的探究，促使本文的学术致思放到农民公共精神培育的思想政治教育路径上。

二、农民公共精神培育的学术语境

1. 国外研究现状及评析

近代以来西方市民社会的发展推动了西方“公共性”问题研究，但以公共精神为关键词而进行系统研究却并不多，对有关农民公共精神的研究更是少见。虽然西方学者并没有对公共精神进行专门研究，甚至都没有提出公共精神的概念，但他们基于对公共生活的关注而提出的相关范畴却是触及公共精神的研究领域。汉娜·阿伦特强调公共领域中的公共理性特征，哈贝马斯的开放性、关注普遍利益等思想，就是公共精神的核心范畴。这些公共问题研究视域涉及公共道德、公共领域理论、理性运用理论和社会资本理论等等。概括起来西方有关公共精神的研究大致具有如下几个方面的内容。

第一，关于公共精神内涵研究。公共精神源于“公共”一词，“公共”来自拉丁文的 publicus，意为“属于人民全体的”“与人民有关的”。由“公共”一词引发学者们产生了对公共精神较为宽泛的理解。因为公共性问题关涉政治学、社会学、行政学、伦理学等多元学科，不同学科基于各自研究问题而形成了具有相互交叉而又不同表达的核心概念，并赋予其不同内涵。汉娜·阿伦特从公共精神的表现形态上认为，公共性不是外在强制性要求的品格，而是人类按照公共机制共同生活所衍生出来的公共观念。其公共性意味着公开性、实在性和共同性，是存在论的范畴，具有深刻的本体论意义，同时又是一个知识论范畴，具有鲜明的认识论意义。① 哈贝马斯将公共精神置于交往行为活动中，认为交往活动存在的核心在于对话与“理解”，只有在“理解”层次上的交往才能实现交往主体间的思想沟通，形成相互间具有交互性意识活动的默契和合作状态。促成交往达致默契和合作层次的是交往主体间存在的真理有效性共识。这种共识不是基于外在强制，而是在相互平等对话机制中具有的相互体认与包容，是一种公共意识。它需要“交往理性”作为交往活动应恪守的基本准则，是不同利益主体通过交往、对话、商谈达成合作与协调、寻求共存、互利发展的心理倾向、认知构架与行动取向。② 罗伯特·帕特南以公共精神存在形态提出了“公民共同体”概念，认为在共同体中表现出来公民参与、政治平等、团结、信任和宽容以及社团活动情况等就构成共同体的“公共精神”。③ 西方学者保罗·霍普从阐述西方社会共同体和社会生活状况出发将公共精神解释为：“一种对待他人的基本观点或态度……表现为一个人可以不计自己的得失，为了他人的利益能够随时准备参与更多的地方共同体活动。”④ 乔治·弗雷德里克森从公共行政角度出发，认为现代公共精神既是一种理念，也是一种能力。“作为一种理念，主要指公民的公共精神，它意味着所有的人，为了公共的利益而不是出于个人或家庭的目的才走到一起；作为一种能力，主要指公共行政人员的公共精神，意味着为了公共利益而在一起工作的一种积极获取各种信息的能力。”⑤

① 〔美〕汉娜·阿伦特．人的条件［M］．竺乾威，译，上海：上海人民出版社，1999：38.

② 任皑．哈贝马斯交往行动理论及其哲学基础［J］．马克思主义研究，1999（4）：58－64.

③ 〔美〕帕特南．使民主运转起来［M］．王列，赖海榕，译．南昌：江西人民出版社，2001：100－104．

④ 〔英〕保罗·霍普．个人主义时代之共同体重建［M］．周晓红，等，译．杭州：浙江大学出版社，2009：7.

⑤ 〔美〕乔治·费雷德里克森．公共行政的精神［M］．张成福，译．北京：人民大学出版社，2003：27.

第二，关于公共精神培育之于政治系统的价值研究。西方持续的自由主义个人至上性实践使社会良性运行受阻后，公民美德在政治生活中获得共和主义持续关照的同时，也受到自由主义者的青睐，并形成西方公共精神之于社会治理的价值共识。金立卡认为，一个健康的民主社会，不只依赖正义的制度，也依赖公民的品质和态度，所以政治理论不再只重视社会的基本结构，也注重公民的品德和态度。① 麦迪逊说“我遵循有德性和理智的人民选举有德性和智慧的人这一伟大的共和主义原则”。② 公共精神培育价值集中在三个方面。其一，公共精神培育促进政治系统稳定。戴维·伊斯顿从政治学的视角强调基于政治体系的稳定和持续而有必要进行公共精神培育，并且强调公共精神培育要对既有政治系统的支持和传承。“政治体系获取支持的最有效且最重要的方式是透过政治社会化使政治体系的成员对于政治群体、体制及政府发展出积极的心理取向，而体系中原有的对政治世界的认识、情感和评价若能透过学习过程传递给新的一代，则有利于政治体系的稳定和持续。”③ 其二，公共精神是正义法律得以顺利推进的必要条件。法治是社会治理的基本方式，公共精神之于社会治理的价值首先由促进法治表现出来。共和主义金立卡、麦金太尔和佩迪特等学者无不持这一观点。佩迪特强调确保共和国无支配的自由不能仅靠法律。因为法律通过外在强制而确保社会规范的实现，而不太关注于这些以强制方式进行规范的内容是否获得民众的认同。如果人们并不认同法律规范甚或将其当为异已的力量，法律的外在强制性也难以保证其实施的持续性。无支配自由需要“公民美德或良好公民身份之习惯——我们还可以说是公民性之习惯——的支持。”④ 佩迪特提出法治

① Kymlicka, *Will & Wayne Norman* (*ed.*), *Citizenship in Diverse Society.* Oxford University Press, 2000: 6.

② 〔美〕凯斯·森斯坦．超越共和主义复兴［M］．见应奇，刘训练编．公民共和主义．北京：东方出版社，2006：293.

③ 〔美〕戴维·伊斯顿．政治生活的系统分析［M］．北京：华夏出版社，1989：330－335.

④ 〔澳〕佩迪特．共和主义［M］．刘训练，译．南京：江苏人民出版社，2006：272.

的德性基础具有三个层次：一是人们服从法律不能仅仅是出于对法律制裁的敏感，还应当出于对法律所体现出来的公平正义精神的认可，并将这种认可内化为公民美德支持的自由生活方式的构成要素，以此为根据摆脱法律的外在性和强制性，"只有当法律得到合适之规范的支持时，只有当服从法律是由广泛的公民性所引发或者巩固时，共和主义的法律才能可靠地获得服从。"① 二是法律所彰显的价值主张和利益观念，需要存在广泛的公民美德基础。这普适于差异政治和共同关心的公共事务。三是法律奖惩机制的落实需要公民美德的积极运用。要获得自由就需要保持永恒的警惕，而基于公民美德的永恒警惕，只能是将法律置于公民美德的规范网络之中时，"在人们的心灵习性中占据一席之地以后，它们才能获得生气和动力。"② 自由主义的代表人物罗尔斯也强调正义制度需要公民的理性能力支撑，这种理性能力就包括公民的正义感和政治美德。③ 其三，公共精神是民主治理推进的非制度性因素。现代社会民主作为政治生活的基本方式，业已全方位深入到公民公共生活，公共治理与公民德性的关系尤其引起政治哲学的关注，认为良性有序的现代民主治理固然依赖于完善的制度与结构，但也不应忽视与制度与结构具有同等价值的公民的民主品性与态度。登哈特夫妇强调公共精神在民主治理过程中具有不可或缺的地位和角色。④ 当代西方著名政治学家帕特南把历史选择的视角和理性选择的视角结合起来，以集体行动困境的问题意识，对意大利进行长达 20 年的个案研究后，形成公共精神与治理绩效之间正相关性。认为集体行动困境制约公共治理中的合作和否定集体价值原则。他反对通过强制的方式来解决集体行动困境，主张通过信任、普遍互惠的规范和公民参与网络等社会资本来降低社会治理中的不确立性，抑制社会成员

---

① 〔澳〕佩迪特．共和主义［M］．刘训练，译．南京：江苏人民出版社，2006：274.

② 〔澳〕佩迪特．共和主义［M］．刘训练，译．南京：江苏人民出版社，2006：268.

③ 〔美〕罗尔斯．作为公平的正义——正义新论［M］．姚大志，译．上海：上海三联书店，2002：268.

④ 〔美〕珍妮特·登哈特，罗伯特·登哈特．新公共服务：服务而不是掌舵［M］．丁煌，译．北京：中国人民大学出版社，2004：27.

背叛的动力，提升社会治理绩效。

第三，关于公共精神培育研究。西方社会丰富的公共生活使与之相适应的公共精神的培育具有相对成熟的研究框架。早在20世纪初，教育家凯兴斯坦纳则将基于民主主义与国家主义相结合而提出了规范的公民教育理论，将公共精神培育纳入国家教育体系中。主张“国家的教育只有一个目的，那就是对公民的培养。合格的国家公民应该了解国家的职责和使命，具有从事某种职业的技能和能力；具有热爱国家并且自觉自愿为国家效劳的公民美德。”① 此后，公共精神培育出现了学科分化趋势，从政治学、法学、公共行政学，再到社会学及教育学领域，各学科对公共精神的培育研究成为显学并成果颇丰。其中研究取向主要表现在三个方面：一是公共精神培育内容。尽管基于学科差异的公共精神概念已明确了其特定内容，但也正是这种学科差异决定其培育内容具有公共理性、公共德性、公共参与和公共价值导向等不同的侧重点。如“责任公民”教育理论强调公民的自我责任感和社会责任感。前者主要通过提高学生的自尊心，加强学生的自律和自我修养，提高学生做决定和解决问题的技能等方面的教育。后者主要通过对国家各种制度的了解，法律规定的学习，明确享有的权利和义务，使学生具有应有的社会责任心。② 新加坡的公共精神培育内容强调“有国家意识，有社会责任感和有正确价值观念，即能及时对自己、家庭、邻居和国家尽自己义务”③。日本的公共精神培育突出民族精神的培养，使日本人充满忧患意识、责任品格和拼搏精神。二是公共精神培育方式。公共精神培育具有两种方式：市民社会组织的自组织培育和政府系统化培育。阿伦特强调了公共领域的公共精神培育的自发性。而新加坡、日本将公共精神培育纳入了国家教育行动计划，形成政府系统化的公共精神培育方式。三是公共精神培育的场域。西方公共精神

---

① 〔德〕乔治·凯兴斯坦纳．凯兴斯坦纳教育论著选［M］．郑惠卿，译．北京：人民教育出版社，1993：213－215.

② 钟启泉，黄志成．西方德育原理［M］．西安：陕西人民教育出版社，1998：329－356.

③ 班华．现代德育论［M］．合肥：安徽人民出版社，2003：384.

总是被置于特定的公共场域，公共精神培育也相应地具有诸如社区教育的场域探讨，并且总是被置于多元化民主政治的框架下来加以认识。也正是这种多元化使得西方的学者对社区开展公共精神培育的理解与分析也存在着正反二元理解。迈克尔·沃泽尔认为“只有在公民社会的社团网络中才可能学会使民主政治得以可能的公民礼仪”①。而另一种观点则认为公民社会在培养公民品德方面被赋予了过高期望。“我们的确可能在邻里关系中学会如何做个好邻居，但邻里协会同样也教会人们按‘不要在我的后园’原则联合行动。特别是在自己的社区所在地要成为其他群体居家或者公共事业的场所时，人们联合起来拒绝承担就必要的公共计划和服务而本应尽到的公平义务，这种拒绝本身就是专制的表现。”② 教育学家杜威以中立的立场强调：“虽然说尽家庭和邻里组织的所有不足之处，但是，它们永远是培养民众精神的首要组织。借助于家庭和邻里组织，公民性格得以稳步的形成，公民特有的草根思想得以逐步的确立。民主必须开始于公民的家园，而这个家园就是我们生活的邻里社区。”③

第四，关于农民公共精神问题研究。国外学者们鲜有直接从伦理学角度来研究农村和农民道德状况，他们大多是从社会学或经济学角度关注农村社会变迁和农民生活状态的变化，并从中捕捉到促成农民公共精神生成的农村公共生活的开显，以及农民道德生活的性状。法国学者 H. 孟德拉斯的《农民的终结》，基于对法国现代农业的考察，得出“20 亿农民站在工业文明的入口处：这就是在 20 世纪下半叶，当今世界向社会科学提出的主要问题”④和“小农的终结”的结论，提出在现代农业推进中农民实现从传统向现代演进的历史必然，以及由此引起的现代农民社会心理和道德观念的嬗变。美国著名学者詹姆斯·C. 斯科特的《农民的道义经济学：东南亚的反叛与生存》

---

① 〔加〕威尔·金里卡．当代政治哲学［M］．上海：上海三联书店，2004：30.
② 〔加〕威尔·金里卡．当代政治哲学［M］．上海：上海三联书店，2004：552.
③ 〔美〕杜威．民主主义与教育［M］．北京：人民教育出版社，2001：133.
④ 〔法〕H. 孟德拉斯．农民的终结［M］．李培林，译．北京：社会科学文献出版社，2005：1.

从经济学视角提出并论证了农民“安全第一”的基本生存伦理，以及这一伦理原则对农民道德思想演化的深刻影响。此外，韩国学者朴振焕的《韩国新村运动：20 世纪 70 年代韩国农村现代化之路》，探究了韩国走出了一条新村运动式的农村道德建设路径。20 世纪 70 年代，韩国政府在实现从农业国向工业国转型过程中，为解决农村发展问题和促进城乡和谐均衡发展，而实施新村运动式的农村道德建设，促成泛国民的爱国、自强、奉献、文明建设热潮。① 韩国新村建设运动中有关公共精神研究集中在两个方面：一是公共精神的内涵，主张以农业发展和农村建设为契机，引导农民焕发和确立“勤勉、自助、协同、奉献”等精神理念。二是公共精神培育，强调以村庄建设发展为契机，改善农民的生活方式并培育农民的现代生活伦理精神，形成在物质和精神和谐运作升华过程中，激发农民主体意识和培育农民现代生活伦理精神相结合的道德建设路径。

综观国外公共精神研究，尽管西方因学科差异和研究问题差异而出现不同核心概念，进而衍生出异常丰富复杂的研究命题和观点。但透过这些研究成果仍旧可以发现西方公共精神的生成逻辑和培育现状：公共生活空间的拓展对公共精神提出要求，公共精神也因就公共生活的道德规范成为法律规范的必然补充，进而获得包括自由主义在内的西方学者的认可，也因此使公民德性、公民美德、公共精神成为西方显学。西方学者对公共精神相关内容所做的探讨研究给本选题的顺利开展和进一步思考提供了丰富的“养料”。但是，正如前文所说，由于国内外学者对“公共精神”的研究内容、视角等差异，还存在不少模糊不清和值得思考的地方。一是国外学者研究公共精神的内涵特性、价值构成以及功能作用，依据的是西方特有的历史背景、社会现实和价值观念，他们的研究虽然丰富深刻，对我们有积极的借鉴价值和启示意义，但这并不意味着可以照搬他们的解释来指导我们的实践，毕竟各国面临着截然不同的历史和国情。二是对公共精神至今没有一个被大家普遍认可

① 李水山．韩国新村运动及启示［M］．南宁：广西教育出版社，2006：1.

的界定。弄不清公共精神的含义，就无法把握公共精神的价值，无法找到公共精神不足的原因，进而也无法为培育公共精神开出合适的“药方”。三是对公共精神的研究视角单一。西方往往从抽象意义上进行哲学思辨，缺乏对具体阶层、职业等群体公共精神的基本情况进行研究，特别是农民公共精神培育问题的研究更是缺乏。本选题关于农民公共精神培育借鉴西方丰富的公共精神研究成果同时，也探究中国农村实际情况，分析研究中国农村发展情况及农民公共精神培育的可行性路径。

2. 国内研究现状及评析

在宗法思想主导下的中国传统伦理社会，公共精神在经验生活中并不丰富。但随着西方公共领域等理论研究的深入，公共性和与之相关的问题也开始成为研究热点，这些理论热点也开始关照到中国社会发展实际。这些研究与思考既是理论研究的致思逻辑，更是中国现实发展的致用必然。社会的发展固然不可能按照理性逻辑作预设，但客观现实中历史固有的发展逻辑也需要用理性的思维做分析。中国现代化推进极大地改变了传统社会的公私合一发展逻辑，公共领域的拓展使人们的思想观念、价值取向都发生巨大变化，并因此开始了对传统私域生活的实践批判和人文反思。这种反思尽管将学者们的视野投向公共精神，但学者们在研究视角、方法、内容等方面却呈现出多元的研究兴趣。概括起来主要表现在以下几方面：

第一，公共精神界定的学科分殊。国内公共精神研究基于不同的问题意识也存在着学科差异，政治学视域中的公共精神，主要从公共精神的概念、价值及政治文化背景等方面进行分析与研究。就其概念而言，彭继红依照西方理论逻辑强调公共精神生发于公共领域，以民众的利益和社会需求为价值导向。认为公共精神是“孕育于公共领域之中的位于最深的基本道德理想和政治价值层面的以民众利益和社会需求为依归的价值取向”。① 袁祖社的公共精神概念继续沿袭着西方公共领域存在的逻辑前提，强调了公共精神的道

① 彭继红．公共精神生活管理引论［M］．北京：中国社会科学出版社，2004：6．

德内涵及社会整体意志的政治价值取向。具体内容包括平等、民主、公共利益和责任等。① 两人的观点整合了国内公共精神概念并基本形成共识。其他学者大多都以此为基础加以引用与阐释，没有出现重大变数。社会学视域中的公共精神，强调社会主体（个体、群体、社会和国家）之间相互关系的状态，其表现形式为信任、规范、参与网络、行动共识和社会道德等，通过主体之间积累起的社会资本提高社会整合度。社会资本理论传入我国后，国内学者认为公共精神就是一种社会资本，由此衍生了公共精神的社会学研究。罗海蓉在《试论作为社会资本的公共精神》提出了公共精神作为一种社会资本具有资本所固有的增值性和依赖性的性质，但又摆脱了经济资本的自利性而强调其公共性特征。这种公共性从其经济、政治、文化和社会价值中表现出来。唐斌等学者则基于我国现阶段社会结构中公民社会发展的滞后性现实，社会资本尚未在社会结构中发挥整合功能的客观实际，强调公共精神只是一种认知性社会资本。既然是认知型概念，在研究方法上就去实证化而更多形而上地着力于公共精神价值、问题及培育等研究。行政学视域中的公共精神着力于公共行政的伦理规范，强调公共事务的治理、公共利益的分配中应当具有的公共信念、价值等。公共行政是依照公共精神实施社会管理，公共精神表达出公共行政的价值理念。学者们着力于公共行政中公共精神的内涵、外延及作用机理等研究。张成福分析了当前我国公共行政内涵，提出与之相适应的民主的、法的、公正的和“公共服务的精神”等。② 王乐夫提出了公共管理的核心和基础是公共性，并且罗列了六种“公共性”形态，其中第二种就是“作为一种公共精神的‘公共性’”③。张华、赵海林强调了公共性作为公共管理的核心诉求，包括民主、法治、公正、服务、自律和奉献等

---

① 袁祖社．公共精神：培育当代民族精神的核心理论维度［J］．北京师范大学学报，2006（1）：109.

② 张成福．论公共行政的“公共精神”——兼对主流公共行政理论及其实践的反思［J］．中国行政管理，1995（5）：16－17.

③ 王乐夫，陈干全，公共性．公共管理研究的基础和核心［J］．社会科学，2003（4）：70.

内容。并以此要求公共行政人员在行政实践中基于公众诉求而具有回应与责任。① 另外还有从伦理学角度论及公共精神内涵。如卞桂平对公共精神进行规范——德性——德行的伦理学理解，强调人们在公共生活中对公共性价值的澄明、维护和持守。它包括规范形态、德性形态和德行形态三类。② 总之，从公共精神各科学研究差别可知，公共精神的研究是多学科多维度的，且都有各自严格的外延和内涵。社会学、伦理学中公共精神的主体明显具有广泛的包容性，而政治学、行政学中公共精神主体则具有特定指向性。虽然目前学界尚不具有一个高度共识性的公共精神概念，但在存在空间、价值导向和德性内涵等方面还是具有一致性。特别是结合我国传统集体至上的德性传统，关照到公共利益、积极参与、团结与协作等公共精神内涵。

第二，公共精神演进的历史进路。公共性并非现代社会独有，但与现代公共领域相关联的公共精神却是传统公私合一的社会难以生发的。由此，以历史的发展逻辑研究公共精神成为学者们的研究特色。刘鑫淼在其博士论文《当代中国公共精神培育》中基于人类公共性的产生和发展逻辑将公共精神的演进分成自发的、本能的和基于同质性的原始公共精神；建立在对人之社会存在的公共性品格的体认与理解的城邦公共精神；公私合一社会中统治者以部分代表整体的虚假、抽象的代表型公共精神；对立于公共权力而又致力于公共事务的市民社会的公共精神；未来社会中对公共性最大占有并表征着“类”意识的“类”存在的公共精神。③ 俞睿基于中国历史的独特发展的逻辑，特别是中国由传统向现代演进中公共领域的张扬，由此形成活跃于公共领域的公共精神的不同形态。认为传统封建社会因公共领域受到政治打压并不存在真正的公共精神，或者说公共精神的形成受到压抑与异化，以“公共”的伦理体系维护封建等级秩序。新中国成立初期，公共领域全面扩张，

---

① 张华，赵海林. 公共精神：公共管理的核心诉求 [J]. 天府新论，2008 (6)：102－103.

② 卞桂平. 公共精神的伦理形态及逻辑进路 [J]. 云南社会科学，2014 (3)：33.

③ 刘鑫淼. 当代中国公共精神培育研究 [M]. 北京：人民出版社，2010，39－44.

加上极“左”思潮的影响，公共精神肆意泛滥，以至于出现极端的脱离物质层面的虚化的公共精神。改革开放后，我国经济社会进行了全面的调整与改革，公共领域得以合理建构，公共精神渐趋理性。① 温振英、陈付龙基于中国从传统向现代转化中公共领域的不同形态而提出与之相对应的公共精神的存在状态，认为自然社会封闭性使公共精神处于蛰伏与异化状态，政治社会的狂热性使公共精神处于病态和虚妄状态，公民社会的独立使公共精神处于理性状态。② 另外，彭继红《论20世纪中国公共精神的复兴和重建》，刘京《“公共精神”和近代中国民主政治的道德探索历程》等都以不同的视角论及了我国公共精神的演进理路。

第三，公共精神的存在样态及归因研究。对公共精神存在样态分析首推梁启超，他以问题导向的方法探究了近代中国积贫积弱的归因，并对国民性中公德殆阙如进行了批判。“我国民所最缺者，公德其一端也。公德者何?人群之所以为群，国家之所以为国，赖此德焉以成立者也。”③ 梁启超的公私德论不仅深刻阐释了中国传统伦理社会中公共精神缺失的事实，而且开启了近代中国国民性批判的新视域。后来的学者大都沿此路径对传统中国国民性展开了分析与批判。如马君武《论公德》；林语堂《吾国与吾民》中认为公共精神实际上一种“公共意识”，是服务于社会的精神素质。作为一新名词，中国传统社会没有这种东西。④ “公共精神”一词自此也正式开始沿用。费孝通先生在《乡土中国·生育制度》论及中国基层社会里公共精神极度缺乏，“在乡村工作者看来，中国乡下佬最大的毛病是‘私’。说起私，我们就会想到‘各人自扫门前雪，莫管他人瓦上霜’的俗语。谁也不敢否认这俗语多是中国人的信条。”⑤ 如果说近代学者探究的公德、公共意识是基于中国

---

① 俞睿．公共领域与公共精神的关系演变［J］．理论探索，2008（6）116－119.

② 温振英，陈付龙．论我国公共精神生长的历史进路［J］．南昌大学学报（人文社会科学版），2007（3）：20－24.

③ 梁启超．新民论［M］．郑州：中州古籍出版社，1998：62.

④ 林语堂．吾国与吾民［M］．北京：宝文堂书店，1988：157.

⑤ 费孝通．乡土中国·生育制度［M］．北京：北京大学出版社，1998：24.

近代化的历史命运和遭遇西方现代性冲击而进行的文化回应的话。那么，当代城乡基层社区建设而呈现出的乡村公共领域的发育则是中国特色的公共领域开始彰显，使得公共精神具有了现代性内容。但公共领域的呈现只是公共精神发育的客观条件，并非公共精神在当下的中国已然生发开来。事实上多数学者具有共识性的观点是公民公共精神尚未发育成熟。

对公共精神不足的归因研究方面，从知对公民公共精神缺失的分析是基于中国传统"伦理本位"的社会特征，从中国传统宗法社会、小农经济的社会特质中找寻其根源，着力于公共精神的社会根源——伦理本位社会分析，重人伦的家庭伦理，家国同构的社会结构，社会公共领域趋于衰落，"差序格局"造成个人对社会应尽的职责意识淡薄，社会公共活动极其缺乏，社会结构是割裂的、松散的。① 另外，从传统社会找寻根源的还有吴承龙《当代中国公民公共精神基本建构维度研究》一文，认为传统社会公共精神不足的一个重要原因就是家国同构的社会结构使公共精神缺乏生成空间。刘学平《我国公民公共精神的缺失及培育》则从传统社会中封建家长体制压制公共领域，小农经济的自足性扼制了公共交往的可能性，进而失去了公共领域繁衍。吴承龙在《当代中国公民公共精神基本建构维度研究》中将公共精神缺失归结为我国市民社会的发育不充分。刘学平在《我国公民公共精神的缺失及培育》将其归结为市场经济发育不完善。陈付龙在《普遍公共精神的现代建构：是否可能与如何可能》将其归结为价值分化，认为当前社会价值多元化特别是西方极端个人主义思想的影响使人们失去了评判行为的客观统一的标准等。

第四，公共精神与民主治理的关联性研究。公共精神与民主治理的关联性研究也存在着多视角研究。从善治的视角，池忠军教授在《善治的德性诉求》中提出西方善治存在着"社团利益最大化利益博弈"的"善"的困境，提出善治以公共利益为目的，必须确立其德性化的行动品质。这是善治之所

① 从知．公民公共精神缺失的社会根源与催生的"土壤"［J］．福建行政学院学报，2008（6）：63－67.

以为善或者善治如何生成善的可能图式。① 胡洪彬在《公共精神的培育与政府善治》提出公共精神的形成与发展同政府善治的构建是相互联系、不可分割的关系。一方面公共精神是政府善治的内在支撑，另一方面政府良好、宽裕的治理模式是社会公共精神得以孕育的前提。另外，笪素林在《社会治理与公共精神》中提出公共精神在社会治理中起着决定性作用。党秀云在《公民性：村民自治的基石》中认为，具有公民角色、公民资格感知、公民权利运行、公民责任履行和公民美德倡行的公民性，有助于公民积极参与和监督村民自治中的违规行为并保证农民责任的履行。从社会资本的视角，郭忠华在《善治：中国的思考——以社会资本理论作为研究范式》中提出了社会资本与善治之间存在着结构性制约与依赖的关系。只有极大提高社会资本的存量才能推动善治真正发展。我国社会资本的总体状况是多元并存、分布不均、发育不良等现状，这对善治的形成产生了极大的影响。② 王永益强调基层和谐善治与社会资本的互为性。一方面基层和谐善治可以提升社区社会资本存量，增强社区合作互助等社区公共精神；另一方面社区社会资本的积累反过来会促进社区治理。当前城乡基层治理存在的重大问题除了制度问题外，主要在于公共精神式微，公共意识匮乏的德性困境。依此逻辑，他提出解决基层治理困境的致思厘路在于强化善治的德性基础，通过德性教育为基层治理提供道德支撑。广泛积累社会资本，通过普遍的信任、社会关系网络和共同的规范消解社区治理的德性困境，促进社区管理向社区治理和善治的转化。③ 吴光芸针对中国民主的协商机制，分析了社会资本与协商民主之间的内洽性。认为社会资本基于相互信任、遵从互惠规范，为促进共同利益采取的集体行动形成横向互动交往网络。其中信任与互惠规范是思想前提，交往网络则积累信任与践履互惠规范。交往网络需建立在一定的机制与平台

① 池忠军．善治的德性诉求［J］．道德与文明，2007（2）：88－92.

② 郭忠华．善治：中国的思考——以社会资本理论作为研究范式［J］．理论与改革，2003（2）：17－20.

③ 王永益．社区公共精神培育与社区和谐善治：基于社会资本的视角［J］．学海，2013（4）：101－106.

上，具有平等、参与、宽容等要素的协商民主机制通过沟通、平衡参与者的关系，进而积累相互间的信任。以信任、参与网络为基础的社会资本反过来又为协商民主提供心理基础和参与渠道。① 梁莹也持类似观点，认为社会资本与协商民主尽管具有不同的社会形成条件，但都在不同程度上反映与处理人与社会的关系，并且相互促进互为条件。丰富的社会资本为协商民主提供社会信任的心理基础、互惠的价值导向和行动的规范体系，而协商民主所达成的社会共识和互惠价值的实现，反过来又推动社会资本的积累和转化。② 吴毅通过实证研究的方法对白鹤村进行个案研究，发现农民个体素质差异影响其公共参与。在个体素质中具有决定性因素的是在公共参与中培养出来的社区责任感和公共理性，使农民的公共参与具有了规则意识、大局意识和妥协意识等，提高农民公共协商共识的达成和公共利益的实现。③

第五，公共精神培育的路径研究。公共精神培育在研究方法上囊括规范研究和经验研究两类。前者立足于公共精神培育的社会生态环境营造和培育方式的多元化。就社会生态环境营造而言，学者们基于西方公共精神生成的公民社会基础，提出"公民社会催生并推动着现代公共精神的发展，它是培育现代公共精神的现实社会母体"。④ 相应地培育和完善公民社会就成为公共精神培育的社会生态环境。由此，学者们进行了大量的研究。刘鑫淼在分析我国建构公民社会的客观条件和特点基础上，结合中国社会发展的历史与现状，强调了国家与社会关系的"良性互动"。即国家因应公民社会发展的规律，调整自身职能，主动地为公民社会的发展创造机制性条件，增强社会自治性和自主性。⑤ 从知、马俊锋、金友渔等学者都表达了相似观点，认为

---

① 吴光芸．社会资本与协商民主：渊源、互动与发展［J］．中共福建省委党校学报，2007（9）：35.
② 梁莹．寻求社会资本与协商民主的良性互动［J］．浙江社会科学，2005（6）：104.
③ 吴毅．村治中的政治人——一个村庄农民公共参与和公共意识的分析［J］．战略与管理，1998（1）：99.
④ 刘鑫淼．当代中国公共精神培育研究［M］．北京：人民出版社，2010：163.
⑤ 刘鑫淼．当代中国公共精神培育研究［M］．北京：人民出版社，2010：174－179.

公共精神培育应以促进其赖以存在的公民社会的发展，通过加大公民互动，扩展公民参与的领域和渠道，实现公共精神的培育。基于我国国家—社会关系的协作互动特点，决定其公民社会并非西方式的自发性生成，而是由政府主动扶持生长，特别是具有良好的公民社会基础的城乡基层自治委员会①，学术性社会团体，社会福利性、公益性团体或基金会等。如果说公民社会是培育公共精神的社会生态环境，那么民主政治则是培育公共精神的实践路径。刘鑫淼提出，民主政治是公共精神的根本体现和落实途径。因而提出了要完善社会主义市场经济，为民主政治提供物质保障；加强党的执政能力建设，确保民主政治建设方向；发展基层自治组织，培育草根民主；促进公共参与，盘活社会资本。② 法制环境是公共精神培育的重要社会生态，强调从完善法制环境中促进公共精神培育。林如婷认为公共伦理提供善治的德性基础，其培育应提升社会的法治化程度。刘学平主张强化法律的刚性约束以形成公共精神培育的良好制度环境。另外，学者们还从文化的角度挖掘中国乡村社会传统文化资源，构建公共精神培育的文化生态。陈弱水提出了中国本土“公”观念的五类型说，③ 使公共精神培育获得丰富的传统文化资源。吴春梅、石绍成认为，传统乡村农耕文明和聚居特点决定其具有地缘和血缘关系的熟人社会，形成社会内部利他交换和村社共同体意识，存在着关系理性的行动逻辑。这为乡村公共精神培育提供文化供给和社会基础。马俊锋、袁祖社等人强调挖掘传统文化中的德性伦理文化资源，来构建公共精神培育的文化生态。

在探究培育方式方面，陈娟娟、祝建兵认为，国家、社会通过学校系统化的培育渠道和媒体大众化的宣传渠道，有意识地培育和引导公民的公共精

---

① 村民委员会作为农村自治组织具有公民社会的非政府性、非营利性等特征，国内学者一般将其纳入公民社会。见马俊锋，袁祖社．中国“公民社会”的生成与民众“公共精神”品质的培养与化育［J］．人文杂志，2006（1）：18－23.

② 刘鑫淼．当代中国公共精神培育研究［M］．北京：人民出版社，2010：195－199.

③ 陈弱水．中国历史上“公”的观念及其现代变形［M］//许纪霖编．公共性与公民观．凤凰出版传媒集团、江苏人民出版社，2006：3－32.

神。学校在培育过程中应改变教育理念，强调培育学生健全的人格，养成公共价值观和对社会的责任感。吴春梅等人提出了乡村公共精神培育的实践路径，认为完善乡村蕴含公平、诚信、和谐理念的自治制度，通过自治实践积累社会资本和社会普遍信任。① 笪素林从宏观制度环境的完善和微观个体行为的改进方面提出公共精神培育的方式：要着力改革正式制度，推动治理转型；要着力培育公民品德，提高公民素质；应大力发展社团组织，拓宽公共生活；强化法律约束，在促进自律的同时不否定他律的价值。② 张福建提出在公共参与中培育公共精神。铁锴针对公民观念淡薄、公民精神缺乏与制度供给不足并存的现状下，强调通过完善和创新制度，在民主制度供给下使公民在嵌入式的政治参与实践中养成公民精神，以期民主制度在公民精神的关照下得到更加理性的建构，与此同时在民主制度建构中化育公民精神。③

公共精神培育在研究方法上除了作应然性的规范研究外，也注重实证研究。吴春梅等通过 10 个村庄的实证调查，运用因子分析法从农民公共精神量表中抽取了利他精神、民主精神、诚信精神和平等精神，成为农民公共精神的核心向度。在村庄治理转型中，建议通过完善村民自治制度和强化道德规范等方式，发挥自治实践和道德自律的功能，提升农民公共精神。④ 闵学勤以北京、深圳、南京、沈阳和西宁五大城市 1021 份社区问卷调查数据为基础，另辟蹊径地构建社区冲突与公民性的关联性，进而提出社区冲突在一定程度上成为目前城市公民性建构的路径依赖。⑤

第六，农民公共精神问题研究。近年来，学者们将公共精神放在乡村地

① 吴春梅，石绍成．乡村公共精神：内涵、资源基础与培育［J］．前沿，2010（7）：135.

② 笪素林．社会治理与公共精神［J］．南京社会科学，2006（9）：96－97.

③ 铁锴．和谐社会构建中的民主制度供给与公民精神化育［J］．内蒙古社会科学（汉文版），2008（2）：10.

④ 吴春梅，席莹．村庄治理转型中农民公共精神的核心向度［J］．青海社会科学，2014（4）：27.

⑤ 闵学勤．社区冲突：公民性建构的路径依赖——以五大城市为例［J］．社会科学，2010（11）：61.

域范围内使用，但国内对乡村公共精神的研究还是比较少。农村公共精神研究着力点主要在两个方面：一是乡村公共精神概念界定。王丽在《公共治理视域下乡村公共精神的缺失与重构》中对这个概念进行界定时是从一般意义上公共精神的内涵加以引申的结果。“我们理解的乡村公共精神是孕育于乡村社会之中，位于村民基本道德和政治价值层面的以社会发展为依归的价值取向。表现为村民对共同体及村庄公共利益抑或集体利益的认同和维护，公共责任感和对村庄公共事务的参与意识。”① 吴春梅、石绍成在《乡村公共精神：内涵、资源基础与培养》中也对乡村公共精神的概念进行界定，“乡村公共精神是指村民在处理个人利益与村庄公共利益的关系中所具有的关心与积极参与公共事务、政治利他、爱心和奉献等公共价值与理念。”② 这个概念中主要集中于以利他的方式、奉献的方式对公共利益的维护。二是农民公共精神缺失的原因分析。王丽认为传统社会中乡村公共意识受到小农经济结构、家庭式官僚制结构、儒教伦理结构等影响。这种公共意识不是基于现代公共领域的延展，而是与传统乡村熟人社会中地缘血缘相关联。这种关联性具有宗法社会特征和遵循关系理性行为逻辑。③ 学者们除了从传统文化中找寻公共精神缺失的根源外，还进行了更为广泛的探索。夏国锋在《农民的生活伦理与公共精神及其对新乡村文化建设的政策启示》中除了分析农民生活伦理弱化与公共精神缺失的内在逻辑外，还从现实层面提出我国教育中缺乏公共精神培育有效机制、社会公共领域发展不完善及受西方个人主义思想的消极影响等，使农民公共精神培育与发展在社会全面进步的今天仍旧处于弱端。

纵观国内有关公共精神的研究，在取得丰硕成果的同时，仍旧存在着不足。忽视中国传统“公”的观念和公共精神生成的中国特殊逻辑，致使公共

---

① 王丽．公共治理视域下乡村公共精神的缺失与重构［J］．行政论坛，2012（4）：18.

② 吴春梅，石绍成．乡村公共精神：内涵、资源基础与培育［J］．前沿，2010（7）：132.

③ 王丽．公共治理视域下乡村公共精神的缺失与重构［J］．行政论坛，2012（4）：17.

精神研究存在着内涵、视角等研究缺陷。这种“忽视”具体表现为，一是专注于我国传统家国同构的社会结构因缺乏“家”与“国”的中间过度环节“社会”，而使公共精神失去生存空间而缺失；但这并不意味着传统中国缺失“公”的观念与价值。事实上，传统文化非常强调“公”。如“天下为公”“大公无私”等。这些公共性因子可为当代公共精神培育提供文化资源。其二，中西方社会具有不同的发展逻辑，西方市民社会是随着市场经济的发展而摆脱了“古代的和中世纪的共同体”，实现从领域合一到领域分离的结果，这是西方社会历史发展的必然性。而中国“家国同构”的“领域合一”的社会结构在封闭传统社会中并没有发生分离，现代市场经济发展固然给社会提供了发展空间，但中国跨越式发展模式很难给社会的自发孕育提供充足的时间。因此，中国公共精神赖以生发的社会空间只能是在政府主导下自上而下的发展。相应地，公共精神的培育也不可能像西方社会那样具有生成的自发性特点。基于这两个忽视，我国公共精神的研究不可避免存在着如下的不足：一是对我国现代公共精神内涵的分析缺乏系统深入的理论阐释和切合中国实际的概念界定。西方公共精神内涵因流派之争而莫衷一是，我国固然不具有西方多元派系纷争，但公共精神也经由传统伦理社会的裹挟，新中国成立后的集体主义的洗礼和当代社会理性建构的发展逻辑。如何既符合中国传统又适应现代社会发展具有现代性指向和适应的概念仍需要挖掘。二是公共精神研究的视角有限。虽然学者们具有经世致用的学术视野而关照到公共精神的实践性，将目光投向了特定的对象，如公共精神与和谐社会。但就目前而论，对具有小农意识的农民公共精神的培育，特别是在村民自治的视角研究公共精神的成果不多见。三是公共精神培育没有跳出两个常态。其一，西方公共精神自发生成常态，基于西方公共精神的公共领域的生成逻辑，提出发展中国公共领域，培育公民社会以培育公共精神。其二，中国传统系统化的教育常态。以认知教育理论指导下，将公共精神融入道德教育中，强调学校、家庭和社会教育模式，这一教育常态固然能对公共精神的基本理论作精深的认知，但在实践中出现知行脱节的问题。鉴于此，本文将公共精神的研究放在农村村民自治的场域，在公共精神的界定、公共精神与村民自治的互动，以及以农村社会生活共同体建构提出农民公共精神培育的思想政治教育路径，力图在克服上述研究不足方面做些尝试。

三、农民公共精神培育的基本内容与方法

本书立足于促进村民自治的农村基层民主建设，提出了村民自治制度、农民公共精神培育和思想政治教育三者的互动关系模式，从学理上分析了村民自治良性运行有赖于农民公共精神做内在支撑，论证了以思想政治教育促进农民公共精神培育的可行性，从理论和实践层面建构了农民公共精神培育的思想政治教育路径。其具体内容着力于以下几个问题的研究。

第一，梳理中外学者有关乡村自治与农民公共精神的内在关联论述，论证村民自治制度对农民公共精神培育的依赖。本文围绕中外乡村自治发展逻辑，分别梳理了中外学者就促进乡村自治的公共意识的论述，证成了村民自治的良性运行需要农民公共精神做内在支撑。首先梳理了梁漱溟、费孝通等中国学者就乡村建设的基本思想。梁漱溟等人基于中国乡村“文化失败”的现状而主张教育“农民自觉”和去“私”的公德意识的培育，实现“创造新文化，救活新农村”的发展目标。费孝通在分析农村“双轨政治”发展逻辑基础上，提出保持“自下而上”的民主发展轨道的畅通，需要在促进代议制民主基础上培育农民的公共责任服务意识。其次，分析了西方经典著作中公共精神培育的基本内涵和路径。托克维尔富有创新性地探究新英格兰乡镇自治良性运行的内在根源，提出促进乡镇自治的三大因素中，体现公共精神的民情的优先性。帕特南运用新制度主义的研究方法，分析了意大利南北地区制度绩效差异的社会资本原因。中外学者的乡村自治的论述从学理上证成了农民公共精神之于乡村自治的价值。

第二，省察中国农民公共精神培育的思想政治教育经验，论证农民公共精神培育的思想政治教育思路的可行性。农民作为小块土地的所有者，因其对私有财产的眷恋而具有其阶级自身难以避免保守性。而长期受压迫的事实

使其具有历史的主动性和革命性。革命性与保守性构成传统农民的思想特点。本选题以马克思主义农民改造思想为理论指导，总结中国共产党农民思想政治教育的成功实践。以机制化的方式，注重教育实效性和通过灌输方法开展农民思想政治教育，确保党在农村的各项方针政策得以顺利推进，推动了民主革命、社会主义改造完成，农民思想政治教育发挥了其“一切工作的生命线”的功能。以经验的逻辑提供农民思想政治教育促进农民公共精神培育和农村基层各项制度有效实施的事实，证成农民公共精神培育的思想政治教育思路的可行性。

第三，反思村民自治制度实施以来的农民思想政治教育困境，明确农民公共精神培育的思想政治教育的现实指向。基于农村社会变革而出现农民生活方式的流动性和生存方式的“原子化”等新变化，分析了农民思想政治教育一方面面临着农民公共精神培育缺乏有效的教育机制，生活教育难以应对生活的丰富性，知性教育难以契合行为的功利性等可操作性问题。另一方面农民因流动性和“原子化”生活方式而导致教育实效性问题。因农民思想政治教育有效性不足影响农民公共精神培育，使农民宗族观念未能根本改变、公共意识淡薄和公共理性不足等与农村公共生活不相适应的祛公共性思想意识大量存在。同时也给村民自治良性运行带来消极影响：村民自治的民主理念异化、自治制度技能化、自治实践功利化等现象。

第四，建构农民公共精神培育的思想政治教育路径，从理论和实践层面建构了促进农民公共精神培育的思想政治教育路径。在理论路径建构上，以马克思主义共同体理论为理论指导，提出村治至社会生活共同体的发展逻辑。依循社会生活共同体“管理有序、服务完善和文明祥和”的价值预设，提出农村社会生活共同体建设的着力点在于完善民主制度和培育农民公共精神，且制度良性运行有赖于农民公共精神，农民公共精神培育依赖思想政治教育。在实践路径建构上，提出了当前农民思想政治教育实践路径的基本形态：党的领导，发挥新乡贤的引领作用，强化文化建设，以及依托多元载体。相应地，农民公共精神培育的思想政治教育实践径建构也提出了强化党对农民公共精神培育的组织领导，发挥新乡贤的农民公共精神培育功能，农村社区文化建设中促进农民公共精神培育，依托多元载体促进农民公共精神培育等基本路径。

本书关涉村民自治、农民公共精神培育和思想政治教育等相关学科的概念与范畴，需要富有逻辑性地实现概念之间的对接和建构范畴之间的内在关联。选择合适的研究方法无疑是实现这一目标的最佳途径。

文献研究法：有关公共精神培育的思想政治教育路径研究目前尚不多见，但其研究范畴关涉村民自治制度、公共精神和思想政治教育等内容。其内在逻辑在于通过农民思想政治教育实现公共精神培育，促进村民自治制度良性运行。一方面公共精神培育需要研究其生成的特殊条件，需要从西方社会团体生活的历史发展脉络中找寻其生成的基本规律。而中国传统虽然没有公共生活，但中国早期乡村建设运动中提出了以“团体生活”改造农民的思想。挖掘这些资料需要丰富的中外文献材料作支撑。另一方面农民公共精神培育的思想政治教育也需要深入挖掘中国共产党在不同时期教育和改造农民的经验材料，为公共精神培育提供经验借鉴。这些文献涉及马克思主义经典著作、中外教育思想研究、中外政治制度研究、治理理论等。通过对相关文献的梳理研究，整体把握公共精神生成逻辑、教育理念的前沿理论，以及政治制度、公共参与的伦理导向和教育功能，为公共精神培育的思想政治教育路径提供理论准备。

多学科相结合的研究方法：公共精神内涵可以借助政治哲学、伦理学等人文科学的研究方法，获取必要的理论资源和分析方法，推动公共精神的研究视域进入诸如村民自治制度的政治学领域，进而引导和规范农民基层民主良性运行。公共精神作为公共生活领域的道德问题，它与政治学密切相关，其研究的价值在于对近代以来政治科学侧重于制度运行而导致公共领域中个体原子化、极端个人主义等倾向的纠偏，并由此将公共精神引入政治学的研究视域，丰富了政治伦理的研究内容。公共精神培育所依赖的正义制度发挥着基本道德价值的引导，公共参与因共识性形成而促成的公共性转变及公共空间的拓展，并对此进行道德分析离不开法学、教育学和社会治理等学科视角及研究方法。

比较研究方法：公共精神是现代公共生活领域中人们交互行为的基本伦理，普遍存在于现代社会，且不同的政治体制、历史传统存在着公共精神的不同生存条件。本文通过对比分析了中西方不同的历史传统和社会结构，分析西方公共精神生成的基本逻辑。与之相对应的是中国传统社会“家国同构”的社会结构以及农村经济运行方式决定有“公”的思想但缺“公共”精神。这既为农民公共精神培育提供了学理支撑，也丰富了公共精神的研究内容。另外，在梳理村民自治与公共精神培育关系的历史资料中，也对比分析了新英格兰乡镇自治和意大利北部的制度绩效，从中发现公共精神培育的意义、功能和途径，为公共精神培育的思想政治教育路径提供了理论依据。

第一章

村民自治、农民公共精神和思想政治教育内在关联

村民自治是国家通过自上而下的制度设计实现人民当家做主，民主是村民自治的制度理念。一方面村民自治的民主理念因国家制度供给而拥有权威的法权保障，另一方面村民自治的良性运行也因国家、地方和乡村等制度和村规民约有效供给而具有其法理依据。从现实情况看，村民自治并没有真正实现其制度设计的理想效果，反而出现运行困境：村民作为自治主体在自治平台上存在非理性、仪式性、功利性和盲目性参与，村民自治制度的民主理念遭到异化。学者们针对制度困境提出了“矛盾论”“制度缺陷论”和“文化制约论”等原因分析，这些分析无疑是很有见地的。本选题认为，村民自治制度良性运行的最根本制约因素是农民公共精神不足。相应地，培育农民公共精神就成为解决村民自治困境的问题指向。如何培育农民公共精神，学者们在借鉴西方农民公共精神的生成逻辑和结合中国农村发展实际提出了许多独到见解。如培育农村公民社会、加强农民公民道德建设等。然而，思想政治教育作为中国共产党的政治优势，为农民公共精神培育提供实践路径。那么，农民公共精神为何是村民自治良性运行的根本性制约因素？思想政治教育何以为农民公共精神培育提供基本路径？三者的关系如何？本选题围绕这些问题分析村民自治、农民公共精神培育和思想政治教育三者内在关联：村民自治的良性运行和民主理念彰显依赖农民公共精神，农民公共精神培育需要农民思想政治教育提供教育理念和培育路径。

第一节　村民自治的制度理念是民主

村民自治作为农村基层民主运行机制，国家通过自上而下的制度设计，完善民主选举、民主决策、民主管理和民主监督等民主机制，促进农村基层民主发展的同时，彰显村民自治制度的民主理念和实现农民当家做主。

一、村民自治的内涵

何为村民自治？学界利用《宪法》对村民委员会权威性定义进行合理的推论，形成各自村民自治的概念界定。现行《宪法》规定："城市和农村按居民居住地区设立的居民委员会或者村民委员会是基层群众性自治组织。"① 村民自治突出"群众性自治"，不同研究问题和视角具有村民自治的不同内涵界定。从群众自治的角度，认为村民自治是农民以实现"三自"活动为目标，依照相应的组织和程序，依法处理关涉农民利益的村内事务②。从制度规范视角，强调村民自治的法律规范，认为村民自治是村民处理村庄事务所及的法律、制度规范体系。而法律的价值不在于静态的成文法条，而在于法律得以尊重和价值实现。因此，村民自治还在行为层面上强调农民行使村民自治权活动中的合法律性。③ 从自治的形态上论，主张村民自治不是西方式的内生型自治，而是在农村社会变革基础上由国家主导，通过自上而下的国家立法，明确乡村社区各利益主体之间的权利义务关系，并以此为基础形成国家授权性自治。这些概念基于各自学科属性提出其基本内涵，但缺乏共识性的观点致使不同学科之间的认识和理解存在着相当大的差异甚至相互矛

① 中华人民共和国宪法［EB/OL］. 人民网，2004－03－15.
② 徐勇. 中国农村村民自治［M］. 武汉：华中师范大学出版社，1997：3.
③ 张景峰. 对村民自治概念的法学分析［J］. 社会主义研究，2003（3）：114.

盾。如有人认为村民自治就是农民个人自治①，有人认为村民自治就是村委会自治②。本选题认为村民自治是指农村特定区域的全体农民，依照国家法律法规，设立自治机关，自主处理本村庄公共事务。村民自治具有两个特点：一是自治场域以农村社区中行政村落为基础，二是强调自治主体是全体农民而非农民个体，由农民群众依法办理自己的事情。

村民自治的制度设计是社会主义民主制度的发展和完善，作为农村基层民主发展规范具有其内在规定性：一是村民自治制度理念的民主性。20 世纪 80 年代中期，邓小平在会见外国领导人时谈到："把权力下放给基层和人民，在农村就是下放给农民，这就是最大的民主。我们讲社会主义民主，这就是一个重要内容。"③ 全国人大原副委员长彭真将农村基层民主建设作为国家民主推进的重要组成加以强调，他认为，旧中国缺乏民主传统，人民也没有民主习惯，需要通过"上面"和"下面"两个层面去工作。其中"下面"这一个层面就是实现基层直接民主，由人民群众自己管理事关自己的事务，自己做主，推进社会主义民主进程。④ 随后，党的历届领导人都强调了村民自治制度的民主理念。村民自治制度与城市居民自治制度共同构成"基层群众自治制度"，确立了中国特色社会主义民主政治的四项基本政治制度地位，成为中国特色社会主义政治发展道路的重要内容。二是村民自治制度性质的正义性。正义的价值在于农民是否真正实现当家做主，村民自治制度就是通过制度本身的制度理念和规范基层民主政治实践来实现和体现其正义性。如公共参与实践中维护农民作为自治主体的地位平等性，所有农民具有平等的参与者机会，就自己所关心的问题具有平等的提出意见和看法。不会因为处于弱势而失去表达和参与机会，也不会因为其他人权利和地位等因素而剥夺其正常的公共参与机会。避免出现"组织者拥有权力并管理日程，而参与者

---

① 王振耀，白益华．乡镇政权与村委会建设［M］．北京：中国社会出版社，1996：174－175.

② 陈箭，刘民安．简论农民委员会的法律地位［J］．政治与法律，1992（6）：45－47.

③ 邓小平文选（第3卷）［M］．北京：人民出版社，1993：252.

④ 彭真文选［M］．北京：人民出版社，1991：608－609.

是次要的，只是提供信息而不是作为积极的公民参与到自我治理中。"① 三是村民自治制度内容的完备性。制度内容完备性既包括制度规范体系的适度，不存在制度供给滞后于基层民主实践而出现制度供给不足和"没有发展的增长"的制度内卷化，还包括制度目标指向的农村基层民主制度内容中"四项民主"的制度均衡供给，以及制度形态的代议民主制规范等内容。

二、村民自治制度是民主理念的法权保障

村民自治制度是国家和各级地方政府以及村民自治组织所供给的旨在促进村民自治的"四项民主"的规范体系和人民当家做主的法权保障。1980 年 2 月，广西宜山县屏南公社合寨大队果作村等地区在联产承包责任制实施后，基于农村公共管理需要而产生了农村早期的村民委员会。通过选举产生的村民委员会开启了农民自我管理、自我教育和自我服务的自治性创举，并得到党和国家的重视和支持，国家以立法方式加以确认和规范。1981 年中共十一届六中全会通过的《关于建国以来党的若干历史问题的决议》，明确提出要"在基层政权和基层社会生活中逐步实现人民的民主"②。如果说《决议》对农村基层民主发展提供了原则性和方向性思路的话，那么 1982 年宪法就村民委员会的性质、组成人员的产生方式、任务等做了具体规定。该宪法不仅将村民委员会写进宪法，确认其为中国农村基层社会群众性自治组织的基本性质，而且明确规定村委会干部的产生方式为由农民选举产生，排除了由上级政府任命或其他途径产生的非民主形式。宪法就村民自治所确立的民主原则不仅是我国制宪史上的创新，也为农民直接选举提供最强有力的支持和保障。事后彭真进一步就这些规定的宗旨和意义做了补充说明，认为通过宪法的权威确认村民委员会以强化基层群众性自治组织建设，保证人民群众行使

---

① John Parkinson. *Legitimacy Problem in Deliberative Democracy*, Political Studies, vol. 51, 2003: 189.

② 中共中央文献研究室．十一届三中全会以来重要文献选编（下）［M］．北京：人民出版社，1982：841.

当家做主的权利。这一补充说明表明村民自治从一开始并不完全象广西宜山地区解决公共问题的目的，而是以实现基层民主职能的身份列入法律规定。1987年11月22日召开的六届人大常委会第23次会议，再次审议经过修改的《村民委员会组织法》草案时，彭真再次提出了如何实现人民当家做主的操作性问题，他以直接民主和间接民主的方式做了明确回答：间接民主就是通过各级人大来行使国家权力，直接民主就是在城乡地区实行基层群众自治，并以此作为国家政治体制改革的重大举措。缺乏基层直接民主，城乡居民不能就关系自身利益的公共事务和公益事业当家做主，“我们的社会主义民主就还缺乏一个侧面，还缺乏全面巩固的群众基础”。①《中华人民共和国村民委员会组织法（试行）》将民主精神和民主原则运用于具体实践，成为具有操作性较强的法律。该法开宗明义规定，制定该法的目的是“为了保障农村农民实行自治。由农民群众依法办理自己的事情，促进农村基层社会主义民主”。《村组法（试行）》还就村民委员会直接选举的产生方式、民主讨论的运行机制等问题做了明确规定。从1988年开始，村民自治在农村进入实际运作层面，包括村级直接选举在内的中国村民自治开始启动。1997年9月，江泽民同志在中共十五大报告中再次强调了城乡基层群众自治要健全民主选举制度，基层公共事务和公益事业的管理和决策应让群众直接讨论和决定，极大地推动村民自治的健康发展。1998年1月，中共中央、国务院提出了关于农业和农村工作的意见，高度评价了村民自治的农村基层民主形式，指出“扩大农村基层民主，保证农民群众直接行使民主权利，依法管理自己的事情，创造自己的幸福生活，是社会主义民主在农村最广泛的实践”②。同年，《中华人民共和国村民委员会组织法》正式颁布，将“试行”两字擦掉。该法确认村民委员会的群众性自治组织和实现“四项民主”基础上进一

① 彭真．通过群众自治实行基层直接民主——彭真文选［M］．北京：人民出版社，1991：608.

② 中共中央文献研究室．十五大以来重要文献选编（上）［M］．北京：人民出版社，2000：198.

步明确了农村基层党组织的领导核心作用，领导、支持和保障农民开展自治活动。2002 年党的十六大进一步明确了包括村民自治在内的基层民主的“社会主义民主政治的基础性”地位。党的十七大报告首次将“基层群众自治制度”明确为中国特色社会主义民主政治的四项基本政治制度之一和中国特色社会主义政治发展道路的重要内容。这一定位使村民自治的地位得到极大提升。同时该报告还就发展基层民主进行单独论述，将扩大社会主义民主、完善基层民主制度作为全面建设小康社会的新要求，提出了健全民主制度、丰富民主形式、拓展民主渠道的举措，为村民自治的发展提供了良好的制度环境。2012 年党的十八大再次强调“在城乡社区治理、基层公共事务和公益事业中实行群众自我管理、自我服务、自我教育、自我监督，是人民依法直接行使民主权利的重要方式。”① 2017 年党的十九大在基层四项民主内容基础上强调“完善基层民主制度，保障人民知情权、参与权、表达权和监督权。”② 使基层民主更具可操作性。

总结村民自治制度的完善过程，尽管广西河池地区的宜山、罗城两县自发组织的村民委员会直接目的是应对人民公社解体后农村出现“组织真空”和“治理真空”，全国范围内推进的村民自治却是具有自上而下的国家制度供给，其制度设计理念是促进我国农村基层民主政治发展。通过基层民主发展，在农村因实行联产承包而实现经济自主基础上，在政治上真正实现人民当家做主。30 年的村民自治实践，为广大农民提供参与农村公共事务、切身体验和感受民主的机会，满足了农民政治上要求，激发农民投身到农村社会主义民主政治建设的积极性。然而，村民自治实践中，基层民主发展并没有完全实现民主的发展理念，反而出现民主选举形式化、民主决策表面化、民主管理不规范和民主监督空置化等现象，极大地抑制了农村基层民主的发展。

① 胡锦涛. 胡锦涛文选（第三卷）[M]. 北京：人民出版社，2016：634.

② 习近平. 决胜全面建成小康社会夺取新时代中国特色社会主义伟大胜利 [M]. 北京：人民出版社，2017：37.

第二节　村治民主的困境及应对思路

村民自治尽管赋予了民主的价值内涵，并获得制度化的法权保证，在自治实践中却存在着与自治理念不符的矛盾与问题。理论界为应对这些问题而提出了不同的解释和应对之策。这些观点尽管颇具解释力，但大都存在着忽视发挥自治主体主观能动性和重视思想政治教育价值的不足。从而形成了村治民主与农民公共精神的关系，以及通过思想政治教育培育农民公共精神的问题意识。

一、村治民主的困境

村民自治通过农民直接参与管理村庄公共事务而实现当家做主，体现人民当家做主的“四项民主”也获得国家制度供给的法权保障。然而自治实践却面临着运行困境，人民当家做主的民主理念遭到异化。

第一，民主非理性化。村民自治中“四项民主”给农民提供了参与渠道，但一方面这些“渠道”只做了原则性的安排，具体决策、管理和监督方式、渠道还需要在自治实践中进行因地制宜地实施，这在发挥农民创造性的同时为村民自治运行出现问题留下隐患。另一方面作为体制性的参与渠道关注的问题具有长效性、整体性等特点，与农民所关心的直接、局部的利益诉求相异。这决定农民局部利益通过体制化的参与渠道难以一一满足。要么因体制性的参与渠道“受阻”,① 要么体制性参与方式难以实现农民利益的预期。农民采用激烈对抗的方式来向基层干部施压，以图实现自己的利益诉求。这种非理性的对抗性参与方式包括威胁、恫吓、谩骂、贴大字报、暴力、制造舆论、越级上访、围攻、非法集会、非法游行、示威等。非理性参

① 体制性渠道需要通过一定的场所、方式进行，如会议、研讨等，而农民往往将此作为领导的推口之辞。

与具有如下特点：参与动机的逐利性。多数非理性参与不是基于公共利益的坚守，而是基于自身利益受到侵害或争取局部利益预期，具有利益驱动。参与方式的极端性。在参与过程中往往以非理性的、情绪化的方式表现出来，这些参与方式极易导致意外事件的发生，甚至可能造成恶性事件，影响社会稳定。参与的风险性和不可预测性。非理性化参与存在着不妥协性、对抗性和破坏性特点，致使其参与行为、参与过程和参与结果的不可预测性和不确定性，参与过程的无序化。非理性参缺乏规范化的参与渠道和方式，呈现出无序化和非组织化的特点。

第二，民主仪式化。所谓仪式化参与是农民通过参会、动员、建议或批评等某种仪式的方式对乡村公共事务决策制定、执行和监督起支持或配合性作用，达到村庄政策的合法性目的。仪式性参与具有交易特征：一方面，乡村自治机关公共政策的合法性需要民众认可，在有些政策难以获得农民认可情况下需要通过仪式化的包装来赋予其政治合法性，这需要农民的参与。这种参与表现为强制性特点，即不是基于农民自身意愿而被动性参与的“文化表演”仪式。另一方面农民不是基于自身意愿的真实表达而赞同既定政策以提供村庄公共政策的合法性，并以此标识其公民身份。“仪式（运动）的发动者握有大多数人的生存资源，因而参与或不参与便成为生死攸关的事。”①这种强制性参与就只能以仪式的方式表现出来。村民自治实施以后，尽管乡村治理体制做了根本性的调整，但其“动员型政策过程”②的仪式化并没有根本改变。“配合性”的自治主体很难对村民自治产生实质性的影响而只能以仪式化的参与方式表现出来。仪式化的公共参与氛围并不能掩盖村民在自治实践中的冷漠心态。他们“或者抱应付的态度，投票时随心所欲；或者怀游戏心理，甚至进行恶作剧；或者随大流，有的还乐于接受他人的包办代

① 郭于华．民间社会与仪式国家：一种权力实践的解释——陕北骥村的仪式与社会变迁研究［M］//郭于华．仪式与社会变迁．北京：社会科学文献出版社，2000. 208.

② 景跃进．村民自治的空间拓展及其问题［J］. 教学与研究，2001（5）：22.

替；或者对贿选等违法现象熟视无睹。"①

第三，民主功利化。功利性参与将参与当作实现某种功利的手段，其参与与否取决于参与成本与收益的算计。成本大于收益，则参与意愿和动力不足；反之收益大于成本，参与意识很强，甚至为实现目标而不择手段。当前我国村民自治中农民民主参与大多表现出功利性，即将参与作为实现其利益特别是经济利益的手段和工具。功利性参与在自治实践中表现出选择性参与，凡与己有关则参与，凡与己无关则"勿管他人瓦上霜"，使农民民主参与的空间、次数和频率都有待提升。

第四，民主盲目化。村民自治中的民主参与盲目性不是指因缺乏参与知识和技能的"误打误撞"，也并非指缺乏自身的价值诉求而出现参与"自相矛盾"。而是因缺乏理性分析而导致的参与方式的不规范。"其中的政治谣言、政治牢骚、政治狂热和政治冷漠就是主要的表现。"政治谣言是个别农民基于特定的目的，针对村民自治主要干部或村治重大制度，散布不准确、缺乏根据甚至是恶意捏造的信息，通过操纵社会舆论达到诋毁、诽谤村干部和村治政策的参与行为。政治牢骚是农民因利益受损或诉求得不到满足而产生的对村治领导人物或政策不满所表现出来的自我宣泄，如报怨、牢骚等。这些缺乏理性的盲目性参与不是出于对村庄事务负责的态度，不顾其他农民的合理诉求，不考虑维护村庄和谐社会秩序和良好的人际环境。一味从自身利益考虑，凭着一时冲动甚至发泄性地表达自己不满情绪，通过散布村治谣言欺骗其他农民，发表牢骚性的观点煽动农民反对现行制度和村干部，采取激烈的对抗性参与方式破坏村民自治的良性运行。这些参与盲目性方式指责多于建议，破坏多于建设，责难多于合作。其参与动机的自利性、参与诉求的经济理性和实现方式的非妥协性，都表现出其公共理性缺失。

二、应对村治民主困境须重视农民公共精神培育

村民自治中人民当家做主的民主理念虽然通过国家制度供给而具有了法

---

① 唐昊．诊断"政治冷漠症"［J］．中国改革，2004（7）：11.

权保障，也通过地方、乡村制度供给而具有可操作性的运行机制。但实践中仍旧存在着功利化、仪式化、非理性化和盲目性的民主参与，致使其民主理念遭到异化。学者们基于各自的问题意识进行了广泛研究，形成了各具特色的观点，概括起来大致有三种观点：一是"矛盾说"观点，认为村民自治的民主理念没有获得体现是因为自治机构中的矛盾所致。如"乡（镇）村矛盾""两委矛盾""国家与社会矛盾"等等。二是"制度缺陷说"，认为村民自治发展面临的主要问题是制度不完善、制度不配套、制度建设滞后于实践的发展等。三是"文化制约说"，认为村民自治发展面临的困难主要是官僚主义文化困扰和地方官员们政治宽容度不高等问题。① 特别是传统宗族伦理文化抑制了农民的民主意识和参与观念。

无疑这些观点在把脉村民自治问题具有相当的精准性，也部分指出了村民自治民主理念异化的症结所在。如"矛盾观说"观点直接指出了当前村民自治中存在着的乡村矛盾、两委矛盾，并且这些矛盾也事实上影响到村民自治的良性运行。乡镇作为基层政权组织与村民委员会的自治组织之间并不具有行政隶属关系，两者工作性质是指导与被指导的关系。然而，在实际工作中乡镇基于自身工作的有效推进而沿用官僚制的"命令—服从"惯性思维，通过不合法地介入村委会民主选举等干涉村庄的人事事务，通过直接介入村庄村务决策等干涉村庄财务、决策、执行等，影响村民自治的自治性质和民主运行。再如"制度缺陷说"从制度层面分析了村民自治困境的制度性根源，"乡政"与"村治"难衔接，党组织与村民自治组织难协调，政务与村务难区分，规范性制度与惩戒性制度难统一。② 这些制度性缺陷使各利益主体在自治平台上出现权力博弈，而作为自治主体的村民却因先天的弱势而在博弈中被边缘化，导致村民自治的人民当家做主的民主运行机制被扭曲，民主理念被异化。在应对村民自治问题的思路上，也依循制度供给而提出完善

① 李凡．中国基层民主可持续发展问题探讨．中国基层民主发展报告 2004．北京：知识产权出版社，2005：1－11．

② 卢福营．当代乡村治理研究［M］．北京：科学出版社，2009：162－163

制度的应对思路，强调通过完善的制度供给，提供农民在基层民主中“形式”民主的规范，通过规范的民主形式习得民主的技能、能力，进而实现“形式”民主向“实质”民主转化。“村民自治最重要的价值就是在民主化进程中，建立起一系列民主规则和程序，并通过形式化民主训练民众，使民众得以运用民主方式争取和维护自己的权益，从而不断赋予民主以真实内容。”①然而，这些观念在揭示村民自治运行困境现象的同时缺乏对这些现象产生原因的深层次的把握，乡镇政府和村民委员会作为不同性质的农村基层组织具有明确的权力边界，具有确定的工作定位，为什么会出现矛盾与冲突？村两委也有国家制度供给的工作内容、活动方式及权力边界，为什么会出现“以党代村”“两委一体化”的现象。就深层次的问题是包括村干部在内的农民公共精神不足使然。村干部基于自身利益而使制度赋予的合法性权力溢出制度边界，即使有再完善的制度规范也难以遏制权力的扩张。村民基于自身的利益而在村治平台上进行排他性的利益博弈，因难形成共识性意见致使村庄公共事务难有决断，民主决策机制存在操作性问题。这些问题的共同之处就在于公共理性、公共意识等公共精神没能发挥公共价值的导向功能，没有提供民主制度以道德支持。善治受到关注的价值在于其可以实现公共利益最大化和公共事务管理的民主化，而善治不善在于排斥德性支撑的利益集团博弈，村民自治要实现治理的民主化，“需要确立善治的德性基础和德性民主的合理化路径。”② 公共精神赋予村民作为村民自治主体所拥有权利、义务以道德支持，使规定村民权利、义务的村治制度不具有能深入人的心里的软性情感，并为社会角色的立身行事提供了具体标准。③ 进而实现村民自治与公共精神相内洽，克服村民自治背离民主理念的困境。

---

① 徐勇．中国民主之路：从形式到实体［J］．开放时代，2000（11）：57.

② 池忠军．善治的德性诉求［J］．道德与文明，2007（2）：88－92.

③ 吕元礼．政治文化：传统与现代的会通［M］．北京：人民出版社，2004：82－84.

三、农民公共精神培育的可能性路径

农民公共精神是促进村民自治良性运行、保证农村基层民主的内在支撑。加强对农民公共精神培育，找寻农民公共精神培育的基本路径是解决问题的根本。学者们围绕农民公共精神培育展开了广泛的讨论，形成了丰富的学理思考，村民自治实践中也在不断探索和积累农民公共精神培育的经验。这些讨论和实践相互借鉴和相互影响，推进农民公共精神培育的思考不断从经验向理论升华，又从理论到实践跨越。这些观点概括起来可以分为两大取向：自发生成和积极培育。自发生成的观点主要借鉴西方公共精神的生成逻辑，认为西方市场经济的率先开启，在实现国家与社会的分离的同时，确立了个体生活公与私的活动边界，公共精神在与公民社会的互动中实现其自我生成。西方公共精神的生成逻辑客观上给我国农民公共精神培育提供了思路，“公民社会培育公民的公共精神已然成为一个较佳的选择”。① 积极培育观点总体而言强调需要通过有效的机制和渠道提升农民公德修养。如通过开展“公民意识”教育，提升公民“公共理性”水平；促进体现为形式化公共性的制度创新，强化社会“公共理性”观念；传承中国传统文化德性伦理资源，培育中国化的“公共伦理”观念、“公共人格”意识和“公共责任”意识等②。

这些观点的价值在于：一是强调农民公共精神培育的必要性，这是因应当前中国农村传统“领域合一”社会走向“领域分离”的客观现实而形成的共识性观点。二是借鉴西方公共精神生成逻辑而提供了一些借鉴性的思路，强调遵循西方公共精神生成以公共生活为前提的特征，认为农民公共精神培育也应具备相应公共生活的客观条件。“公民社会是公民公共精神赖以生成

---

① 从知．公民公共精神缺失的社会根源与催生“土壤”［J］．福建行政学院学报，2008（6）：63.

② 马俊锋，袁祖社．中国“公民社会”的生成与民众“公共精神”品质的培养与化育［J］．人文杂志，2006（1）：22.

和发挥作用的现实载体。发展公民社会，增大公民互动的频率，开放公民参与领域等等，有利于公共精神的形成。"① 强调培育公民社会，建构利益集团，形成公开讨论和公共舆论监督，对公共事务进行广泛的讨论交流，使公共决策落实在阳光底下；对不规范、不合理的公共事务的决策、实施产生强大的舆论压力，促进农民公共精神生成。三是提供了中国特色的农民公共精神培育的思路。通过公民道德建设、农村精神文明建设等方式培育农民公共精神。然而这些思想与观点的局限性在于：其一，在西方公民社会与公共精神生成的互动中实现公共精神的自发生成观点，忽视西方具有数百年的漫长历史可供其互动、生长，而我国包括农村社会所实施的跨越式发展既缺乏公民社会的历史传统，也不具有充足的时间可供互动，使农民公共精神自发生成方式不具可操作性。其二，农民公共精神培育的实践中，大都没有提出明确的农民公共精神培育的直接内容。要么笼统提出加强农村社会主义精神文明建设，要么将农民公共精神培育等同于社会公德建设而纳入公民道德建设的内容。缺乏对公共理性、公共参与等思维和实践层级的关照。

思想政治教育作为中国共产党的政治优势和在农村各项工作中具有“生命线”地位，在承担农民公共精神培育方面具有其独特的教育优势。一方面它克服了以公民社会培育促进农民公共精神培育的自发模式，另一方面为农民公共精神培育提供了教育理念和可操作性的教育方式。思想政治教育中的生活教育使农民公共精神培育具有可靠的培育渠道和资源供给。如在法制环境中培育农民公共精神。法律一方面凭其稳定性和强制性为农民互惠互助提供信任基础，使农民利他行为获得良性的未来预期；另一方面法律本身所蕴含的伦理规范和价值取向可以通过强制手段获得有效实施，农民祛公共性的“利己”行为在相当程度上得以纠偏，依循法制规范履行其权利义务。农民也因为法律的强制作用改变其天生具有利己倾向而采取合乎美德的行动。再如公共生活实践中培育农民公共精神。农民公共精神培育并不完全来自个体

① 丛知．公民公共精神缺失的社会根源与催生“土壤”[J]．福建行政学院学报，2008（6）：66.

主观自觉，更需要通过社会实践的积累和生产活动中的感悟。当代中国农村基层民主政治的实践中，机制化的村民自治的“四项民主”，不仅使农民获得了乡村公共生活参与的机会，而且还在参与实践中基于各自利益诉求而进行交流和互动，并在价值共识的导向下习得民主精神、包容意识和公共理性精神。总之，思想政治教育的基本理念和方式，为农民公共精神培育提供有效的、可操作性的培育方式和路径。

第三节　村民自治、农民公共精神培育和思想政治教育三元互动的学理建构

在村民自治、农民公共精神培育和思想政治教育三元关系中，村民自治通过国家自上而下的制度供给实现人民当家做主，其良性运行和民主理念的彰显依赖于农民公共精神提供内在支撑，村民自治作为农村公共生活领域为农民公共精神提供生成场域。思想政治教育提供教育为农民公共精神培育提供理念和培育路径，农民公共精神培育也丰富了农民思想政治教育内容。村民自治实践使农民思想政治教育的生活教育理念得以实现，农民思想政治教育也通过培育农民公共精神为村民自治良性运行提供内在支撑。由此，村民自治、农民公共精神和思想政治教育形成三元互动关系。

一、何为农民公共精神

要论农民公共精神首先应分析公共精神的内涵。当前社会公私分离使公共生活日益丰富，与之相应的公共精神也成为学界研究的热点，不同学科基于各自的研究视域和问题而形成诸多思考，公共精神也呈现出不同的内涵和学科边界。从伦理视野角度提出公共精神是“公民个体在参与社会公共生活的实践过程中，所应当具备的社会公共伦理品质或实际展示出来的卓越的、

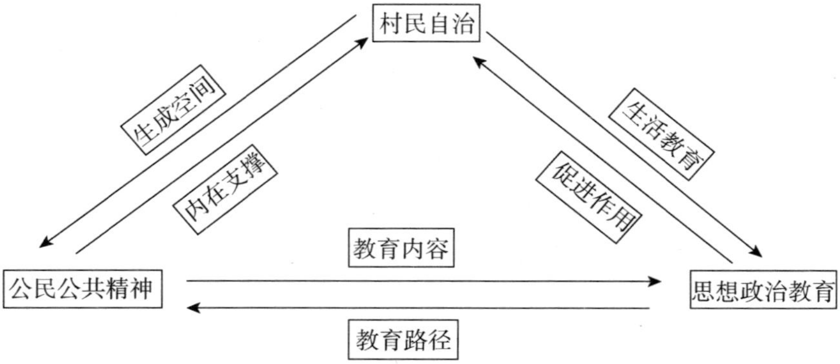

村民自治、农民公共精神和思想政治教育三元互动图

The three element interaction diagram of the autonomy of villagers, peasants´public spirit and the ideological and political education

具有公共示范意义的社会美德。"① 从社会合作角度认为，公民个体所具有的自觉融入现代公共生活中的相互合作、彼此信任、理性参与、有节制地干预他人不良行为等态度和行为模式。② 本选题基于促进村民自治良性运行和农村基层民主政治发展的问题域，认为公共精神就是作用于现代公共生活，以公共性作为价值皈依，自觉融入社会公共生活、积极关怀和实践公共事务的态度、意识和行为取向，是维系和促成特定共同体的一种内在的、持久的精神质态，是社会成员参与公共生活实践和在实践中表现出来的理性、包容、互信和社会责任等品质。

公共精神的基本范畴包括：第一，公共精神以公共理性为思维方式。公共理性既是一种体现人们思维层次的理性能力，也是体现对公共性认同的道德能力。凭其理性和道德属性而成为维系和巩固公共生活的伦理规范，以及公民公共精神养成的思维基础。在理性能力方面，公共理性是现代民主社会中公民公共参与中所具有的基本素养。它具有理性的审慎、批判和科学精神

① 万俊人. 公民美德与政治文明［N］. 光明日报，2007－6－19.

② 李萍. 论公民美德与市场道德的内在关联［J］. 北京大学学报（哲学社会科学版），2007（4）：40.

等理性的一般特征。从道德能力论，公共理性不拘泥于狭隘的私人利益，在处理公共事务中注意到公私利益的关联性，愿意以公共利益优先的原则来规范自己的行为和选择，并以此为基础，形成自我约束的德性公民。第二，公共精神以公共价值为坐标。公共价值的核心内容在于公共性，公共性具有复数性，它是与“原子化个体”相对的“类”的存在。公共性既不是单一的个体存在，也非个体简单的组合，而是由众多具有平等身份的自由个体能动意志和行为所形成的公共空间，并通过公共空间的公共行为肯定自我和确定自我的“类”本质而形成。除此而外，公共性具有共享性，它是与独占性相对的共同性和分享性。这种共享性既反映出社会成员自由、平等、公平的关系与地位，还体现了社会成员共享的思想根源，即拥有认同、理性、参与的思想状态。公共精神以公共性价值为坐标，既通过公共性彰显现代社会“公平”“正义”的公共理念，强调公民个体对公共生活的积极参与和响应，并因此获得公共性的合理回馈；又主张在利益取向上体现整体、全局和长远利益。因此公共价值成为公共精神的衡量尺度和价值坐标。公民个体是否或在多大程度上具有公共精神，就在于在多大程度上认同、理解和实现公共性。第三，公共精神以公共参与为载体。公共精神作为一种精神状态，需要通过公共参与行为表现，甚至具有公共性价值导向的参与行为本身就是公共精神的展示和存在方式。当然，“参与行为”既非来自某些利益（包括物质的和非物质利益）诱惑，也非来自外在的强制或胁迫，而是基于社会成员的“公共至上”的道德品质，愿意关心公共事务，通过公共参与行动实现自身对“公共至上”价值诉求的践履。这种体现公共精神的自愿行为作为实践活动，立足于公民的自由意志和理性判断，其最突出特征和价值诉求就是公民的自由和自主。第四，公共精神以公共伦理为核心内容。公共伦理强调妥协、宽容、勇于履行公共义务、敢于承担公共责任等一系列公民德性，是在公共善的共识基础上所产生的自尊、互惠、信任等基本伦理规范，它主要体现在社会交往中，并遵循最基本的公共道德基础。

农民一般是指直接从事农业劳动的群体，在我国，农民实际上是一种身份的象征，是指有农村户口的人。由于人口的流动性，户口与职业发生了分离，有农村户口的人并不一定从事农业劳动，甚至都不在农村生产生活。这使农民的概念界定变得较为复杂。本文基于村民自治的发展逻辑认为，农民是生活在农村特定地域的、从事农业劳动的人。有农村户口但长期生活在城市并从事非农业劳动者不属于农民，没有农村户口但长期生活在农村并从事农业生产者亦为农民。由是，现代农民较之于传统的小农具有了显著的变化：一方面现代农民不再具有传统小农的愚昧、落后、保守等特性，而是具有现代农民的独立、自主、开放和追求进步的新型农民。但另一方面农民还残留着传统农民的自私、平均主义、利益至上、狭隘等特征。农民公共精神是指生产生活于农村地域的公民在现代农村公共生活领域中形成的以村庄公共利益为导向的关注村庄公共事务的意识和积极参与村庄公共事务的行为的总和。表现为信任互助、农民合作、公共参与、公共责任意识等方面的意识和能力。农民公共精神具有三个层面的规定性：第一，在价值层面强调农民在村庄公共生活中所具有的对公共事务整体观念和意识；第二，在态度层面强调对村庄公共事务表现出积极关心的心态；第三，在行为能力层面强调对村庄公共事务的积极参与并表现出较高的行为能力。

中国农民公共精神较之于西方具有自身独特的生成逻辑。西方社会公共精神具有其生成的公民社会、公共领域的存在前提。我国农村不具有公民社会的社会基础，但并不意味着我国农村不具有公共精神生成的可能性。一方面中国传统封闭乡村社会已具有了“公”的因子。中国传统社会虽然因“家国同构”社会结构而缺乏现实意义上的公共生活，但是这并不意味着中国缺乏公共文化因子。台湾学者陈弱水以类型学的方式勾列出中国传统“公”的五种基本类型。① 尽管五类“公”内涵不一，分别指涉到了朝廷、政府、普遍、全体和众人等主体，但大都与“私”相对应，形成以“公”为善和以“私”为恶的伦理价值表达。凸显出中国传统文化中特有的“公”“私”道

① 陈弱水．公共意识与中国文化［M］．北京：新星出版社，2006：69－117.

义上的对立性质。“公”获得道义上的褒扬，“私”则受到伦理上的贬抑，“崇公抑私”作为中国传统伦理社会的道德标准而持久地发挥着社会伦理规范功能。另一方面现代农村社会基于地缘、血缘和业缘结构而形成的熟人社会，农民的生产生活和价值实现都在这“三缘”所形成的熟人圈子中实现。农村熟人社会尽管因公私分离使传统的伦理规范的作用方式和影响力大为降低，但熟人社会的“三缘”圈子没有变，熟人社会的关系理性和交往逻辑仍旧发生作用，农民公共精神也在这种熟人社会的公共生活中产生。

本书所界定的农民公共精神内涵在扬弃传统“公”“私”关系的同时，容纳集体主义、社会公德和马克思主义意识形态等思想内涵的范畴。集体主义与社会主义生产资料公有制相适应的服务于社会主义的道德原则和价值观念，“将一切从集体出发，把集体利益放在个人利益之上的思想，是社会主义、共产主义的基本精神之一。”① 它在处理农民个人与集体利益关系上遵循三个原则：一是遵循集体与个体利益的一致性原则，主张两者互为前提、相互统一；二是遵循价值选择上的集体优先原则，强调农民个人利益服从集体利益；三是尊重农民个体合理利益满足。集体通过政策支持、环境营造和舆论支持等方式实现农民个人利益的满足，农民个体实现利益满足的方式不是以其本身作为价值追求，而是以将其作为实现公共利益的工具而存在。相应地，农民个体的个性和才能在这种伦理氛围中获得充分发展。集体主义作为社会主义主流价值观曾经在相当长的时期内发挥着主流意识形态地位所应有的主导作用。它以高度的社会共识增强人们的集体归属感和爱国主义热情，在整合人们政治思想和维护社会秩序的同时，起到了社会动员、价值认同等作用，发挥了集体力量办大事的社会主义优越性。社会公德相对于私德而言，归于“公德”范畴。日本学者福泽谕吉将公德界定于“与外界接触而表现于社交行为”的诸如廉耻、公平、正直、勇敢等道德内容。梁启超等人依福泽的观点，结合中国当时社会面临的社会危机，从解救危机的视角将公

① 现代汉语词典［M］. 北京：商务印书馆，1978：593.

德做了进一步发挥，认为私德是“人人独善其身”，公德是“人人相善其群”。由是引发了近代中国有关国民性的大讨论。在公共生活实践中，人们常常将“公德”与“社会公德”当作同一概念而混用。事实上，公德与社会公德具有内涵上的差异，公德相对于私德而言体现其道德类型，社会公德相对于职业道德和家庭美德体现其规范不同领域。唐凯麟先生认为，社会公德“是人类长期在社会生活实践中，逐渐形成和积累起来的，人们相互交往和日常公共生活中所应当遵守的起码的行为准则。”① 马克思主义意识形态以唯物主义立场，科学揭示了社会主义取代资本主义的历史必然性和客观规律性，为实现人类绝大多数人的自由和解放而表现出真正的公共性品质，是科学的理论形态。一方面它是以无产阶级的公共性体现其科学性内涵。公共性具有特定的阶级属性，资产阶级的公共性是以少数资产阶级的公共利益实现为价值导向。无产阶级作为占人口大多数的阶级，其阶级属性决定了代表其利益的马克思主义意识形态是以实现人口大多数人的公共利益而体现其公共性的科学内涵。无产阶级绝不隐瞒自己的政治观念，公开宣称自己是为无产阶级彻底解放服务的，坚决反对资本主义意识形态超阶级的虚伪性，从而将意识形态的阶级性与人口大多数人的公共性有机统一起来。由此，马克思主义意识形态关照着人类绝大多数人的思想体系，其公共性表现出了科学性和真实性，是公共精神的真正体现。另一方面它推崇的公共性是“公共的实践合理性”。人类社会的生活形态本身具有公共性，是在生活实践中体现出历史与逻辑相统一。马克思主义实践哲学的首要的和基本的生活维度为人类的公共生活提供认识论基础。之前的意识形态往往悖离生活世界，用抽象的、扭曲的方式去掩盖其特定阶级个体性和狭隘“共同体”存在的虚假和与现实关系相悖的思想意识。马克思主义基于唯物主义的立场，认为现实世界的公共形态不是既定的，而是具体历史逻辑和实践生成的。生活世界的实践理论，为马克思对具有资产阶级狭隘“公共性”的市民社会批判提供了理论武

① 唐凯麟．伦理大思路——当代中国道德和伦理学发展的理论审视［M］．长沙：湖南人民出版社，2001：420.

器。即“以一种自觉的人文科学的‘公共知识’论的立场，以近乎实证的精神和预示并开创新世界气象的历史使命意识，艰辛地探索使‘公正社会’的组织形式成为可能的有效机制和演进方式。”① 当然，马克思的批判只具有解构功能，不是其真正的目的，马克思主义意识形态的真正使命是建构实现人类解放和自由发展的“类生命”的公共生活状态，并提出了实现这种具有公共性的共同生活的实践路径。

二、农民思想政治教育基本内涵

思想政治教育是指教育者为适应特定社会发展的要求而有目的、有计划、有组织地对社会成员开展思想、政治、道德和心理教育，形成符合社会发展和时代需要的思想政治道德素质。农民思想政治教育是针对农民这一群体开展的思想政治教育活动。其中教育者是农村基层党组织、自治组织和农民自身，作为村民自治领导者的基层党组织和作为村民自治承担者的自治组织，为实现村民自治良性运行和促进基层民主建设，理应在农民思想政治教育实践中发挥领导、组织和实践作用。而农民自身作为自治主体，在追求自身良善生活和实现当家做主的村民自治实践中，也需要主动提升自身的道德素养，并在自治实践中进行自我教育。

农民作为从事农业劳动的成年人，其思想政治教育不可能通过系统化的学校教育去落实，只能根据农村生活实践情况开展农民思想政治教育，这决定农民思想政治教育具有其独特性：一是农民思想政治教育是实践性教育。农民作为从事农业生产生活的职业群体，实践性是其本质属性。这一方面表明农民从事物质生产活动具有客观实在性，需要通过教育、培训等活动对农民价值引导、观念更新、道德引领、能力强化等进行引导，增强农民物质生产的内在动力，提升农民生产生活的品质。另一方面促进农民物质生产活动的思想政治教育本身也是以农民为对象的社会实践活动，是对农民主观世界

① 马克思恩格斯全集：第42卷［M］. 北京：人民出版社，1979：97.

的改造。马克思说："人的思维是否具有客观真理性，这不是一个理论的问题，而是一个实践的问题。"① 农民思想政治教育不是仅停留在思辨层面的道理言说，因为抽象的说教本身仅是以道德规范的应然性进行道理讲解，而道德的合理性并不意味着实现的必然性，道德合理受到现实诸如利益诱惑等因素影响而在生活实践中有可能偏离其应然性状态。因此抽象的言说、理论的说教本身并不直接变成现实，只有将其与农民现实生活实践结合起来，才可能转化为现实的行动。因此将思想政治教育的内容融入农民生产生活实践中，使农民以是否促进农业生产、是否提升自身生活品质、是否增强社会发展动力等来主动选择适应社会发展的思想观念、道德规范和行为习惯。在农民自我选择中强化引导，通过政策宣传、树立典型和强化社会舆论等褒赏先进、批判落后，使农民思想政治教育与生活实践联系起来，形成农民对思想政治教育内容的主观自觉，才可能将观念的东西变成现实。当前农民思想政治教育立足于农村生活实践，围绕农民当家做主的必要性、可行性和发展性等内容开展工作，并在自治实践中实现思想政治教育。二是农民思想政治教育是主体性教育。马克思说："一个种的全部特性、种的类特性就在于生命活动的性质，而人的特性恰恰就是自由的有意识的活动。"② 农民作为"类"的存在物，在思想政治教育实践中的"自由的有意识的活动"就是强调其主体性。尊重农民思想政治教育中"自由选择"的主体性就是要尊重和发挥他们主观能动性和在生产生活中的自主性、创造性，在生活实践中通过多种渠道、多元载体有意识地对其思想行为加以引导。改变传统思想政治教育中出现的主体客体化问题，亦即忽视农民的自主性，通过强制手段、命令方式要求农民按照特定社会意识形态的方向发展，而不管农民是否接受。当前，伴随着农村社会主义市场经济体制的完善，农民的主体意识增强，他们在获得财产自由交换和支配权后，以自身利益最大化为价值诉求形成了独立的思想观念，其思维习性不再受外在环境的支配，也不盲目遵从他人意志，而是以

① 马克思恩格斯选集：第1卷［M］. 北京：人民出版社，1995：55.
② 马克思恩格斯选集：第1卷［M］. 北京：人民出版社，1995：46.

提升自身生活品质和促进生产能力提升为价值导向来自由选择生活方式，主动接受教育，将市场经济强调的“底线伦理”和社会主义倡导的思想意识和道德品质内化为自身的信念，形成自身的伦理自觉，以此约束、规范自身的外在行为。三是农民思想政治教育是人本性教育。农民思想政治教育从表现形态上是提升农民思想观念、政治素养。但这只是通过培育适应社会发展的思想政治素质的手段提升农民的生活品质，其思想政治教育的最终落脚点还是要回到农民生产生活实践意识、能力层面上，使农民在形成正确的价值取向、坚定理想信念和形成符合社会规范的行为习惯的同时，为农民生产生活实践提供内在动力和智力支持。当前农民生产生活面临着就业压力加大、贫富分化日益悬殊、思想意识和价值观念出现波动等现象，思想政治教育需要着力于解决生产生活中的困难，将农民思想政治教育与农村经济工作、扶贫开发结合起来，不断满足农民生产生活的需要，提升农民接受思想政治教育的主动性、自觉性，尊重并支持农民对美好生活追求的价值诉求。

三、农民公共精神与村民自治的内在关联

在把脉村民自治困境的诸多观点中，农民公共精神培育因应村民自治主体的价值关怀，为村民自治制度良性运行提供内在支撑，而成为自治制度的民主理念得以实现的基础。由此建构起村民自治与农民公共精神的内在关联：农民公共精神培育促进村民自治良性运行和民主理念的实现，村民自治为农民公共精神提供生成空间。农民公共精神之所以成为促进村民自治良性运行和自治制度民主理念有效实现的内在基础，是基于公共精神所具有的公共理性、公共伦理、公共价值导向和公共参与等要素发挥着对村民自治的内在支撑。公共精神成为“良好的社会公共秩序的内在构成部分和实质性标志，更是建构社会公共秩序并确保社会公共生活得以良序发展的政治伦理资源”①。

---

① 万俊人．政治文明与公民美德［N］．光明日报，2007－6－19（1）．

首先，公共精神促进村民自治制度的完善和实施，彰显村民自治制度的民主理念。公共价值作为公共精神的价值坐标是基于价值共识形成的多元平等主体具有共同性和分享性的利益诉求。公共价值具有关系质态和精神价值取向的双重属性。一方面它体现着平等主体之间的平等关系与地位，另一方面它又反映出主体间共同持有的认同、理性等精神状态，共同代表着社会的公共利益和公共诉求。农民持有的公共价值是村治制度民主理念实现的基本前提，村民自治制度的民主理念是通过制度内容和制度实践体现出来。就制度内容而言，村民自治制度民主理念需要通过制度规范内容正义与完善来体现，这分别体现制度规范质与量的统一。不论是村民自治制度体现民主理念程度的质的规定性还是范围的量的规定性，都需要通过村民自治制度设计加以体现和落实。一方面将国家和地方有关村民自治民主理念的规范性原则、解释性说明等加以具象化、可操作化。另一方面在村民自治实践中的村规民约也赋予了民主理念以真实内涵。不论是国家、地方层面的自治制度规范，还是乡村村规民约，其所涉及的民主理念都需要农民具备相当的公共精神及其所属的农民公共性价值选择。就国家和各级地方政府的制度供给而言，农民不参与制度设计而只是制度的践行者，但也正是作为制度践行而具有对村民自治制度正义与否的判断资格，并对不合理的、体现不出自身当家做主的民主精神的制度提出质疑，促使有关机构调整制度。农民提出质疑的判断依据是基于公共价值和是否真正实现当家做主的民主价值理念的整体利益的满足为判断，而不是基于自身的局部利益的满足为标准。村规民约是在广大农民面前甚至直接参与下进行的，在具有价值观差异下实现各利益的价值满足的同时，需要形成具有共识性意见。这客观上要具有利益差异的农民最大限度顾及他者利益而获得相应的理解和支持，这种“顾及”所持的立场要求相应的公共性。所有村民的公共性立场就构成村规民约的“最大公约数”，进而促进村规民约的共识性意见。因此，“正是公民美德或是‘公共精神’、公民风范，使一个秩序优良的自由民主制与一个无序的民主制区别开来。”①

就制度实践而言，村民自治制度民主理念的实现也需要农民公共精神为支撑。农民之所以遵循村民自治制度安排，源于农民对村治制度价值追求和取向的认同感，并在村治制度框架下实现当家做主的利益满足和自我价值的彰显，确保了村庄公共生活的正义性、稳定性和秩序性。村民自治制度要获得农民的价值认同，主要在于村治制度民主理念与农民的价值取向趋向一致。村治制度的民主理念通过多元价值主体基于共识性意见而形成的规范体系体现出来，它具有公共性、共识性等特征。这种特征与农民所持的公共性价值选择相一致，而与排他性“利益博弈”的经济理性相悖。相应地，具有公共精神的农民基于与民主理念的价值原则相一致而自觉、主动把握村治制度的规范要求，在村民自治实践中积极践履制度的民主原则。反之，缺乏公共性价值选择的农民，一方面缺乏对村治制度的价值认同，自治制度只能依靠外在的国家强制力保证实施，村治制度运行就会停留在形式化层面，且持续地缺乏农民支持会难以为继，甚至面临废除的命运。另一方面农民个体为自身的利益而进行排他性的利益博弈，不惜钻制度的空子甚至做出违反制度规范的行动，使自治制度的民主理念难以实现。

其次，公共精神提供村民自治制度创新以理性思维和合法性基础。公共理性作为公共精神的思想条件是理性的公共运用，是主体超越个体的或私人利益、以全局的、整体的和长远的眼光来认识事务和处理问题，并依据公共利益的原则规范自己行为和选择的道德意志能力。随着农村生产经营方式多样化，阶层分化、利益和价值观念多元化，已实施的村民自治制度无论多么正义，也会在村治推进中暴露出其局限性，特别是在强化制度的秩序功能和淡化民主的价值功能。再加上制度的保守性、确定性和稳定性也会在村民自治不断变革与深化进程中渐趋僵化、滞后，成为逐渐增强民主意识的村民追求当家做主的阻碍力量。因此村民自治制度面临着不断完善、充实和创新。

① 〔美〕爱德华·希尔斯．公共论丛——市民社会的美德（第5辑）．北京：三联书店，1998：286．

村治制度完善与创新除了要求创制起源的合理性外，还需要推进合理性付诸行动的理性思维。这一理性思维既是对基于个体利益满足的“经济理性”反对，也是对排斥个人利益合理满足的传统集体主义“公共理性”的扬弃。村民通过对村治制度实践中村治客观因素深入分析和对创新制度的理性预期，主导着村治制度完善与发展的民主性质与方向，推进、引导村民自治制度完善与创新，不断增强村治制度对民主精神的包容性和民主理念的容纳。马克斯·韦伯曾说，社会事业的进步一定存在着无形的精神力量，且这种精神力量发挥着提供推进社会进步的社会文化背景。① 既然公共理性为村民自治制度提供了公共理性思维，培育农民正义感、责任感，从而为村民自治制度完善提供智力支持。

公共理性还为村民自治制度的创新提出合法性依据。李普赛特认为，“任何政治系统，若具有能力形成并维护一种使其成员确信现行政治制度对于该社会最为适当的信念，即具有政治的合法性。”② 马克斯·韦伯按照经验主义的逻辑提出了三种类型的合法性基础：传统型、个人魅力型和法理性基础。③ 现代社会的合法性基础当然是法理型，但法理型的合法性不是通过颁布法律就获得合法性的必然，而是取决于政治体制的价值基础与其社会成员追求的价值是否一致。这在强调合法性的外在形式的同时，更强调其内在的道义价值，并以此给予合法性以道德理由。村民自治就整体而言具有国家理性设计和制度供给特征，从而具有了合法性的形式要件。其合法性的实质要件还是基于其本身的民主价值基础与农民价值追求的一致性。农民公共理性具有公共利益的包容性而为村民自治提供合法性支持，但公共利益既包含物质性、秩序性要求，更强调村民当家做主的人格尊严，并以此为基础获得更为广泛、持久的合法性支持。农村村民自治合法性通过自上而下的制度供

---

① 〔德〕马克斯·韦伯．新教伦理与资本主义精神［M］．北京：群言出版社，2007：127.

② 〔美〕李普赛特．政治人——政治的社会基础［M］．张绍宗，译．上海：上海人民出版社，1997：55.

③ 〔德〕韦伯．经济与社会：上［M］．林荣远，译．北京：商务印书馆，1997：241.

给具有了法理型的形式要件——合法，其合法性实质要件——合理则需要通过其价值基础与农民追求的价值一致性表现出来。农村经济社会全面变革，导致农村经济关系多元化、利益关系多样化等差异化存在。这种差异性如果缺乏民主精神诉求的“重叠共识”，很难在村民自治的制度平台上实现各自的利益诉求。这在客观上对村民自治主体提出了公共理性的道德要求。因为一方面公共理性能够包容多元的政治模式，共享多样的政治资源，使不同的利益主体在当家做主的价值共识基础上得到整合，并在村民自治的制度平台上得到实现。农民也以此为根据是否最佳服务于自身利益为尺度，来对村民自治制度加以评估，从而增强对村民自治制度的认同。另一方面公共理性在村民自治平台上的运用，必然会更多地关注于公共性问题，对村民自治形式和制度上的不完善性持包容态度，并不会因此而否定村民自治的实质性价值。反而会在自治实践中基于公共善的最大价值目的而不断丰富自治形式、完善自治制度，进而增强对村民自治的信任与支持，提高其合法性。

再次，公共精神直接体现村民自治的民主理念。公共精神本质上是一种参与精神，公共参与既是作为公共精神的载体发挥作用，体现和展示公共精神的基本状态，甚至具有公共性价值的参与本身就作为公共精神的重要组成部分而存在，并作为村民自治制度民主理念的直接体现者而发挥作用。第一，公共参与直接反映农村基层民主的本质。村民自治制度主旨是实现农民当家做主，但当家做主不能停留在制度的层面而流于形式，而是要通过具体的民主机制将当家做主的内涵付诸行动和变成现实。农民需要的不仅是村民自治的文本资料，更需要在自治实践中实际参与，发挥村治民主的实际功能，并在公共参与实践中体会到当家做主的主人翁地位。第二，公共参与促进农村基层民主制度良性运行。公共参与是包括民主制度形式、民主运作机制和规则等制度的基础和发挥作用的条件。通过农民公共参与，村民自治制度的民主形式、运作机制和规则才能够最大限度地在村治实践中发挥规范和导向功能。就导向功能而言，农民公共参与增强农民的民主意识。农民在民主参与实践中体验到当家做主，认识到村民自治制度的民主价值，熟悉了民主运行机制与规则，找到了实现利益诉求的合法路径，在心理、感情和意识上形成对村庄的归属感和对民主自治的认同感，增强其对村庄社会责任感和民主精神。就规范功能而言，农民公共参与促进农村民主文明氛围的形成。农民通过民主参与获得利益表达的机会、渠道和途径，进而使社会利益调整机制进入有序化、规范化轨道。同时，通过民主监督还可以发挥对村庄公共事务的监督功能，规范村干部的政治行为，增强他们公共意识和责任感，降低村治决策的盲目性和随意性，推进决策的科学化和民主化。第三，公共参与增强村民自治民主发展的内在动力。农民参与意识是村民自治制度民主文明的思想前提。民主参与意识作为一种无形的精神力量，左右参与主体的行为，影响乡村社会的政治面貌，促进或制约乡村民主发展。农民参与意识增强表现在自主性的增强与政治认知水平、政治效能感的提高上，农民基于自身兴趣和价值诉求，通过合法渠道以适当方式参与公共事务，影响公共决策，在增强民主效能感的同时增强农民权责意识、合作意识和包容精神，形成以公共理性思维处理农村社会问题的意识和能力。同时，有序的政治参与行为吸引和凝聚农村广泛社会力量，实现多元利益诉求的充分表达。持公共理性的利益表达不是排他性的利益博弈，而是在包容、尊重和妥协中实现自身合理诉求的同时，也满足他人的利益诉求。从而使相互矛盾的利益诉求获得共识性意见而得以解决，进而实现村治民主机制良性运行，增强乡村社会秩序和政治稳定。人们基于对秩序、利益等诉求的持续性，认同既有村治民主机制、规则，对不完善、不合理的村治民主形式和机制的调整和改进具有强大的内在驱动力。

反过来，村民自治具有农村公共生活领域属性而为农民公共精神提供生成场域。村民自治作为社会自治，其领域归属公共生活领域。公共领域是在私人领域的基础上通过交互式行为而形成的公共空间，是持不同利益立场的人们在交互实践中形成的生活世界，人们可以自由讨论公共事务，形成共同价值和普遍规范。共在性、普遍性、共享性①和批判性②是其基本特征。根据公共生活领域的人的活动、特点和功能分析，村民自治作为社会自治领域具有公共生活领域的属性，为农民公共精神提供生成场域。公共精神是因应国家与社会分离和公共生活开显而提出与之相应的伦理规范，公共生活就成为公共精神存在前提和客观基础。中国传统社会的皇权和族权对公共生活领域的上下挤压致使传统乡村公共生活领域缺失，村民有“公”的观念而无公共精神。人民公社时期政治国家对社会公共生活领域越位致使公共精神虚化。③ 随着农村市场经济体制的完善，农村家庭联产承包制的推行使村民摆脱了对人民公社的经济依附，建构起农村社会的私人生活领域。人民公社解体后，农村社会存在着公共生活领域缺失而出现一系列公共性危机。广西宜山等地率先建立起村民委员会，承接了公共生活领域中的服务职能。国家基于农村社会面临公共领域缺失的现实而理性设计了村民自治的制度供给，从而形成了具有公共领域性质的村民自治，并以此提供人们以公共生活空间。如果联产承包经营制实现农民经济生活的私人化的话，那么村民自治进一步深化了农村社会公私分离，建构起农村社会的公共生活领域，营造了公共精神生成的公共生活场域。

四、思想政治教育对农民公共精神培育的积极作用

公共精神具有以公共生活为存在前提的生成逻辑，但中国跨越式发展的

---

① 阿伦特的公共领域一方面是行动者透过言行展现自我、与他人协力行动的领域；另一方面是以意见取代真理、从意见中掌握真理的领域。为此她提出公共领域的公共空间概念：一是出现于公共场合能够为每个人所看见和听见，二是具有不同立场、观点的不同的人聚集在一起关注着同一个对象，即公共生活的意义。她还用了一个形象的比喻：人们共同生活的世界就如同一张桌子的四周坐着许多的人一样，桌子将人们联系起来的同时，又将人们彼此分离开来。〔德〕汉娜·阿伦特．人的条件［M］．竺乾威，等，译．上海：上海人民出版社，1999：41－44.

② 〔德〕哈贝马斯．公共领域的结构转型［M］．曹卫东，译．上海：学林出版社，1999：18.

③ 俞睿．公共领域与公共精神的关系演变［J］．理论探索，2008（6）：116－119.

现实不可能如同西方经历漫长的历史发展而自发生成公共精神，而是需要加强对农民教育和引导。思想政治教育作为较为成熟的教育理论，在长期的农民改造实践中发挥了重要的作用，形成了丰富的实践经验，对促进农民公共精神培育具有重要价值。

第一，思想政治教育为农民公共精神培育提供理论基础。思想政治教育的价值在于培育适应社会发展的、满足社会需求的和具有良好思想道德素质的人才。受教育者的思想政治素质较之于社会发展要求往往存在一定程度的滞后性，决定了农民思想政治教育的必要性。农民思想政治教育亦因农民思想政治素质尚未达致村民自治的民主发展要求和农民自身当家做主的政治素质，决定了农民思想政治教育之于公共精神培育的重要性。农民思想政治素质滞后性具有多方面的不足，但从适应村民自治的公共精神层面主要表现在于，因农民生活方式的离散性导致农民思想的狭隘性和自私性。农民的传统生活就是鸡犬之声相闻老死不相往来，相互间“由一些同名数简单相加形成的，好像一袋马铃薯是由袋中的一个个马铃薯所集成的那样”①。即使在现代农村社会，农村家庭联产承包制使农民获得经济独立，并进而存在祛公共化的内在驱动。再加上城乡二元结构使农民生活呈现流动性特征。这些特征使农民生活继续保持着离散性生活方式。这种离散性生存特点决定农民个体之间因缺乏共同利益而相互孤立，其生产生活方式和思维习惯都保守着小生产习惯势力的影响，缺乏公共性思维和坚持“利己主义”价值观。当前，农民生产生活大都以家庭作为经济结算单位，决定家庭成为利益满足的动力源。农民小生产者的属性又决定其在社会变革中是否以其狭隘的利益满足作为其行动的内在驱动，这在一定程度上可能成为社会发展的动力，但其狭隘性不可避免地会成为社会进步的负向力量。因此加强农民公共精神培育，克服其自身的局限性需要引入思想政治教育方式。思想政治教育中生活教育理念、教育与生产生活相结合等教育思想为农民公共精神培育提供理论基础。

---

① 马克思恩格斯选集：第1卷［M］. 北京：人民出饭社，1995：677.

如在农民思想政治培育实践中，农民公共精神生成过程也是农民利益满足过程，排除将农民公共精神培育与利益满足割裂开来，农民在生产生活实践中获得了包括生存利益、发展利益和享受利益的满足，并在利益满足中提升对公共精神的认同感和内在自觉，公共精神培育才能获得强大的内在驱动力，进而形成内在信仰和成为行为的价值选择。否则，背离思想政治教育的基本理论，农民公共精神培育孤立于经济工作和利益满足，农民即使获得公共精神的抽象的理念认知，也难以转化为价值认同和生活实践的行为自觉，公共精神培育因失去现实生活实践支持而停留在说教层面。

第二，思想政治教育生活教育理念为农民公共精神培育提供教育资源。思想政治教育在长期实践中，不仅发挥其“一切工作生命线”的功能，而且其自身理论也不断得到丰富和提升，教育理念也得到了拓展。生活教育作为思想政治教育的重要理念，为农民公共精神培育提供教育资源。思想政治教育与现实生活密切相关，生活首先是思想政治教育的基础和源泉。生活作为思想政治教育基础，主要是指生活为思想政治教育提供动力之源、存在之基和价值之本。思想政治教育的动力之源是因为生活所积累的丰富教育资源以及凭借这些教育资源促进思想政治教育的有效实施，在生活中通过思想政治教育形成良好的道德品质反过来又以生活为作用的最终指向。思想政治教育的存在之基要求思想政治教育始终不能离开生活实践，甚至生活实践本身就是思想政治教育的存在方式，是通过生产生活中农民相互间交往过程中发挥相互影响而实现思想政治教育。思想政治教育的价值之本强调思想政治教育最终目的还是为了实现生活品质的提升，生活成为思想政治教育的存在价值。农民公共精神培育也是基于现代公共生活的需要，从农村公共生活实践中获得教育资源和方法，其最终目的还是回到农村公共生活的改善，实现公共生活的制度改进和村民自治的有序进行，进而实现农民当家做主的民主诉求。同时，公共生活实践也使农民教育获得可行的教育方式和渠道，农民脱离学校以后很难获得系统的伦理道德教育；传统宗族伦理传承教育一方面因为宗族作为一个组织形态逐渐被瓦解，另一方面传统伦理规范受到经济理性冲击而被解构，传统伦理教化机制难以发挥作用。农民公共精神培育依托思想政治教育的生活教育而具有了可行性方式和路径。

第三，思想政治教育的教育原则提升农民公共精神培育实效性。农民公共精神培育需要将思想政治教育中的以农民为本，尊重农民、服务农民，与农民的切身利益相结合等教育方法和原则运用到农民公共精神培育中，提升公共精神培育的实效性。首先，农民思想政治教育的主体性原则促进农民公共精神培育。农民思想政治教育强调尊重农民，尊重其在村民自治实践中的自主性和主体性。农民公共精神培育中尊重农民的主体性即体现为农民“主人翁”的地位，农民参与村民自治既不是制度的强制，也不是上级的行政安排，而是基于自身的利益诉求和意愿，按照自己的意愿选择参与的内容和参与的优先顺序。在参与实践中实现自己的尊严和独立，并在自主性的选择中获得公共理性、公共参与和公共价值等公共精神的体验和感悟，将农村公共生活中的价值导向与自身的人格尊严结合起来，增强农民公共精神养成的内在驱动力。其次，思想政治教育解决实际问题的原则促进农民公共精神培育。农民公共精神培育虽然是解决农民思想意识问题，但思想意识的根还是在现实生活中。将公共精神培育与解决实际问题结合起来，为农民排除困难。这需要教育者放弃其传统的“官本位”思想，树立服务农民的意识，将农民公共精神培育置于农村社会发展的大局中，特别是在加快发展农村教育、技能培训等方面帮助农民提升致富本领，提供致富信息和解决农民就业渠道，将公共精神培育的思想问题与解决实际问题结合起来，将农民当家做主的民主理念与村民自治的实践结合起来。脱离现实问题而空谈公共精神，只会使农民公共精神培育停留在传统的说教，缺乏现实针对性而成为空话。江泽民说：“要把做群众思想工作与帮助群众解决实际问题结合起来，既讲道理又办实事，既以理服人又以情感人，在办实事中贯穿思想教育，通过解决现实问题引导群众提高精神境界。”① 再次，思想政治教育的利益原则促

① 江泽民．论党的建设［M］．北京：中央文献出版社，2005：436.

进农民公共精神培育。思想政治教育强调物质利益原则，将精神激励与物质激励相结合。农民公共精神培育也需要坚持物质利益原则。农民公共精神培育不是培育出纯粹“利他主义”者，而是要在坚持公共致上的价值追求上实现自身利益的合理满足，并因为关照到自身利益而使公共精神培育具有现实指向和可行性。马克思认为：“人们奋斗所争取的一切，都同他的利益有关。”① 传统集体主义教育就因为忽视农民物质利益的满足与现代市场经济中经济理性强调的利益最大化原则相左而被轻视。人类发展首先要实现其生存，物质利益是人类生存的基础，是人类从事生产活动的基本前提，也是促使人从事生产活动行为和价值选择的内在动因。脱离物质要求的任何物质的、精神层面的活动都因失去现代指向和内在驱动而面临着失败。农民公共精神培育也需要通过物质激励才能获得内在驱动力。但公共精神本身与“绝对利己主义”背道而驰，用无原则的物质满足去实现公共精神，不仅会将农民带入金钱至上的歧途，而且农民公共精神也会失去方向而难以实现。

① 马克思，恩格斯．马克思恩格斯选集：第 1 卷［M］．北京：人民出版社，1995：82.

第二章

村民自治与农民公共精神关系的学理考察

中西方有关乡村治理具有不同的历史传统和文化背景，形成不同的乡村治理格局和经验，并在经验基础上形成了相应的学理致思。梁漱溟等人在我乡村建设实践中探索乡村自治、乡村建设基本思想，强调农民伦理思想需要在传统私德基础上注入公德内涵，以适应乡村建设发展。托克维尔关于美国、新英格兰乡镇精神之于乡镇自治的基础性作用的论述，帕特南通过社会资本促进民主绩效的分析，都从不同角度证明了农民公共精神之于乡村自治和基层民主发展的价值，抑或表达出基层民主发展和乡村自治对农民公共精神的依赖。

第一节　中国传统农村治理与伦理精神的关系

近代以来，西方文明强势涌入中国，农业和农村日益衰退，农村传统宗族自治也渐趋式微。随之的问题是如何建构农村新的治理机制，以保证农村社会秩序。除了乡村治理实践中通过重建保甲制和实行地方自治，并在保甲制基础上实现乡镇行政化,① 进而确保乡村秩序的思路外，五四运动前后一批知识分子开始反思日益加深的民族危机和乡村危机。他们结合中国乡村社

① 于建嵘．岳村政治：转型期中国乡村政治结构的变迁［M］．北京：商务印书馆，2001：172.

会的特点及摆脱乡村危机的共同目标，进行了深入的思考和研究，提出了应对危机和实现乡村现代化的致思厘路。其中占主流的观点是对西方民主思想的“回应”而提出构建民主体制，实施乡村民主。值得欣慰的是学者们并没有对西式民主盲目崇拜，而较为清晰地认识到传统中国乡村宗族伦理有别于西方自启蒙以来逐渐形成的民主理念和公民意识，提出我们“所要的不是技术哲学，而是关于社会改造的实际建议”①。乡村民主的推行需要与之相适应的农民公共伦理，并且将其作为农民思想的指南和行动的武器，而不是仅作为学者们书斋的私有物。梁漱溟等人从乡村建设视角分析了中国乡村危机的文化根源，提出以改造旧文化实现乡村建设的发展思路。费孝通分析传统乡村“双轨政治”的运行规律，提出保证“自下而上”的政治轨道畅通需要在实施代议制为基础的制度化推进的同时，强调人的公共责任和服务意识。

一、梁漱溟等人乡村建设思想

20 世纪二三十年代，中国兴起声势浩大的乡村建设运动，这场旨在教育农民、改进乡村生活的建设运动很快席卷全国，并成为全国性的社会政治思潮和社会改革运动。他们基于自身的理论背景，提出了各自的乡村建设思路和改革方案，并在乡村建设实践中积累了丰硕的实践经验。典型性代表有梁漱溟、晏阳初、卢作孚等，他们在“共同建设中国的最大目标完全相同”②的共同愿景下提出了不同的见解。梁漱溟提出“创造新文化，救活旧农村”，晏阳初提出“民族再造”，卢作孚提出“乡村现代化”。这些思想共性除了强调乡村建设是经济、政治和文化整体推进外，更强调了乡村建设是人的建设与完善。一是强调人的改造与教育。梁漱溟强调乡村建设首先要教育“农民自觉”；晏阳初强调了乡村建设的“愚”“穷”“弱”“私”等四大教育；卢作孚尽管提出了有别于梁漱溟、晏阳初的实业救国思路，但其“集体生活”

---

① 刘京．“公共精神”和近代中国民主政治的道德探索历程［J］．社会科学战线，2005（6）：184.

② 宋恩荣．晏阳初全集：第 2 卷［M］．长沙：湖南教育出版社，1992：122.

的实践思路即包含丰富的教育内涵。二是教育内涵上都强调公德教育。梁漱溟在坚持传统私德的同时倡导中西伦理融合，倡导“尊重团体，尽其应尽之义”①；晏阳初的四大教育中强调了对“私”校正；卢作孚“团体生活”的三大基本前提要求形成强有力的道德条件。三是教育路径上都主张乡村建设实践教育。尽管他们都不否定学校、家庭教育的价值和功能，但在乡村建设实践中推进人的改造和教育却具有共性。梁漱溟倡导“团体生活”，晏阳初提出“政教合一”，卢作孚主张“现代集体生活”等都发挥着人的教育功能。由此形成了乡村建设运动中公德教育与乡村建设的互动逻辑。

首先，公德意识缺失是中国民主化困境文化因素。梁漱溟对民主的理解在很大程度上是从参与意义上论及，他说，“所谓民主制度，不外一种进步的团体生活。……其特征在：团体中各个分子从不自觉渐有了自觉，从被动渐转入主动；团体于是乃不能不尊重个人自由，并以团体公事付之公决。”②这种民主制度从精神层面具有五项规定：一是自我承认时亦承认他人，二是具有平等精神，三是理性精神，四是尊重多数，五是尊重个人自由。中国人崇尚“己所不欲，勿施于人”明确表明尊重他人意识。“以理服人”也表现其理性精神，甚至“以理服人”文化引申出了“少数服从多数”的文化习俗。但中国人并没有走向西方式的民主道路。中国人亦曾为实现民有、民享而想些办法设些制度，但其办法制度，却总没想到人民可以自己做主、支配这方面来，如举行投票表决，或代议制等。③ 梁漱溟从社会结构、物质条件和精神条件等方面分析了中国民主化之路的困境。其中，他认为西方在基督教影响下的团体生活是“中西文化问题的分水岭”④。基督教作为一种新的社会组织是西方团体生活的重要载体，其重要性要超过家族，致使宗法制度在欧洲便遭到破灭。同时，基督教亦集团之间斗争日益频繁和激烈，“这千

---

① 梁漱溟．梁漱溟全集：第2卷［M］．济南：山东人民出版社，2005：308.
② 梁漱溟．中国文化要义［M］．上海：上海世纪出版集团，2005：45.
③ 梁漱溟．中国文化要义［M］．上海：上海世纪出版集团，2005：19.
④ 梁漱溟．中国文化要义［M］．上海：上海世纪出版集团，2005：67.

年频繁激烈的斗争，既是锻炼成西方人集团生活之本。"① 在西方人的团体生活中练就了公共观念、纪律习惯、组织能力、法治精神等公德意识。反观中国以家族为载体的社会生活模式，缺乏集团生活，相应地也缺乏这四种公德。由是中、西方发生了民主化的路径差异。这里梁漱溟虽然没有分析公德思想与民主发展的内在机理，但在分析中国没有走向民主的原因中已然清晰地揭示出中国的文化因素，特别是缺乏团体生活中的公共精神。由此，包括梁漱溟在内的乡村建设派在乡村建设中致力于人的建设，特别是人的公德意识和公共精神的培育。

其次，乡村建设依赖于人的培育。民国时期乡村建设思想形成与发展与其社会、经济、政治、文化和教育等变迁相关联，也是20世纪上半叶中华民族处于生存与发展的挣扎背景下试图解决乡村问题的一次大思考。农村在保持浓厚的传统因素的同时，注入了西方现代性因素。传统与现代的冲突和西方与中国的矛盾纠葛，使得乡村问题表现出其相当的复杂性。因应乡村问题的复杂性，乡村建设派基于各自的立场和不同的思路出发，强调乡村建设应关照人的问题。

梁漱溟将近代中国的问题归结为文化问题，乡村所遭受的灾难也是因为盲目学习西方文化造成的，认为"旧的玩意儿几乎通统被变的没有了，中国乡村就在这一变再变七十二变中被破坏了"②。因此，梁漱溟的乡村建设从表现上看是要救济乡村，但创造新文化才是其真正意义。"所谓乡村建设，就是要从中国旧文化里转变出一个新文化来。"③ 这种新文化就是要解决农村"精神破产"问题，即中国文化或社会生活的急剧变动所引起的价值判断丧失。由此导致"社会上许多旧信仰、观念、风尚、习惯的动摇摧毁，而新

---

① 梁漱溟．中国文化要义［M］．上海：上海世纪出版集团，2005：51.

② 梁漱溟．梁漱溟全集：乡村建设大意［M］．济南：山东人民出版社，1989：607－608.

③ 梁漱溟．梁漱溟全集：乡村建设大意［M］．济南：山东人民出版社，1989：611.

的没有产生树立，以致一般乡民都陷于窘闷无主，意志消沉之中。"① 梁漱溟以其教育家的眼光强调乡村建设应立足于乡村自救，强调农民的自救意识要成为乡村建设的首要问题，亦即"农民自觉"。要让农民认识到"天下事无论什么都要靠他本身有生机，有活气，本身有生机，有活气，才能吸收外边的养料。"② 为实现农民自觉，解决乡村"精神破产"问题，梁漱溟强调要"启发农民的智慧"，既要通过传统文化教育使农民失去的合理观念恢复起来变成自觉，又要"在人生实际问题上来给点明"。由此，他提出"精神陶炼"的教育思路。"精神陶炼"具有三方面的内涵：中国历史文化的分析，合理的人生态度和人生实际问题。通过历史文化的分析，引导农民领会民族精神，巩固其民族自信力；合理人生态度体现出正面的民族精神；人生实际问题的解决则是如何将正面的民族精神应用于实际生活之中。"三者皆以中国民族精神为核心"。③ "精神陶炼"在邹平乡村建设中推进了农民自强自立自信，提升了"农民自觉"。

晏阳初的乡村建设思想基于近代中华民族危机，旨在解决危机的民族自觉和文化自觉，强调乡村建设的使命是民族再造。晏阳初认为，民族生存与发展是建立在民族自身强力基础上，中国作为农业大国，民族力量主要蕴藏在农民身上。增强民族力量理应走乡村建设之路。同时，近代中国与西方交流中，西方制度、文化等因素借其现代性冲击着中国传统，中国传统固有的文化失去统治力，新的生活方式尚未建立，导致人的思想、观念发生巨大变化。这些变化客观上要求对人加以改造，而中国人主要是生活在乡村社会的农民，相应地，人的改造须置于乡村建设的环境中。④ 因此"人"的问题成为乡村建设和民族再造最为关键的问题。晏阳初在改造农民适应现代化需要

---

① 梁漱溟. 梁漱溟全集：乡农学校的办法及其意义［M］. 济南：山东人民出版社，1989：349.

② 梁漱溟. 梁漱溟全集：乡村建设大意［M］. 济南：山东人民出版社，1989：617.

③ 梁漱溟. 梁漱溟全集：精神陶炼要旨［M］. 济南：山东人民出版社，1989：516.

④ 晏阳初. 晏阳初全集：十年来的中国乡村建设［M］. 长沙：湖南教育出版社，1989：559－560.

的“新民”时，受梁启超“新民说”思想的影响，认为中国近代出现的民族危机，“不自发生，自‘人’而生，发生问题的是‘人’；解决问题的也是‘人’”。① 乡村建设需要解决的是“人”的问题，改造中国农民身上的奴性、愚昧、自私、好伪、怯懦等缺陷。“从事人的改造的教育工作，成为了解决中国整个社会问题的根本关键”。② “除文盲，作新民”成为巩固国家基础的平民教育工作的核心内容。

卢作孚的乡村建设思想有别于梁漱溟、晏阳初的“教育救国”，专注于乡村和城市发展之间互相依赖和牵制关系入手，利用城市形成的“工业立国”思想而提出乡村现代化的思路。尽管这一思路不具有切合当时中国实践所需要的救亡目的，“我们的要求是要赶快将这一个乡村现代化起来”③，但却第一个明确提出了乡村“现代化”的建设目标。然而，在推进乡村现代化过程中，卢作孚不认为梁漱溟的“中西文化的冲突”会构成乡村建设的制约因素。恰恰相反，他认为乡村建设具有重大影响的问题是中国乡村特色的家庭和与之相关的邻里等“两重集团生活”。人们生活的地域性和稳定性，决定其缺乏与外在的沟通与互动，“只知有家庭，不知有社会”，只知家庭责任而不知社会责任。结果民族是散漫的民族，社会是散漫的社会，农民更是散漫的农民。④ 由此卢作孚提出要解决农民的观念、意识问题。这固然不是其乡村建设的主导性议题，但他在推崇乡村现代化过程中并没有忽视对农民的教育。他甚至提出了推进“现代集体生活”的方式来培育农民的道德意识。

再次，人的培育着力于人的公德意识的培育。梁漱溟的“文化失败论”观点促使他将乡村建设定位于“文化的再造”。文化的内核是伦理与道德，

---

① 晏阳初．晏阳初全集：平民教育的宗旨目的和最后的使命［M］．长沙：湖南教育出版社，1989：115.

② 晏阳初．晏阳初全集：十年来的中国乡村建设［M］．长沙：湖南教育出版社，1989：561.

③ 凌耀伦，熊甫．卢作孚集：四川嘉陵江三峡的乡村运动［M］．武汉：华中师范大学出版社，1991：30.

④ 凌耀伦，熊甫．卢作孚文集：建设中国的困难及其必循的道路［M］．北京：北京大学出版社，1999：315.

乡村建设和“文化再造”就理应从伦理道德切入，发展伦理道德以促进乡村文化，进而推进乡村建设。为进一步说明伦理道德改革的必要性，梁漱溟认为，中国传统理性文化应当借鉴和吸收西方理智文化的合理因素，将理性与理智结合起来。如处理公德与私德的关系，中国传统伦理社会强调私德而压制公德，现代社会需要将公德与私德结合起来，提升社会的公德水平。在如何提高人的公德水平时，梁漱溟还是从中国私德环境中挖掘出“公”的因子，即“互以对方为重”的伦理情谊，与“改过迁善”的人心向上。以此为依据坚持中国本位主义的立场，强调“中国老道理”的指导地位，提出“乡村组织要以中国的老道理为根本精神”。① 因为“老道理”是乡村社会的传统思想基础，乡村社会的建设只有遵循“老道理”的基本精神才可能因文化的连续性而获得内生动力，才可能表现出与西方相区别的伦理特质，这也是中国道德发展的基础和必要前提。梁漱溟清楚地认识到中国传统伦理道德的私德盛行特点，他将中国理性文化与西方理智文化结合的点定位在公德上，但又不是将西方公德内涵移植过来，而是尊重西方现代社会发展所昭示的团体生活的发展趋势，客观地提出了公德要求的事务，从而在他看来具有前瞻性地提出了公德建设的要求。同时，他提倡的乡村自救和“农民自觉”的乡村建设思路客观上也对农民公共意识提出了相应的要求。但如何推进中国的公德建设，他又回到了中国的老道理，提出了三个方面的要求。一是区分西洋文化与中国精神。梁漱溟认为，西洋伦理文化异常丰富，但可用“权利为本、法律解决”②加以概括。而中国伦理道德强调尊重对方、礼让对方，以对方为主。认清东、西差异可以明确中国伦理道德发展进步的必要性和具体方向，做到有的放矢。二是中国老道理的内涵。梁漱溟用两句话概括了中国丰富的老道理，即“互以对方为重”的伦理情谊和“改过迁善”的人心向上。中国通过“礼”的伦理规范实现其以对方为主的伦理情谊，西方通过“法”的伦理确立主体间的平等关系。中国将“礼”与“法”融为一体。但

---

① 梁漱溟．梁漱溟全集：第1卷［M］．济南：山东人民出版社，2005：653.
② 梁漱溟．梁漱溟全集：第1卷［M］．济南：山东人民出版社，2005：654.

梁漱溟并不认为“礼”与“法”的结合是消极之事，“礼”是“法”的内容，“礼”的内在反思比起“法”的外在强制具有更能体现人的自觉性。“在中国特别看重道德，就是说个人常常在改过迁善中，自己有了过失，无论大小轻重，总要常常去改，常常存在改过向上的意思。”① 这样，尊重对方的伦理情谊更讲求彼此相互之间的责任与义务，改过迁善的人心向上更体现出人的积极心态，也更能从意愿和心态上实现乡村建设的“农民自觉”。三是将老道理与乡村建设实践相结合。梁漱溟除了强调确立向上进步的目标外，更强调发挥商讨的作用，通过商讨的形式拓展人与人之间的情感关系。“有时你迁就他，有时他还要迁就你，总要养成一种合作商量的风气，养成一种彼此相让的礼俗。”② 从而提升整个乡村的社会道德。

晏阳初乡村建设关注于人的公德思想集中体现在他的“四大教育”中，“四大教育”是指“文艺教育”“生计教育”“卫生教育”和“公民教育”等。晏阳初之所以将乡村建设着力于“四大教育”源自他对乡村问题的判断。他在1931年的平教专科学校开学典礼上讲话认为，农民的问题“一是愚，二是穷，三是弱，四是私。”③ 在定县的实践工作中他更加深了对这四大问题的认识，他说：“在定县，我们的研究结果，认为农村问题是千头万绪。从这些问题中，我们又认定了四种问题，是比较基本的。这四大基本问题，可以用四个字来代表它，所谓愚、穷、弱、私。”④ 其中“私”就是直接指向人的公德缺失的问题。人们各自以家庭、家族的小团体利益为重，没有现代公共团体生活习惯，缺乏公共利益至上意识，导致中国农民长期一盘散沙，不能团结、合作，形不成乡村建设的强大内趋力，这是乡村建设的重大制约因素。因此晏阳初乡村建设对人的关照，将“私”的问题纳入四个因素

① 梁漱溟．梁漱溟全集：第1卷［M］．济南：山东人民出版社，2005：658.

② 梁漱溟．梁漱溟全集：第1卷［M］．济南：山东人民出版社，2005：701.

③ 宋恩荣．晏阳初全集：在平教专科学校开学典礼上的讲话［M］．天津：天津教育出版社，2013：175.

④ 宋恩荣．晏阳初全集：中华平民教育促进会定县工作大概［M］．天津：天津教育出版社，2013：247.

中。相应地，乡村教育也针对这四个问题提出了四大教育，针对“私”的问题提出了“公民教育”，用公民教育攻“私”，旨在培育农民的公共意识和公共精神，以增强其团结力。

卢作孚批判传统“两重集团生活”，认为传统小农经济造就了乡村“团体生活”形态，“家庭生活是永远相互依赖的，要不是你依赖着家庭，即是家庭要依赖着你，绝对不允许脱离或解散。”① 而“团体生活”孕育了中国人特有的以家庭为中心的社会意识和社会心理。“集中了中国人的要求，范围了中国人的活动，规定了社会上的道德条件。”② 人们常常用处理家庭成员之间的孝、悌等私德原则去处理公共问题，导致家庭以外的社会关系也必须用家庭的关系去解释，用家庭的私德规范去约束公共关系，形成中国封建的宗法秩序。因此，需要通过团体生活去培育农民的公德意识，解决农民“私”的问题。

二、费孝通“双轨政治”的思想理析

费孝通就“行政效率低落”问题，分析了我国传统集权体制下的政治权力运行的“双轨政治”。③ 其中“自下而上”的地方自治权力具有防止“自上而下”的国家管制权力的滥用。地方自治权力依托乡绅发挥作用，但乡绅缺乏公共意识和“自身腐化”的问题，使得“自下而上”的无形轨道难以为继。为此费孝通提出适应中央集权加强，需要加强双轨中的“自下而上”的那一道，加强的方法是学习英国、美国的代议制。但同时，他也强调了农民“代言人”的公共意识和服务意识。“如果真的想推动老百姓向现代化生活迈进，在我看来只有把人才渗透到和老百姓日常生活有关的地方自治事务中

---

① 凌耀伦，熊甫．卢作孚文集：社会生活与集团生活［M］．北京：北京大学出版社，1999：310.

② 凌耀伦，熊甫．卢作孚文集：建设中国的困难及必循的道［M］．北京：北京大学出版社，1999：316.

③ 费孝通．费孝通选集［M］．天津：天津人民出版社，1988. 125.

去。”① 这里，费孝通明确强调了“自下而上”的自治除了需要自治所具有的专业技能外，更强调了乡村自治精英的公共精神。

首先，传统乡村治理具有“双轨政治”的运行逻辑。传统中央集权政治体制中，存在着中央“自上而下”与民间“自下而上”等两条政治轨道的“双轨政治”。两者并行不悖、互不干扰，各自具有相应的权力活动空间和作用领域，但发挥作用方式不同。国家行政权力以国家权威为中心，对乡村的整合意义多是文化象征性的。在传统中国，尽管“普天之下莫非王土，率土之滨莫非王臣”，但事实上由于各方条件所限，“皇权止于县政”。国家对乡村社会的控制力度受到地域、财政、人力等因素的制约，致使“传统中国国家自上而下的权力没有也不可能深度介入到农民的日常生活之中。在这个意义上可以说，传统中国的国家与基层乡村社会是相隔离的。”② 国家在无力将权力的触角深入乡村底层的情况下，不得不借助社会自治力量进行治理，并且中央政府并不干涉乡村社会的内部事务。而社会自治权力则更具有实质性，因为它承担着实际的管辖权力，通过提供乡村公共建设与服务弥补国家力量的不足。“县政府的命令是发到地方的自治单位的，在乡村里被称为‘公家’那一类的组织”。③ 这是地方自治。费孝通之所以称之为自治，一方面是因为社区居民自动组成的团体，另一方面是这类团体承担了社会公共需要。④ 中央权威与地方自治权威“两者在各自的领域中形成了各自的权威中心，并学会了在互相的礼节性交往之外，小心避免触及他人领地”⑤。由此，费孝通对中国传统双轨政治的描述得出四点结论：中国传统政治结构是有着中央集权和地方自治两层；地方公益由自治团体管理不受中央干涉；自下而上的政治轨道一直在运作，效力很大；自治团体由地方人民授予权力，不受

---

① 费孝通．乡土中国［M］．上海：上海世纪出版集团，上海人民出版社，2007：292.

② 金太军．村庄治理与权力结构［M］．广州：广东人民出版社，2008. 28.

③ 费孝通．乡土中国［M］．上海：上海世纪出版集团，上海人民出版社，2007：279.

④ 费孝通．乡土中国［M］．上海：上海世纪出版集，上海人民出版社，2007：279－280.

⑤ 张静．基层政权：乡村制度诸问题［M］．上海：上海人民出版社，2007. 17、18.

中央干涉。①

其次，“自下而上”的自治具有民主治理意蕴。尽管费孝通始终围绕的是“行政效率”这一问题阐发“双轨政治”，但却涉及了民主政治与中国传统政治体制这一宏大议题。费孝通认为，“自上而下”和“自下而上”两条轨道的良性运行有利于维护中央集权体制。尽管两条轨道都有自己的活动空间和边界，且在一定程度上是相互协调，但其也并非完全相融合。如果出现轨道淤塞，就会出现暴君致使政治不稳定。纵观中国历史发展的轨迹，“自下而上”的轨道常常出现淤塞进而产生桀纣之类的暴君。值得庆幸的是，传统乡村宗族自治对于中央政府对乡村控制具有很强的正面意义，使得乡村民间组织具有存在空间。“自下而上”的轨道也大都保持着畅通运行，从而使中国古代专制体制在相当长时期内得以实现。他认为防止皇权的方法具有积极性和消极性两个方面。传统中国往往采用消极的方式：皇权无为，衙门无讼。② 但这种方式随着保甲制在农村的推进，皇权深入乡村就开始突破了“无为”的界限，只能采用另一种方式——积极推动“自下而上”的自治轨道运行，充分反映民意以实现民主和宪法。“我可以说加强自下而上的政治轨道来防止权力的滥用就是民主和宪法了。”③ 乡村自治通过乡绅等乡村精英保持自治的独立性和对朝廷发挥巨大影响力。尽管乡绅自治从来就没有获得具有宪法意义上的权威法律确认，其之所以保持着相当的持续性，得益于这一自治实践客观上具有维护乡村秩序和促进古代中央集权体制有效运行的作用。因为这一自治体制不仅存在于乡村领域，其影响力和价值导向还在相当程度上受中央控制，乡村自治的效果和价值也直接反映到中央，使中央政府时刻关注着乡村民众对公共政策的反应。这种制度的持续运行，民意得到一定程度的体现，政府的公共政策在一定程度上获得民众的意见反馈，实现政令的下情上达。这种上通下达的政治运行机制一定程度保证了政府与民众

① 费孝通．乡土中国［M］．上海：上海人民出版社，2007：280－281.
② 费孝通．乡土中国［M］．上海：上海世纪出版集，上海人民出版社，2007：287.
③ 费孝通．乡土中国［M］．上海：上海世纪出版集，上海人民出版社，2007：287.

之间的信息互动。但费孝通并没有用“民主”一词来表达其“自下而上”的政治轨道，他认为“这两个字已经用滥了，羊头和狗肉混得太久，会使人不感肉味，所以我在分析一个具体现象时，感觉到这些名词不够达意。”①

再次，“自下而上”的自治吁求公共精神。费孝通明确表达了中国传统乡村“自下而上”的政治轨道是民主自治，但并非现代意义上的村民自治，而是依赖于少数乡村精英——乡绅实施自治。乡绅作为传统乡村社会中的精英群体，其产生主要有两个渠道。一种渠道是通过科举考试而未获得官衔的文化精英。由于传统农耕社会具有相对稳定的农业生产和固定的人口规模，使朝廷官僚职数的设置相对有限，导致大量通过科举考试的士子难以获得官职并进入官僚阶层，而只能以功名身份闲居乡村。“沉积”乡间的绅士，事实上是一个庞大的“闲居”乡村的社会精英集团，约占绅士总数的 96%。②第二种渠道是通过纳捐等渠道或有功名但尚未取得官职者。乡绅具有丰富的学识，把持着文化的传承与解释权。科举考试制度使士绅获得了知识资本转化为文化资本的稳定机制，并借此获得对乡村文化话语权威。“传统乡绅在乡村的作用，一般是通过软性和间接渠道实现的，他们的权力来自他们的文化威权，来自农村共同认可的文化氛围和资源。”③ 这种具有权威性的文化资本具有两方面的特点。一是文化资本的权威获得体制性的认可，并通过国家系统化的文化整合而形成一整套规范性的知识体系，从而将乡村社会中的乡土文化与体系化的权力文化融为一体，实现乡土文化的体系化和系统文化的乡土化。二是文化资本具有衍生性。传统士绅仅凭其知识权威获得体制性认可而具有文化权威，但文化权威所获得的资源使得乡绅并不局限于文化领域，而是“往往集政治、经济和文化威权于一身”。他们往往利用文化资本的权威性、民众对其认同性而实现对自身文化权力的再生产，在把持乡村文

① 费孝通．乡土中国［M］．上海：上海世纪出版集，上海人民出版社，2007：287.
② 王先明．近代绅士——一个封建阶层的历史命运［M］．天津：天津人民出版社，1997. 155.
③ 张鸣．乡村社会权力和文化结构的变迁［M］．南宁：广西人民出版社，2001. 2.

化资源的同时还实现对包括土地等资源的有效控制。再加上因朝廷给予功名而具有“半官僚”的政治待遇，乡绅拥有乡村社会政治、经济、文化资源融一身。其亦官亦民角色具有承担乡村治理的得天独厚的资源。但也正是乡绅的特殊身份和丰富的乡村社会资源，其乡村治理中的功能并不让费孝通满意。在费孝通看来，尽管乡绅在乡村治理中发挥了重要的作用，如乡村基础设施建设、维持乡村秩序、灾荒时期捐款救灾、稳定民心等。但一方面传统社会的“双轨政治”并不是国家与社会、中央与地方分享行政权力和自治权力。传统中国乡绅阶层和农民阶层尽管生活于同一时空，但并非同一阶层，使原本应属于普通农民享有的自治权力为乡绅阶层独享。“双轨政治”意味着“行政权和自治权只是掌握在占统治地位的地主阶级的不同成员手里。”①乡绅阶层与农民分属不同阶级，当乡绅掌握自治权力时，农民不具有自治权的主体性。因此，费孝通“并不愿意为他们辩护，虽则我确知道有些绅士们是热心于公务的。我不愿辩护的原因是中国传统绅士是地主占绝对多数。地主的经济基础可以说是剥削的。”② 另一方面却是对乡绅的缺乏公共精神表达强烈不满。虽然费孝通并没有提出公共精神的概念，但他谈到了“双轨政治”对具有公共精神的地方人才的要求。“如果能把附着在绅士这个名词上的恶感和成见除去，我想地方上的领袖人才在恢复政治双轨中实是有相当重要的地位的。”③ 对于绅士的“恶感和成见”是什么，费孝通没有明说。但在对比分析英国地方自治中，他分析了英国乡村绅士的特点，认为存在着一些从都市退休回乡村的人在承担乡村自治的过渡性领袖责任。④ 这些人之所以能发挥乡村自治的领袖作用，是因为他们具有积极承担乡村公共事务、服务乡村居民的意识和品质。费孝通特意举了两个例子加以表达：一是“开车

---

① 徐勇．非均衡的中国政治：城市与乡村比较［M］．北京：中国广播电视出版社，1992：78.

② 费孝通．乡土中国［M］．上海：上海世纪出版集，上海人民出版社，2007：291.

③ 费孝通．乡土中国［M］．上海：上海世纪出版集，上海人民出版社，2007：289.

④ 费孝通．乡土中国［M］．上海：上海世纪出版集，上海人民出版社，2007：290.

到火车站接我的太太”；二是“到中国来过的医官”①。他们共同的特点是：都具有强烈的公共意识并承担了大量公共事务，都与地方有良好的互助合作关系等。这些对英国地方自治发挥了重要作用，以至于费孝通“很羡慕英国乡村里有这些退休回村的专家们……，我愿意把地方自治的前途寄托在他们的身上。”② 然而，让费孝通遗憾的是中国乡绅并不具有这种精神，“问题是在像那种医官们的中国人一旦老了却并不回乡罢了”③。这表明费孝通对中国乡绅缺乏公共意识表示遗憾，同时也间接说明费孝通为实现乡村自治而提出了乡绅公共意识和公共责任的伦理要求。

三、梁漱溟、费孝通农村治理思想的启示

在一个相当长时期里，民国时期乡村建设运动广受社会批评。二十世纪三四十年代共产党将其定性为“乡村改良主义的运动”和“知识分子的乡村改良运动”。④ 新中国成立后又做了否定性评价，如将其纳入地主买办阶级阵营，认为梁漱溟是“挽救地主阶级垂死的命运”、晏阳初是“买办学者”打着平民教育的幌子“惑世欺民”等。诚然，乡村建设思想在世界观、方法论上存在着严重的局限性，决定了他们对现实问题的揭示及应对思路也具有局限性。如晏阳初看到了社会病态现象——愚、穷、弱、私，但却没有进一步追问中国农民为什么会愚、会穷、会弱、会私？缺乏对中国国民性的唯物史观的把握，从而放弃制度的根本变革而选择了“教育救国”，所以平教会的工作作为实验是可以的，但要解决中国问题是绝对不够的。⑤ 但排除当时的时代背景不谈，就从现代性的角度论，乡村建设思想有其积极意义。现代性开启于西方社会，以其对人的存在形态的改进而引领着社会发展的方向。并随着现代性的全球化推进，中国封闭的乡村社会也被纳入世界现代化的浪

① 费孝通．乡土中国［M］．上海：上海世纪出版集，上海人民出版社，2007：290.
② 费孝通．乡土中国［M］．上海：上海世纪出版集，上海人民出版社，2007：290.
③ 费孝通．乡土中国［M］．上海：上海世纪出版集，上海人民出版社，2007：291.
④ 薛暮桥，冯和法．中国农村·论文选：上［M］．北京：人民出版社，1983：17－18.
⑤ 千家驹．中国农村的出路在哪里［J］．中国农村，1936（1）：36.

潮之中，由此开始中国乡村社会传统与现代、中国与西方的博弈。乡村建设既没有短视性的坚守传统、排斥进步；也没有放弃传统、全盘西化。而是以对话的形式提升儒家的道德修养，又不断吸收西洋文化的精神与气质，以最终实现中国文化与西洋文化的互融。其中所表现出的进步性在于两点。第一，以世界的眼光推进中国的现代化，并以中国农民占多数的事实进行乡村建设的现代化实践。第二，乡村建设的核心是乡村文化建设，特别是在传统私德文化中注入公德内涵。但这种公德文化的注入并不是简单地将西方的思想、观念移植，而是将这种教育思想融进中国传统之中。这就建立起了乡村建设的基本逻辑：借鉴西方公共道德思想以改造传统文化，并通过对农民教化确立起乡村建设的核心内涵，进而通过农民自身的努力实现乡村建设。其中，乡村建设抑或乡村自治是以农民在传统伦理规范下注入公共道德的教化为基础。这对我国当前村民自治的启示是，促进村民自治需要大力培育农民公共精神。

费孝通“双轨政治”深刻揭示中国传统集权体制下政治权力的运行逻辑，形成了地方自治权力制约国家政治权力滥用的机制，表明了“自下而上”的政治轨道的民主性质。但遗憾的是他仅对传统乡村自治依托乡绅发挥作用的状况加以揭示，没有进一步提出农民在地方自治中的主体性问题。他虽然认识到乡绅“自身的腐化”问题，也认为“自下而上”的政治轨道有效运行需要有英国式的“退休回乡的领袖”人物，也即是具有公共意识和公共责任的人，但他也并没有就公共精神作进一步说明，更没有表达公共精神之于乡村自治的作用机理与价值。

第二节　西方乡村自治与农民公共精神的互动

西方具有相对久远的自治传统，无论是作为“地方自治之家”的英国地方自治还是由欧洲移民建立的美国乡镇自治，无不因彰显村民的自治权而受到广泛的关注。欧美乡村自治实践中出现巨大差异使学者们将学术兴趣放到找寻这种差异背后的深刻原因。托克维尔、帕特南是其中杰出代表，托克维尔提出，美国、法国基层民主自治运行差异是由于法国社会不具有美国乡镇独特的乡镇精神。帕特南提出，北意大利良好的制度绩效是由于其具有南意大利缺乏的良好社会资本。西方乡村自治绝非偶然，而是与其独特的社会发展历史以及与此相关联的良好公共精神密切相关。乡镇自治依赖于乡镇精神，而乡镇精神对乡镇自治良性运行发挥支撑性作用。

一、托克维尔关于乡镇自治与乡镇精神关系的阐述

托克维尔运用社会学的访谈调查方法来研究政治问题，实地考察了新英格兰乡镇自治，探究了乡镇自治良性运行的内在根源：地理环境、法制和民情。从三者之于乡镇自治的价值而言，“自然环境不如法制，而法制不如民情”①。在托克维尔看来，新英格兰乡镇自治良性运行的决定性因素在于“民情”，亦即乡镇居民的公共精神。民情（moeurs）尽管和拉丁文原字mores一样，但托克维尔放弃了mores的习俗内涵，强调民情（moeurs）的道德成分。他基于乡村自治的功能角度着力于乡镇居民的心理状况、思想见解和道德风貌来阐释民情的基本内涵。因此，托克维尔将“民情”“这个词理解为一个民族的整个道德和精神面貌”②，包含了乡镇精神、公共精神、权利观念、对法律的尊重和宗教习俗等。以此为基础，托克维尔富有逻辑地分析了乡镇自治与乡镇精神的内在关系。

首先，新英格兰乡镇实行自治。美国政治的生成逻辑是在乡镇基础上发展起来的，最初的北美殖民地移民面临着极其恶劣的自然环境，他们以生存之需而形成共同体生活——乡镇。乡镇成为美国政治体制建构的始基，“乡

① 〔法〕托克维尔. 论美国的民主：上［M］. 董果良，译. 北京：商务印书馆，2009：358.

② 〔法〕托克维尔. 论美国的民主：上［M］. 董果良，译. 北京：商务印书馆，2009：332.

镇成立于县之前，县又成立于州之前，而州又成立于联邦之前”①。美国政治生成逻辑决定其乡镇自治的历史归因和客观必要性。托克维尔以新英格兰乡镇自治为代表分析其自治特征。一是民主选举。早期移民的“清教徒”身份所具有的“平等”意识和“五月花”公约使他们选择了民主选举乡镇自治领导机构的制度，实现直接民主。每年举行一次的乡镇居民大会作为乡镇最高权力机关，拥有立法、行政等权力。“立法与行政工作都是就近在被统治者的面前完成的”。② 居民大会基于居民的意见讨论乡镇自治法律和决定乡镇重大公共事项。乡镇居民大会闭会期间的日常工作由乡镇管理委员会（乡镇理事会）处理。这一乡镇直接民主形式随着人口规模扩大，居民大会召开受到各种客观条件的限制，不得不转而采取居民代表大会的代议制间接民主方式。居民代表通过选举产生，实行任期制，其工作具有服务性质而不领取工资。但乡镇自治组织负责人并不由选举产生，而是通过居民代表大会面向全国公开招聘的职业经理人，实现长官负责制。各部门管理人员由乡镇行政长官任命产生并对其负责，但需要通过乡镇居民代表大会的批准。二是决策透明。乡镇政府就公共事项的决策必然实现公开的听证会，以保证程序合法。所有乡镇居民都可以参与加证会，对乡镇公共事项决策提出自己的意见和要求，而乡镇通过听证会也获得了乡镇公共决策的民众诉求和大量的决策信息。而关涉到全体乡镇居民的重大事项还要进行全民公决。为提升乡镇居民公决的科学性、合理性，乡镇甚至县级新闻媒介宣传、权威专家的解读和各种形式的讨论会给多元观点的表达和争论提供平台，使居民在表决前对各种观点和争议有充分了解，并做出合适的判断和表决。三是监督有力。美国乡镇权力运行具有相对完善的监督机制；包括官员任期制、罢免制和权力运行制度化。官员任期制要求通过选举等方式产生的官员实现 2—4 年不等的

① 〔法〕托克维尔．论美国的民主：上［M］．董果良，译．北京：商务印书馆，1988：45.

② 〔法〕托克维尔．论美国的民主：上［M］．董果良，译．北京：商务印书馆，1988：68.

任期，每年改选其中部分官员。任期制既保证不当官员任免纠偏，也保证政策连续性。对官员的罢免制要求对尚未到期却不称职或利用职务之便谋取私利，造成乡镇居民利益受损的官员，可以依照一定程序实现罢免。乡镇自治权力通过法制化获得保护和约束。乡镇政策与县级政府组织之间并没有行政隶属关系，两者权力运行严格控制在法律框架下，乡镇法规不能与上一级法律相抵触，这就是地方政府权力框架中自上而下的（法律）限制。① 乡镇自治享有高度自治权，但不是绝对自治，其权利和义务受到各级宪法、法律规范和保护。在法律规范下乡镇自治组织自行处理乡镇范围内的公共事务，对乡镇机构组成、官员产生、财政收支管理及居民权利义务等都具有自主决定权。

其次，乡镇自治良性运行依赖其乡镇精神。新英格兰乡镇自治何以具有良好的运行效果，托克维尔通过新英格兰乡镇自治与法国民主相对比，提出了促进新英格兰乡镇自治良性运行的结论性观点：地理环境、法制和民情，而民情在三者中具有根本性意义。② 新英格兰乡镇民情包含了乡镇精神、公共精神、权利观念、对法律的尊重和宗教习俗等。托克维尔并没有就乡镇自治对民情的依赖做全面分析，只是将三者之于乡镇自治的促进作用加以对比，提出了民情之于乡镇自治的价值大于地理环境和法制的结论。新英格兰乡镇自治与乡镇居民民情有何关系？或者说，民情对乡镇自治有何支撑性作用？

第一，乡镇精神为乡镇自治提供民情基础。托克维尔主张，民主是以民众广泛参与公共事务而彰显民主价值的一套机制，较之于专制政体而言要求民众具有民主参与的素质和能力，以此为民主社会的良性运行打下民情基础。托克维尔基于美国乡镇自治实践出发强调民情的现实价值，他反对将民

① 吴量福．运作、决策信息与应急管理：美国地方政府管理实例研究［M］．天津：天津人民出版社，2004：58.

② ［法］托克维尔．论美国的民主：上［M］．董果良，译．北京：商务印书馆，2009：358.

情理解为抽象、空洞的“自由”“平等”等口号，也不主张将民情狭义地理解为“选举”“代议制”“言论自由”等工具性的话语。他认为，民情既应该体现出民主所彰显人的主体性的价值原则，并成为这些价值原则和精神的生发之源和价值之根，又要在包括乡镇自治在内的民主实践中发挥支撑作用，从乡镇基层自治到联邦政府决策，都因民主所依托的民情基础而实现民众理性、有序参与。民情作为民主社会的思想意识，也成为美国社会思想上层建筑的根本。民情之所以具有如此突出的价值，托克维尔将美国新英格兰乡镇自治与法国集权体制做了对比，两者民主机制的运行存在着明显差异，且影响这种差异的因素具有多方面的原因，如地理位置、法制因素和人们的生活习惯，在这些影响因素中最为重要的是美国、法国之间不同的历史传统、流行观点和生活习惯。他认为，这些因素相互交融所形成的美国乡镇特有的民情广泛存在于乡镇社会，乡镇居民将民主理念内化为自身的信仰，并通过乡镇自治实践而实现民主精神的外化，赋予抽象的民主精神以真实、具体的内涵。在促进美国乡镇自治的地理环境、法制、民情等三要素中，托克维尔之所以如此重视民情因素，除了他对新英格兰乡镇自治的实地考察而亲身感受到民情之于乡镇自治的价值外，他还通过对比其他国家民主运行差异而彰显出民情之于民主的促进作用。他认为，美国乡镇自治的良性运行有其独特的地理位置，但具有同样优越地理位置的中、南美国家并没有因此而形成民主发展的良好态势，反而因民主陷入长年的内乱和混乱，民主难以实现规范、有序，国家持续动荡不安。从中，地理环境固然会影响民主运行，但不具有决定性意义。法制凭其强制性的规范功能会对民主社会起到规范和约束作用，但其价值仍旧不及民情。他将美国与南部的墨西哥进行对比，认为美国通过联邦宪法实现美国繁荣发展，而移植美国宪法的墨西哥却并没有实现其宪法的民主精髓，其缺乏民情基础的宪法因原则性规范而出现可行性的“缺陷”，普通民众因宪法只进行了原则性规范而无所适从，而政客们则利用宪法的原则性规范而做各种悖离宪法精神的解读，使墨西哥在宪政实践中处于军人专制和无政府状态的循环之中。托克维尔因此说：“美国的联邦宪法就好像能工巧匠创造的一件只能使发明人成名发财，而落到他人之手就变成一无用处的美丽艺术品”①。墨西哥之所以出现这种状况，其原因恰恰在于“他们只抄来了宪法的条文，而无法同时把给予宪法以生命的精神移植过来。”②

托克维尔强调民情之于乡镇自治首要价值的同时，他还提出了民主社会良性运行的普遍适应性问题。他认为，通过自治形成自由共同体的发展方式，尽管各国存在着地理环境和历史传统的差异，但民主社会对于民情的要求则是相通的。因为民主运行的程序合法决定“一切事情都要经过反复的协议和复杂的手续，只有长期以来惯于自治和政治知识普及到社会下层的民众，才适于采用这套办法”③。由此，托克维尔将研究的视角从民主本身转移到促进乡镇自治的乡镇精神上，并且提出民主国家中民情的价值较之于地理环境和法制具有更大的影响力。

正是由于这些原因，托克维尔将视线集中到对于乡镇自治精神的研究中。因为对于一个国家或民族来讲，民情所起的作用往往要大于人们普遍相信的地理位置和法制的影响。“最佳的地理位置和最好的法制，没有民情的支持也不能维护一个政体；但民情却能减缓最不利的地理环境和最坏的法制的影响。”④ 正是因为这一结论，托克维尔反复提醒读者需要去理解其书所表达的民情内涵，以及包括美国人的实践经验、习惯和见解等民情的价值，否则，就有违他的写作初衷。

第二，乡镇精神抑制美国民主危机。托克维尔作为严谨的学者在崇尚民主的同时也对民主保持着审慎态度，他从民主实践中的“多数决定”原则而

---

① 〔法〕托克维尔．论美国的民主：上［M］．董果良，译．北京：商务印书馆，2009：186.

② 〔法〕托克维尔．论美国的民主：上［M］．董果良，译．北京：商务印书馆，2009：186.

③ 〔法〕托克维尔．论美国的民主：上［M］．董果良，译．北京：商务印书馆，2009：186.

④ 〔法〕托克维尔．论美国的民主：上［M］．董果良，译．北京：商务印书馆，2009：358.

捕捉到民主运行不可避免的消极后果——多数人暴政。在对数千年的人类政治生活研究中，人们更多地基于政治伦理角度批判专制体制下的少数人暴政，忽视“多数决定”的民主原则仍然面临着多数人暴政的问题。托克维尔说：“‘人民的多数在管理国家方面有权决定一切’这句格言，是渎神的和令人讨厌的。”① 因为在他看来，民主制推翻传统专制制度并不真正意味着人们摆脱奴役，只不过是“换了一个性质不同的邪恶而已”。人们并没有因为民主制度的建立而过上自由生活，反而在民主制度下“又沦入新的奴役状态”②。近代以来，民主政体的实施标志着现代文明进步和人民主权原则得以有效实施，但民主实践中的多数决定造成多数人暴政的历史事例并不少见。早在古希腊就有苏格拉底之死，近代法国大革命雅各宾派的红色恐怖，现代德国法西斯上台并对犹太人的屠戮等无不是多数人对少数人的摧残与凌辱。托克维尔从政治学者的学理分析提出了民主的多数人暴政问题，但在美国民主实践中尚未出现诸如法国雅各宾专政的民主后果。托克维尔分析认为，美国乡镇特有的民情以及由此营造的法学家精神抑制了民主的张力。他从宗教传统、法学家精神等因素分析了民情引领美国民主理性化的致思逻辑，认为人们基于思维习惯将宗教与民主对立起来，强调宗教摧残人性与民主张扬人性之间具有不可调和的矛盾。事实上，基督教崇尚“众人皆兄弟”的平等理念、宗教作为自然法基础的法治原则等思想，都主张宗教中上帝理性运用和对人自然权利的尊重。这些宗教思想和自然法传统也在融入美国民情之中。人们会感受到社会各阶级都在不同程度上都给予现行法律以信任，“以一种爱父母的情感对待现行的法律”③。作为民情内涵的在法治思想孕育下的法学家精神，“特别反对革命精神和民主的轻率激情”而引导着民主的

① 〔法〕托克维尔．论美国的民主：上［M］．董果良，译．北京：商务印书馆，2009：287.

② 〔法〕托克维尔．论美国的民主：上［M］．董果良，译．北京：商务印书馆，2009：528.

③ 〔法〕托克维尔．论美国的民主：上［M］．董果良，译．北京：商务印书馆，2009：275.

理性化。由此，民情所容纳的宗教传统、自然法观念，加上现代法学家精神所汇聚而成的人道的和法治的力量，实现包括乡镇自治在内的美国民主理性运行，并有效遏制了民主的多数人暴政的政治后果。

二、帕特南关于提升治理绩效的社会资本视角分析

社会资本是指社会组织中存在的信任、规范和参与网络等促进合作行动而提高社会效率的社会关系范畴，是公民之间非正式的参与网络以及体现这些参与中的规范，包括人们相互之间的信任、信仰、情感、互惠、社会关系、合作网络、公共精神、家庭关系、宗亲关系等。帕特南应用博弈论和理性选择等理论，以及新制度主义研究方法，力图厘清意大利南、北制度变革所产生的绩效差异而沿用社会资本概念。他从学理上深入分析了制度绩效的社会资本根源，从规范意义上分析了信任、互惠规范以及参与网络的逻辑关联及其相互作用。认为信任作为社会资本的基础性概念在社会交互式行动中不可或缺。互惠规范、参与网络作为社会资本的组成要素通过促进社会信任而发挥作用。一方面，普遍互惠实现共同体中的各个体利益和共同利益的增加，这将经济资本等资本形式中的功利主义和投机行为区别开来，且在长期重复性的互惠行动中使各行动个体间的信任水平提升。另一方面，社会关系网络通过相互间的“场域”的同在性，而面临着重复交往的可能性，使得共同体成员基于长期交往而建立起相互信任而降低交往成本。由此，稠密的社会交往网络也增强了相互间的信任。由于互惠的积累性和交往的重复性，使得社会信任具有生产性，相应地，社会资本也具有生产性。由此，社会资本的生产性通过共同体成员的信任、互惠和关系网络相互加强而体现出来。并且通过共同体中相互促进的社会资本中各要素的作用，解决集体行动困境，进而彰显社会资本的公共性。帕特南的社会资本理论展现其公共性，将诸如信任、规范和网络等社会组织的某种特征作为其构成要素，通过各要素间的合作行动提高社会效率。

帕特南着力于社会资本的公共属性，颇具说服力地论证意大利南、北制

度绩效差异的社会资本归因。从政治学角度看，建立在信任基础上的社会资本基于互惠的预期促使个体积极的公共参与，并在实现公、私利益的同时改善民主制度下的治理绩效。帕特南认为，具有普遍互惠的社会群体在治理效率上要大大高于一个缺乏信任的社会群体。因为合作互惠行为在实现自身利益的方式上基于他者利益的实现而实现自身利益，这种利益获取方式改变了“囚徒困境”在缺乏信任时的一次性的零和博弈。在重复稳定的互惠行为中，各个体经过“理性”的“利已”和“利他”的博弈中达成了互惠的结果，形成和遵守群体在公共事务中共识性的互惠规范，并在重复这种互惠行为中强化了社会群体内的相互信任。在社区场域中，传统乡村往往以宗族权威形成个体服从性的“治理”。这种“治理”固然具有了社会资本中的信任，但却并不能实现互惠，更不可能具有普遍的参与网络。现代社区治理强调了多元参与，且参与的动机不完全是狭隘的功利性参与。这在很大程度上否定了多元主体在参与中存在的“权力寻租”现象。同时，社区多元主体在长期重复交往中实现互惠，并因此建立起广泛的群体信任基础。具有信任基础的各个体为实现广泛的互惠价值而需要更为广泛的社会交流，由此产生了对公共生活参与的欲望与动力，并要求在参与实践中构建起与之相适应的社区自治结构。在社区治理平台上，各个体在共同的价值导向上一致行动，减少了集体行动困境中的内耗，从而提高社区治理绩效和发展水平。其中社会资本不仅推进治理结构优化，而且提升治理绩效。这是从微观层面的社会资本论及其对治理绩效的价值。从宏观层面而言，社会资本可以促进政治参与和善治。帕特南通过对意大利地区政府的分析，认为北部地区长期形成的团体生活和具有信任基础的交往方式促进了该地区有效的治理。在“小共同体”生活中，各组织内部通过长期的交往形成的互惠合作和共同责任等规范和价值观，这种组织的内部效应会产生多元主义所主张的组织外的外部效应。即组织内部丰富的社会资本在国家范围内通过各组织相互重叠交往而实现社会资本的组织外辐射，进而在整个国家范围内实现社会资本化零为整。在具有良好社会资本的民主国家，公民行使民主选举就是基于对当选者负责的信任，而当选者为获得其在选民中的长期信任，会持久地对其行为负责。民主国家固然不仅仅体现在民主选举的层面，但选民可以通过选举形式就候选人的执政理念等问题进行广泛地讨论和交流，并在讨论中交流各自的政治主张和利益诉求，从而实现公民之间、公民与国家之间的联系。帕特南甚至还进行了推理，认为提升代议制政府的效率，提升司法公正透明，也会极大地增加民众对司法行政体系的信任度，进而最大化地支持这种政治体制。

三、托克维尔、帕特南关于乡村自治思想的启示

托克维尔、帕特南所论及的乡村自治在时空上都有别于我国村民自治，由此我们自然会提出其理论观点对当今民主社会发展，特别是我国村民自治是否具有借鉴意义的怀疑。事实上，包括乡村自治的现代民主所推崇的价值和精神不仅和那个时期一脉相承，而且随着现代文明的演进，人们对民主价值的追求更为强烈，现代科技发展使民主的理念通过适当的机制获得了更为便捷的实施。但这只是从技术层面而言，抑制民主良性运行的民情基础缺失以及过去留下的民主消极影响并不会因为技术进步而有所消减，反而会给破坏民主带来更为方便的条件。因此，解决民主的遗留问题和民情基础缺失还是需要人自身的提升。托克维尔、帕特南有关自治思想依然对现代社会包括中国村民自治有着特殊的启示意义。其中，村民自治的推进除了需要完善自治制度外，还需要培育农民公共精神以提供内在支撑。

长期以来，人们致思于经济的、制度的原因来寻求社会发展与变革内在逻辑，忽视大量非经济的、非制度化的因素对社会发展所起的积极作用，以及公共精神、社会资本等可以引导人们对经济、政治外的非制度性因素的分析与关注，如传统宗族文化、熟人社会中利他的交往行为等，特别是隐藏于社会结构中的组织成员交往关系，这种交往关系对于社会运行机制会产生重大影响。托克维尔在考察美国新英格兰乡镇自治和反思法国社会乱象后，强调了美国民主良性运行得益于具有历史积淀的民主运行社会基础的民情。由此，他提出了促进民主运行的乡镇精神的发展思路。帕特南提出了社会交往

中人们相互信任、互惠规范和参与网络等社会资本对村民自治和乡村民主的新的解释范式。托克维尔乡镇精神、帕特南对意大利制度绩效的社会资本解释逻辑仍旧对中国村民自治制度良性运行有借鉴意义，甚至在传统宗族观念更强、熟人社会中信任基础更为牢固的我国乡村社会具有更强的解释力。当前我国农村进行了几十年的村民自治实践，在制度建设和民主运行等方面取得长足进展。但自治机制的完善并不意味着乡村民主的完善。村民自治并没有完全朝着人们理想状态运行，人们参与意识不够、干群信任基础不足，形成不了互惠规范的自治环境。推进我国村民自治制度良性运行和农村基层民主进步，需要深入分析和研究托克维尔的乡镇精神、帕特南的社会资本理论，结合我国传统乡村社会中的宗族自治与熟人社会中信任基础的互动关系，借鉴其有用的概念和理论框架并实现本土化，拓展我国村民自治的制度主义研究视角。着力于推进村民自治的公共精神的培育，发挥公共精神对基层民主制度的支撑作用，强化适应村民自治的我国“民情”的养成，发挥公共精神之于村民自治的促进作用，成为促进村民自治制度良性运行的新思路。

第三节　农民公共精神培育的价值证成

中国和外国不同的历史传统和文化特点决定两者乡村治理具有不同的发展逻辑和治理特点。人类实现现代化的方式和内容可以不同，但体现人的价值等现代性思想却具有共通性。这种现代性体现在乡村治理中都不同程度上实现乡村社会从传统向现代的跨越，且在实现现代乡村自治的发展逻辑中，自治主体的公共精神具有不可或缺的价值。不论托克维尔关于乡镇精神支撑乡镇自治的论述，还是帕特南有关社会资本促进治理绩效的观点，抑或是梁漱溟“文化再造”思想，无不体现出乡村自治之于公共精神的依赖。需要进一步追问的是农民公共精神培育之于乡村自治的价值何在？两者之间有何内在逻辑关系？根据中外乡村自治实践看，乡村自治的良性运行需要在自治主体、客体、介体和环体等四个方面具备良好的自治条件。其中主、客二分的主体性思想在现代哲学中为主体间性思想所取代，传统乡绅与村民之间“治”与“被治”主客关系日益演变成为村干部与村民的主体间性关系，即村干部和村民都作为自治主体而发挥作用。相应地，乡村自治的良性运行从主体间性的视角具有两方面的规定性：一是良好的社会认同基础，二是乡村干部的伦理自觉。乡村自治的介体是指支撑自治规范运行的制度体系，环体是促进自治良性运行的社会生态环境。公共精神分别在累积乡村自治的自治合法性基础、提升良善的乡村干部伦理自觉、完善规范可行的制度体系和优化社会生态环境等方面发挥积极作用而实现其价值证成。

一、公共精神累积乡村自治的合法性基础

政治合法性是民众之于政治系统的认同。韦伯从经验事实的角度提出，判断一种政治系统是否具有合法性，只需要人们相信这种政治统治是合法的，无论其以何种形式出现都具有合法性。① 人们之所以相信政治系统是合法的是基于政治系统运行价值符合人的价值追求，以及人们的价值诉求是理性的。政治系统的良性运行首先需要民众对政治系统的合法性认同，缺乏合法性的政治认同，政治系统仅靠外在强制实现，其结果因缺乏民众基础而不可持续。自治系统的合法性认同也是基于自治理念符合人的价值追求，人的多元价值追求需要在具备公共精神的伦理观主导下形成价值共识，才能实现与自治理念地对洽，多元价值也才可能在自治平台上获得现实的满足。

其一，乡村自治通过公共精神作用下的价值共识而实现公平的价值理念，进而获得村民的合法性认同。乡村自治具有追求效率、社会公平等社会价值，弗雷德里克森强调“把效率和经济作为公共行政的指导方针是有必要的，但仅此是不够的。必须加上社会公平作为公共行政的第三个理论支柱，

① 参见胡伟．在经济与规范之间：合法性理论的二元取向及意义［J］．学术月刊，1999（12）：17－22.

使公共行政能够回应公民的需要。”① 但自治系统的效率与公平具有相对性，村庄某些公共政策可能满足了一些村民的利益，但却对其他村民的利益满足不那么直接、具体，使全体村民对公共政策的认同和价值就出现分歧甚至截然相反的观点。如果公共政策缺乏对公平的分配效果的关注，不注意照顾社会公平原则，其结果就会使自治系统失去村民的价值认同而出现合法性危机。而公共精神所倡导的公共理性、公共参与和公共致上等理念，使村民在提出自身价值诉求时不是将其理想目标当作现实追求，而是按照理性的原则考虑现实条件实现的可能性和其他村民是否可以接受，他们主动听取其他村民意见，将自身的价值诉求与其他村民的利益追求结合起来，形成价值共识，并在村治系统中获得可操作性的实施方案。同时，村民还会在公共致上的价值导向上自觉将个体利益与整体利益结合起来，实现整体利益与个体利益的兼顾，从而在自治系统的平台上获得公平、合理的价值满足。自治系统的社会公平原则也因村民多元利益有共识性方案具有可操作性。村民也因利益满足对自治系统的公平公正给予其合法性认同。

其二，公共精神提升自治主体的民主素质而增强其对自治系统认同的理性条件，进而使自治系统具有合法性。民主自治合法性是在自治制度规范下自治主体自主管理公共事务中获得自身的主观价值感受而给予的价值认同，它对自治主体提出平等、自由等政治素养的要求。一方面，自治所及个体具有平等公民身份进行利益表达与诉求，另一方面这种表达是基于自身真实表达，并非来自外在的强制、诱惑等。公共精神促进村民平等、自由观念的形成，使村民对自治系统的主观感受具有了客观条件和理性成分。具有公共精神的村民个体积极参与公共生活，在公共参与中具有广泛的交流、平等的对话，甚至在某些事项上基于共识性意见达成而出现合作、互助、妥协等机会，这使村民之间的距离大大缩小，推动了“平等”观念在社会中的普及。这种平等观念使所有村民在自治平台上获得了参与、表达等平等机会，并具

① 〔美〕乔治·弗雷德里克森．公共行政的精神［M］．张成福，刘霞等，译．北京：中国人民大学出版社，2003：88.

有形成乡村公共事务的价值共识的客观环境。但仅此还不行，人们的利益诉求往往因价值观差异和利益排他性而存在着差异，如果一味地强调差异，其结果是无法实现共识性意见。而具有公共精神的利益表达和利益诉求，往往会在考虑自身利益的同时，考虑他人和公共性立场。因为实现自身利益诉求的思路和观点最终需要获得各方认可方能实施。这使各自由表达的观点必然与他人“自由”观点要结合，实现人与人的联合。这种联合推动“自由”精神的发展，它令“自由”与“人的联合”紧密地联系起来，最终让满足私欲的个体“自由”转变为促进公利的联合的“自由”。正是在公共精神驱使下的自治实践，在实现人们互惠合作的同时，其理性成分也得到越来越多的培养和发扬，“自由”的深刻内涵也深入到每一位公民心中。托克维尔用一位州长的话表达出自由的价值，“还有一种公民或道德的自由，它的力量在于联合，……凡是公正和善良的，这种自由都无所畏惧地予以支持”①。

二、公共精神推提升村自治主体伦理自觉

乡村自治因强调治理绩效而具有公共管理的属性，除此而外还具有因利益分配而属于价值追寻的领域。作为价值追寻的伦理活动领域之于自治的公共属性具有重要意义。一方面乡村自治活动具有复杂的社会经济、政治环境，尽管自治的性质决定村民的广泛参与，但乡村基层干部并不完全是普通村民决策后的执行者，而是需要他们在广泛听取村民意见和建议基础上就公共事务做出决策，刚性的制度规范只能就决策程序做出规范而不能影响决策方案的选择等问题。另一方面乡村自治中有关公正与否、是与非、善与恶等有关价值问题的判断和选择往往贯穿自治的全过程，且这些价值选择与判断并没有一个绝对公正可行的实施依据，这使村民基于利益差异而不可避免存在着矛盾与冲突。实现乡村自治中自治行为价值中立，从伦理角度需要做好两项工作。一是强调自治干部的政治伦理意识，将乡村自治的行为规范和价

① 〔法〕托克维尔．论美国的民主：上［M］．董果良，译．北京：商务印书馆，2009：47.

值选择依托乡村干部的良心、责任感、正义感，发挥行政伦理作用。二是乡村干部行政伦理意识的提升除了强化外在刚性制度规范外，还需要增强其伦理修养和自律意识。毕竟乡村干部也只是具有特定利益诉求的自然人，而不是“一心奉公”的良善圣贤，他们不能被理想化地诉求于诸如传统官德教育中所强调的“圣贤”的伦理责任。尽管如此，乡村干部的伦理修养和自律意识的提升还是可以通过公共精神培育得以实现。公共精神不是一种道德理想主义，而是以共识为基础的最低限度的共同价值、标准和态度。它不仅使被赋予抽象道德模范的乡村干部回归到普通村民的真实状态，而且还使乡村自治干部的公共伦理的养成具有现实性依据。行政伦理自觉是基于乡村干部的公共精神和良好的具有公民美德的自治环境。因为公共精神作为公共性价值认同可以确立起以公共性为价值导向的公民广泛参与的自治机构，而村干部也以此为基础获得“特别负责任的公民”①这一道德认同基础，从而准确进行干部的角色定位，以公德心有效处理自治实践中利益矛盾和冲突。村干部的行政伦理自觉和公共至上的伦理定位使村干部在自治实践中自觉将实现公共利益当作为处理村民矛盾和实现相互义务的基本价值导向。在面临基层乡镇政府的压力时，不是持依附性立场或中立态度，而是积极寻求保持自治并实现乡村公共善、积极鼓励和支持村民参与公共事务，增强村民与基层乡镇政府的合作交流以减少乡村治理成本。当然，促进行政伦理自觉的公共精神的强调并非否定传统的诸如促进行政效率的专业知识、技术专家和处理问题的理性精神等具有提升自治效率同样具有工具性价值的技术、技能，但这些技术工具本质不涉及价值分配的问题。乡村自治的思维触角更需要触及价值分配的核心问题，并引导、推进技术工具在乡村自治中发挥积极作用。

三、公共精神促成自治制度规范完善

制度体系是保证乡村自治在规范、有序的制度环境下运行，是自治良性

---

① Terry Cooper：*An Ethnic of Citizenship for Public Administration*. Prentice Fall ，Englewood Cliffs ersey. 1991：139.

运行的保障体系。制度体系涉及制度的完善和运行，公共精神既是自治制度持续完善的动力，也是制度有效实施的先决条件和重要保证。

首先，公共精神作为动力之源促进自治制度的完善。现代化推进使乡村社会的利益结构和治理方式发生着持续的变化，具有利益差异的乡村各社会阶层在治理平台上进行利益博弈。面对持续的社会变化，已有制度规范的客观确定性、强制性、稳定性难以发挥其规范性功能，无法对新的矛盾与冲突和乡村治理中的权责关系加以合理界定。毕竟任何制度总是基于事实存在而发生作用，而既存事实的变化会使完善、合理的制度变成不完善、不合理，其制度规范的局限性就显现出来。因此促进制度创新与完善就成为应对问题的根本所在。制度创新除了客观社会环境变化对制度更新提出要求外，还需要促进制度创新的内在动力，这涉及自治实践中村民的主观能动性。因为乡村自治中的制度规范大量表现为村民在自治实践中创制出来的村规、民约，村民的自治能力、公共理性和美德素质等是实现制度创新发展的主观条件，其中公共精神在一定程度上为制度创新提供思维基础和价值导向，决定着制度创新的性质和方向。因为自治制度的缺陷往往需要具有公共精神的村民发现并以公共理性的思维提出完善的方式，保证制度完善的公共性属性，使自治制度完善具有针对性和合理性。而缺乏公共精神的村民发现制度缺陷后，基于自身利益满足而利用甚至炮制度缺陷。因此，完善自治制度必须培养村民具有正义感、责任感和公共道德，需要村民公共精神的有力支持。

其次，公共精神作为基本条件促进自治制度的价值认同。自治制度要获得其规范功能不仅仅要求其设计的科学、合理，还需要制度认同和基于认同基础上的执行。人们遵守制度规范是基于制度规范的价值认同，而制度价值的实现程度也取决于社会成员对制度价值取向的认同感和和基于价值认同感的制度框架下成员个体的主观能动性的有效发挥，进而实现社会成员所追求的社会秩序的正义性、稳定性等。社会成员缺乏对制度规范的主观价值认同，就会使制度规范缺乏内在的价值理念支撑，制度会因外在于规范对象而成为流于形式的摆设和装饰。在乡村自治实践中，制度规范的设计是基于广大村民自治实践需要而具有客观必要性，并因为国家强制力或乡村强大社会舆论为后盾，保证了制度规范的强制性。但这种强制性得以有效实现需基于民众的价值认同和主观自觉，是对公共性致上的价值认同和以此为基础的公共行为的内在自觉。否则，缺乏公共精神不但难以建构起正义、完善的制度体系，即使具有相对健全的制度规范也难以持久维持。因为缺乏公共精神的村民个体基于局部的、短期的利益博弈不仅难以达成实现利益的共识性意见，而且因制度规范的公共性、公正性价值有可能“危及”其利益实现而致使村民不能认同制度规范的价值导向。因此，公共精神既是制度设计中保证公共价值的伦理基础，也是制度实施中彰显公共价值的基本条件，并基于公共性价值认同而将制度的外在强制性转化为内在的自觉行动。“公民美德或是‘公共精神’、公民风范，使一个秩序优良的自由民主制与一个无序的民主制区别开来。”① 公共精神不仅决定制度设计的价值导向，而且还是制度有效实施的主观条件。

再次，公共精神作为重要保证促进自治制度有效落实。自治制度的有效实施除了依赖制度的强制性外，更需要人们对于自治制度的内心服膺。一方面，拥有公共精神的村民在思维方式、价值导向和行为习惯上都会基于价值共识而积极主动遵从自治规范，自觉在认知、认同自治制度的基本内容和伦理价值基础上，将其转化为自身的内在信仰，并外化为外在的自治行为，实现公共参与的同时促成自治行为的理性自律和自治制度的有效落实。另一方面，毕竟自治制度的有效落实仅靠村民基于公共精神的内在自觉带有很强的理想主义色彩，而促成自治制度有效实施的公共精神还会通过其公共责任、公共参与等，从意愿和能力两方面对自治制度实施过程和制度执行者加以某种监督和权力限制，使自治制度的运行保留在阳光底下。制度运行是否有效，一是看其是否对乡村自治有效规范约束，二是看制度的伦理价值是否得以彰显。缺乏制约的权力要么不能规范自治实践，要么悖离自治的民主价值

---

① 〔美〕爱德华·希尔斯．公共论丛——市民社会的美德：第 5 辑［M］．北京：三联书店，1998：286.

而失去其公平、公正价值。这种制度对权力滥用的放纵和对村民权利实现的消极为公共精神所排斥。公共精神不仅因其价值主张否定这些有违制度规范的行为，而且因公共意识在能力上也具有遏制不法行为的强烈冲动和捍卫自治制度的坚定决心，使良善自治制度实施获得了可靠的伦理资源。“现代公共社会对公民美德的需求不仅仅是维护社会正义的良好秩序，公民美德本身就是良好的社会公共秩序的内在构成部分和实质性标志，更是建构社会公共秩序并确保社会公共生活得以良序发展的政治伦理资源。”① 因此，在自治实践中，培育村民的公共精神和责任意识，提升其权利意识，使自治制度有效实施获得可资的伦理资源并保障其真正落实。

四、公共精神优化乡村自治的良好社会生态

生态学是探究生命主体与其生活环境的互动关系的科学，社会生态学是运用生态学的理论与方法来研究社会问题。乡村自治的社会生态研究就是从社会生态环境的角度探究乡村自治，揭示乡村自治与社会环境相互作用的规律。中、西方乡村自治实践都表明了社会生态环境对乡村自治具有促进作用。其一，任何自治主体作为社会存在物都存在于特定社会环境中，其自治实践中的价值观念、思维习惯和实践方式除了受其内在生理、心理因素影响外，不可避免会受到生态环境影响。其二，社会生态环境的现实情况和改善可能具有提供自治目标实现的可能条件。一方面，既有的社会生态环境会影响乡村自治的性质、职能、方法等，而乡村自治也在特定社会生态环境中不断调整自治的内容和方式以适应社会生态环境。另一方面，社会生态环境并非静止的、孤立的，是随着人的发展进步而不断变化的，这决定乡村自治也在随着社会生态环境的变化而不断变化。促进乡村自治的良性运行就可以通过人为的干预、引导社会生态环境的变化得以实现，而营造良好社会生态环境需要发挥公共精神的核心价值。这里从政治、经济和文化三个方面分析公

---

① 万俊人．政治文明与公民美德［N］．光明日报理论周刊，2007－6－19：11．

共精神营造自治环境的价值。

从优化良好政治生态来看，乡村自治基于村民利益分歧和价值观差异而面临着治理困境。一方面，村民多元利益和价值观多样化使其达成共识性意见的难度越来越大，村民对利益的坚守很难通过自治平台的协商、妥协实现利益协调。另一方面，社会分工和分层使村民具有了相对固定的团体归属，相对固化的生活形态使相互之间的隔阂加深，缺乏相互间的持续性的互动、交流。这些使乡村自治面临着因利益排他性博弈而带来动荡和专制的可能。中，外乡村自治实践经验表明，培育村民公共精神、营造良好的自治生态环境是实现乡村自治的重要经验。公共精神之所以能促进的政治生态环境，一是公共精神遵循的是包容、妥协和平等协商的自治原则，包容、妥协强调对他者利益的理解和尊重，平等协商强调寻求共识意见，使得各方利益都能在自治平台上得以表达和体现；二是公共精神所表达的“公共性”内涵不仅仅是在道义上强调公共性，而是需要一定的机制和规范保障公共性的有效实现。公共精神遵循公共利益致上的价值原则和对共识性意见的规范的维护、践行，为乡村自治良性运行提供良好的伦理规范和社会基础。

从优化良好经济生态环境来看，经济发展是乡村民主政治发展的物质基础，虽然经济发展水平并不对乡村自治良性运行起决定性作用，但良好的经济基础一方面给乡村基层民主提供物质保证，另一方面还使村民在实现物质满足的同时对主体意识、自我实现等精神满足有了追求，这极大地推动村民对乡村自治的关注、参与和投入。而公共精神在促进治理绩效方面具有独特的功能。帕特南对意大利制度变革实践的分析深刻提示了公共精神对制度绩效的根本意义。① 公共精神除了通过参与、规范等制度环境促进制度绩效外，还通过营造经济环境促进制度绩效。公共精神对经济生态环境的营造一方面通过营造良好的经济伦理实现，另一方面通过积累乡村公共资源而为乡村自治提供物质基础保障。乡村经济发展是基于村民共识性意见的达成而实现，

① 〔美〕帕特南．使民主运转起来［M］．王列，赖海榕，译．南昌：江西人民出版社，2001：113.

否则会因意见相左而发生矛盾与冲突。公共精神以其妥协、宽容和互惠性而促成村庄公共事务的共识性意见形成，进而实现乡村经济的持续、稳定发展。公共精神以通过公共利益的优先满足，并以此为基础而实现村民个体利益的合理满足，而公共利益的满足能够使乡村社会获得丰富的物质积累，为乡村自治提供物质条件。

从优化良好文化生态环境来看，公共精神作为思想、观念层面的内容本身体现文化的内涵，在乡村自治领域培育农民公共精神是乡村文化建设的重要内容和价值指向。具体而言，农民公共精神之于乡村自治文化的功能主要体现在四个方面。一是利于形成良好的制度文化。无论是外在的制度供给还是内部的制度生成都是基于自治实践的客观需要和经验总结，公共精神赋予自治制度以合法性标准和价值认同。二是沟通协调功能。乡村自治活动实际上是地方政府和自治组织、自治组织与自治个体、自治个体之间等各种关系的互动过程，这些相互作用的关系协调有序互动除了以相互间的利益相关性作为纽带外，也需要乡村特有的互惠、利他的乡村文化和公共精神做文化联系。三是观念建设功能。不同的自治文化在自治实践中具有不同的价值导向、行为取向，会在不同程度上影响村民的自治行为。公共精神具有公共性价值取向，可引导村民自治文化的公共性取向，不至于因袪公共性自治文化扭曲自治的价值。四是力量凝聚功能。公共精神可以汇聚自治系统内自治组织与个体、个体与个体之间多元利益和价值观念，确保自治系统的凝聚力，使各自治主体遵循宽容、妥协、互惠原则下形成平等、互助的自治文化。

第三章

我国农民公共精神培育的思想政治教育经验省察

思想政治教育是中国共产党的优良传统和政治优势，是实现党的领导、完成各项工作任务的重要保证。在革命、建设和改革时期，中国共产党加强对农民思想政治教育，确保了党在农村的各项方针政策得以顺利推进，推动了民主革命、社会主义改造完成，农民思想政治工作发挥了其“一切工作的生命线”的功能。从而也证成了农民思想政治教育改造传统农民小农意识，促进农村各项制度良性运行的可行性。

第一节 农民的思想特点

传统农民作为小生产方式的代表，其经营方式以私有制和个体劳动为基础的小规模生产。这种生产方式使农民一方面受到封建势力的剥削，甚至多数人会破产而成为无产阶级的后备军；另一方面农民拥有少量土地，具有与小资产阶级同等的社会地位，拥有相当的私有财产而主张保持现状，甚至留恋过去。“他们同资产阶级做斗争，都是为了维护他们这种中间等级的生存，以免于灭亡。所以他们不是革命的，而是保守的。”① 农民思想保守性特点

① 马克思，恩格斯．马克思恩格斯文集：第 2 卷［M］．北京：人民出版社，2009：42.

主要表现在五个方面：第一，安于现状。小生产方式以包括土地在内的生产资料的分散性为特征。“小农人数众多，他们的生活条件相同，但彼此间并没有发生多种多样的关系。他们的生产方式不是使他们互相交往，而是使他们互相隔离。”① 分散经营否定社会生产相互协作和生产资料的积累；简单劳动否定社会分工，排斥社会对自然的统治和支配；自给自足缺乏社会发展的动力。这些特征决定小生产方式只相适于生产和社会的狭隘的自然产生的界限。在这种生产方式下，农民思想具有极大局限性，他们怀着对土地的深深眷恋和根深蒂固的私有观念而停留在小农状态，不仅不会产生任何伟大的首创精神，还会成为传统规则的奴隶和迷信的驯服工具。对外在任何时候的变化只要不触及其根本利益，他们永远保持沉默。即使面临外来侵略也愿意保持其“失掉尊严的、停滞的、苟安的……消极的生活方式”。他们“屈服于环境，而不是把人提升为环境的主宰；它们把自动发展的社会状态变成了一成不变的由自然命运，因而造成了对自然的野蛮的崇拜”②。第二，缺乏阶级意识。农民受地主剥削的共同命运决定他们在经济上具有利益的一致性，因共同反对地主剥削而具有特定的阶级利益。但这种利益的一致性和共同的阶级利益只停留在理论上。因为他们独立、分散的经营既没有发生横向的经济联系，更没有因共同的命运而彼此联合起来，组成代表自己的政治组织为实现自身利益而联合行动。他们的阶级利益因而也不能通过自身的努力由自己掌控。“他们不能代表自己，一定要别人来代表他们。他们的代表一定要同时是他们的主宰，是高高站在他们上面的权威，是不受限制的政府权力，这种权力保护他们不受其他阶级侵犯，并从上面赐给他们雨水和阳光。”③ 第三，绝对平均主义。农民分散经营、自给自足的经营特征决定他们以微薄的小块土地作为生存之本，企图通过土地的绝对平均而达到消灭剥削

---

① 马克思，恩格斯．马克思恩格斯文集：第 2 卷［M］．北京：人民出版社，2009：566.

② 马克思，恩格斯．马克思恩格斯文集：第 2 卷［M］．北京：人民出版社，2009：683.

③ 马克思恩格斯文集：第 2 卷［M］．北京：人民出版社，2009：567.

和消除一切差别，进而实现社会以“平均”为标准的社会公平。农民的平均主义从消灭封建土地所有制而论具有其合理性。但是，“应指出绝对平均主义不但在资本主义没有消灭的时候，只是农民小资产者的一种幻想；就是在社会主义时期，物质的分配也要按照‘各尽所能按劳取酬’的原则和工作的需要，决无所谓绝对的平均”①。第四，极端民主化思想。经营方式的分散性和小农思想的逐利性，使他们实现自身利益的方式采取简单、直接的各自为政的自由主义思维，在政治生活中因利益缺乏关联而主张极端民主化。② 第五，宗族主义思想。宗族主义是以血缘关系或地域关系组成，以男权至上的法则形成了宗族内聚性的思想。宗族主义在一定条件下对农村组织生产、互相救助等方面具有积极意义。但宗族主义思想造成的迷信、落后、保守、排外等存在消极影响。

农民的思想缺陷并没有因为当前农村经营方式改变和产业结构调整而根除，反而在农村市场经济发展中经济理性张扬和家庭经济导致祛公共意识下产生了强力繁衍的内趋力，使农民在农村从传统向现代演化过程中并没有真正养成适应现代公共生活的公共意识和公共精神。农民这种思想意识不仅抑制农村社会现代性变革和全面小康社会建设，而且对农村基层民主建设带来消极影响。因此，帮助农民摆脱小农意识，养成适应现代农村公共生活的公共精神，是推进农村基层民主建设的重要举措。

第二节　马克思主义关于农民教育理论与实践

农民问题是马克思主义理论关注的重要问题。马克思、恩格斯深入研究欧洲大陆农民生产经营特点，提出农民具有改革现实的革命愿望，但也因生产者的经营特点而存在着局限性和保守性。提出无产阶级政党在争取农民的

① 赖亦明．毛泽东社会发展思想研究［D］．南京师范大学博士学位论文，2004：86.
② 毛泽东．毛泽东选集：第2卷［M］．北京：人民出版社，1991：359.

同时，要加强对农民教育。对农民教育，一方面通过农业合作化方式改变农民生产经营方式以截断产生农民保守思想的物质基础和经济根源，另一方面加强对农民的教育引导以坚定其社会主义信仰。

一、马克思、恩格斯关于农民教育思想

马克思以唯物主义的立场分析农民小农意识的局限性及其产生的根源。他在《路易·波拿巴的雾月十八日》和晚年的人类学笔记等著作中谈到了农民小土地私有者、自给自足经济形态以及分散经营等因素构成农民小农意识的生成环境，并决定其保守性。因此，农民教育首先要改革产生小农的诸如自给自足的经济结构、小土地私有者等社会环境，“用商品经济的社会化大生产、大交通和科学技术冲击传统的自然经济结构和小农‘田园诗梦’般的生活方式”①。随着东方各国革命的兴起，马克思晚年将目光投向东方各国的革命运动，在《给维·伊·查苏利奇的复信》中他分析了东方农业国中农民占大多数的现实，进一步提出了改革导致农民小农意识的自然经济结构的具体思路，即走合作化道路。一方面通过变革农民赖以生存的经济基础，另一方面强调用无产阶级的意识形态来改造他们，从而达到战胜资产阶级的目的。这些思想对农民教育具有指导性意义。但关于农民教育思想深入研究还是由恩格斯在其晚年进行的，恩格斯的研究成为马克思主义农民教育思想的重要内容。

第一，提出农民教育的必要性。欧美资产阶级革命极大地释放社会生产力。在农村资本主义经济快速发展的同时，出现农业资本快速集中，社会分化日趋严重，大量农民沦为无产者和半无产者。“不到一百年的时间，易北河以东的自由农民，起初是在事实上，很快又在法律上变成了农奴。”② 农村阶级分化及农民运动的兴起，使资本主义传统劳资矛盾的基础上又出现了

① 引自韩玲．马克思的理论教育思想研究［M］．北京：中国社会科学出版社，2009：121.

② 马克思，恩格斯．马克思恩格斯文集：第4卷［M］．北京：人民出版社，2009：249.

农民问题，农民也因此成为反抗资本主义的重要政治力量。为增强无产阶级的革命力量，争取农民阶级成为无产阶级政党的不二选择。早期的各国工人党不是通过革命的方式让农民共享革命成果以获得他们支持，抑或用无产阶级的意识形态去教育改革农民思想，而是保留导致小农保守性的土地私有制等无原则的让步方式争取农民。如法国工人党、德国社会民主党先后通过了保护农民土地私有制的机会主义纲领，结果是农民小农意识因其产生的物质根源的存在而将长期存在，小农意识与无产阶级革命的政治主张不可避免存在着矛盾与冲突。对此，恩格斯保持清醒头脑，对法国、德国工人政党的机会主义行径给予严厉批评，并明确阐明了其农民教育思想。恩格斯强调争取农民不是争取所有农村居民。“农村居民”不等同于农民，“农村居民”强调农村生活的地域性，除了包括一般意义上的如小农、中农等农民外，还包括大农、大土地占有者以及农村无产者等。恩格斯为最大限度地争取无产阶级的农村居民中的革命力量、确保无产阶级政党的农村政策有效落实，他以经济地位和对革命的政治态度将农村居民进行阶级划分。在这些阶级中，小农和农业无产者才是革命争取的对象。小农作为欧洲国家农民主体包括因租种地主土地而不得不服劳役或交地租的封建农民、有完全依附土地的佃农等。农业无产者由于农业生产不能满足家庭所需而不得不从事一些家庭工业生产，“这种家庭工业有可能支付通常无法思议的低工资，从而使产品在任何异国竞争下都能有稳固的销路”①。恩格斯认为，只有小农和农业无产者经济上受剥削从而在政治上具有革命的愿望，愿意接受无产阶级政党的改造和教育，因而成为革命争取的对象。因为资本主义生产的社会化打破了小农和农业无产者的自给自足的生活形态，传统的生活方式难以为继，社会化生产经营因社会分工只能以极低收入受雇于农业资本家而接受资本家剥削。客观的生活环境使得农民有改变现实的强烈愿望，如果这种改变现实的革命愿望获得有效释放，小农和农业无产者在无产阶级革命中将会具有非常重要的作

① 马克思，恩格斯．马克思恩格斯文集：第 4 卷［M］．北京：人民出版社，2009：511．

用。而其他阶级的经济地位决定他们不太可能接受革命改造。因此，恩格斯强调争取农民只是争取小农和农业无产者，坚决反对“将中农和大农，或者甚至将大地产租佃者、资本主义畜牧主以及其他按资本主义方式经营国内土地的人，也都吸收到自己的队伍中来”①。同时，争取农民就要对农民进行无产阶级教育。尽管小农具有强烈的革命意愿，但小农作为小块土地的所有者，其革命的目的是保留其土地私有者的经济地位，因而在革命立场上存在着局限性和保守性，无产阶级政党对小农的争取需要通过政治组织方式将农民组织起来，对农民进行彻底改造，促使他们在无产阶级革命实践中采取革命行动，成为革命的推动力量。

第二，提出了农民教育的基本途径。恩格斯在对小农的经济地位和革命态度作科学分析后，提出了教育小农的基本思路：一是从生产方式上实行农业合作化，二是从思想观念上强调对农民进行教育和引导。农业合作化是解放小农生产方式的唯一途径。小农想借助革命力量保留其原有的生产资料，无产阶级政党又坚持社会主义的信念，两者看似不可调和的矛盾，但恩格斯认为“要挽救和保全他们的房产和田产，只有把他们变成合作社的占有和合作社的生产才能做到”②。无产阶级革命胜利后，通过剥夺方式将地主土地私有变为土地公有，实现农村集体生产和集体占有的经济基础；借助农业科技发展和农村先进设备实现农业生产的规模化，变小块土地耕作为集体耕作，变个体劳动为集体劳动。农村这种生产方式和经营方式的改变需要通过农业合作化方式得以实现。尽管农业合作化作为改造小农生产经营方式，但如何推进农业合作化却是事关小农改造和农村集体化的重大问题。为此，恩格斯提出了农业合作化应当遵循的基本原则。一是自愿原则。恩格斯认为，虽然“我们预见到小农必然灭亡，但是我们无论如何不要以自己的干预去加速其灭亡”③。一方面要通过说服教育的方式教育农民认清“正是以个人占

① 马克思，恩格斯．马克思恩格斯文集：第4卷［M］．北京：人民出版社，2009：519.
② 马克思，恩格斯．马克思恩格斯文集：第4卷［M］．北京：人民出版社，2009：525 .
③ 马克思，恩格斯．马克思恩格斯文集：第4卷［M］．北京：人民出版社，2009：524.

有为条件的个体经济，使农民走向灭亡"①。农业合作化改变农民土地占有方式有助于农民利益满足。另一方面在推进农业合作化过程中不能利用国家机器实施强制措施，"把他们的私人生产和私人占有变为合作社的生产和占有"②，只能通过示范、帮助的方式向合作化过渡。二是具体问题具体分析原则。农业合作化的最终实现是否有固定的模式，恩格斯持否定态度，认为"那将取决于这一场合的情况，以及我们夺得政权时的情况"③。大体上恩格斯主张用赎买方式剥夺大土地占有者，但实际情况取决于合作化时期国家政权的巩固程度以及大土地私有者的态度。但对待小农上，无产阶级国家应当更为慷慨对待小农，通过物质、财政补助等方式帮助小农开展大规范经营以改造其经营方式，确保合作化发展的有序、平稳。

教育和引导是解放小农思想的必然路径。小农的狭隘性、保守性源于其小私有者土地占有方式和自给自足的经营方式。"为了保持他们那一小块岌岌可危的土地而进行的斗争越加艰苦，他们便越加顽固地拼命抓住这一小块土地不放。"④ 再加上资产阶级的欺骗利用，使小农固守着其落后的分散生产方式、受奴役的生活方式，在生产经营中拒绝联合，反对变革其分散经营方式，不愿接受社会主义教育。因此，对小农的改造还需要从思想上教育引导，帮助他们摆脱资产阶级的思想控制，进而形成先进的政治意识。这些需要在保证变革物质基础和社会关系的前提下进行思想教育。一方面要不断对小农进行社会主义意识形态灌输，帮助小农摆脱小农意识和资产阶级虚假意识的欺骗。通过说服教育的方式引导小农认识其自身的落后性及资产阶级的虚假性，农民自身解放不能依赖于资本主义的大生产方式。要让他们将革命的希望寄托于无产阶级的社会主义，认识到只有通过无产阶级政党领导下革命推翻资产阶级才能实现其彻底解放。另一方面要建立稳固的工农联盟。无

① 马克思，恩格斯．马克思恩格斯文集：第4卷［M］．北京：人民出版社，2009：526.
② 马克思，恩格斯．马克思恩格斯文集：第4卷［M］．北京：人民出版社，2009：524.
③ 马克思，恩格斯．马克思恩格斯文集：第4卷［M］．北京：人民出版社，2009：525.
④ 马克思，恩格斯．马克思恩格斯文集：第4卷［M］．北京：人民出版社，2009：513.

产阶级政党应深入农村，广泛发动农民建立起工农联盟基础。通过工农联盟，工人阶级在推翻资产阶级统治的革命中获得农民支持，而农民也在无产阶级革命实践中接受教育，逐渐产生自己的自治意识。革命胜利后，无产阶级团结广大农民在发展经济文化的同时引导农民走向农业合作化，而农民也在合作化运动中深化对社会主义的认识与理解，坚守其社会主义信仰。

二、列宁关于农民教育实践

马克思、恩格斯的农民改造思想给俄国农民改造实践提供了理论指导。但俄国社会主义不是按照马克思、恩格斯的设想——首先在发达国家取得成功，俄国社会面临着小农生产方式占主体，农业生产落后的问题。小农改造不仅关系到农村社会发展，而且关涉到苏维埃政权巩固的根本问题。因此，如何帮助农民小生产者走上社会主义道路，同时又不违反科学社会主义原则是一个现实难题。列宁一方面通过向农民灌输社会主义意识，另一方面积极推进合作化运动，探索农民教育问题。

列宁以马克思主义灌输理论为理论基础积极探索农民教育问题，动员农民参加革命，壮大无产阶级革命队伍。列宁在革命过程中向农民灌输革命意识、革命理论，动员农民进行自我解放。农民的自我解放需要有科学的理念指导，农民教育就要灌输革命的理论。无产阶级政党将革命的理论灌输给农民，用革命理论武装农民不仅可以在强有力的政党领导下使农民“取得一切信念”和“实现先进战士的作用”,① 还可“运用革命理论来确定斗争方法和活动方法”②。列宁十分重视农民在革命中的地位与作用。一方面，他向农民灌输其在革命中的地位。在《俄国资本主义的发展》等著作中，列宁向农民强调俄国当前进行的革命是农民的资产阶级革命，缺少农民参与的革命

① 中共中央马恩列斯著作编译局．列宁选集：第一卷［M］．北京：人民出版社，1995：241.

② 中共中央马恩列斯著作编译局．列宁选集：第一卷［M］．北京：人民出版社，1995：274.

是不可能取得成功的。另一方面，因为农民参与革命并非简单的革命队伍数量的增加，而是要形成革命的合力，由此他提出要建立工人与农民的阶级联系问题。工农联盟所进行的革命并不是要保留农民作为小农的局部利益，而是要引导农民走社会主义道路。列宁及时向农民灌输社会主义意识，认为社会主义意识是关系到社会主义实践的大事。在列宁灌输思想指导下，布尔什维克党人深入农村，向农民宣传介绍社会主义意识，广大农民也在深入了解社会主义意识后将其作为农民自身奋斗的目标。这一目标使广大农民迸发出了前所未有的巨大力量，布尔什维克党产生了前所未有的凝聚力和吸引力，最终取得十月革命的重大胜利。

列宁在向农民灌输革命理论和社会主义意识时，意识到单纯通过思想教育而不关注农民的物质利益满足和文化水平提升是难有成效的。为此，列宁采取两种手段来改造小农。

一是利用经济手段改造小农。列宁在革命胜利后根据马克思、恩格斯关于土地国有化和组织社会主义农业生产的设想，实行了通过余粮收集制以切断小农追逐私利的战时共产主义政策。但这种颇为极端的政策产生了与小农小生产者逐利性之间尖利矛盾，遭到小农强烈反对。列宁在总结经验后，提出了促进小农经济发展和利于小农改造的新经济政策。苏联特殊国情以及对小农的改造措施“在工农业雇佣工人占大多数的发达的资本主义国家里，是完全不需要采用的”①。其一，尊重商品货币关系，发展农村经济完成向社会主义过渡。其二，通过合作化方式改造小农。列宁沿袭恩格斯的合作化思路，认为合作化是小农经济走向社会主义公有制经济的最好组织形式，是实现农民个人利益与国家利益相结合的运行机制。“在实行新经济政策的条件下，使俄国居民充分广泛而深入地合作，这就是我们所需要的一切，因为现在我们发现了私人利益即私人买卖的利益与国家对这种利益的检查监督相结

① 中共中央马恩列斯著作编译局．列宁专题文集——论社会主义［M］．北京：人民出版社，2009：201.

合的合适程度。”① 农民不仅可以通过合作社获得自身利益满足，而且对小资产阶级的自发性保持高度警惕。合作社的有效实施，使农民在提高收入的情况下具有走向社会主义内在动力，并以简便易行和容易接受的方式实现小农经济向社会主义经济的跨越。

二是提高农民文化素质以改造小农。列宁认为，改造小农工作，合作化可以提高农民收入，但这不是全部，还需要提高农民的文化素质，从思想观念层面改造小农。改造小农需要改掉劳动群众身上的旧习气。“为了建设社会主义，工农劳动群众必须战胜知识分子的旧习气，必须改造自己，不这样就无法着手建设事业。”② 工人阶级的政党作为先锋队组织要采取切实有效措施帮助农民群众改造其旧习惯。改造小农需要加强对农民文化教育和开展“文化革命”。在《论合作社》中列宁提出了两个划时代意义的任务，除了改造旧时代的国家机关外，根本的就是在农民中进行文化工作。而文化工作的目的，首先就是通过合作化确保社会主义能站稳脚跟。“完全合作化这一条件本身就包含有农民（正是人数众多的农民）的文化水平的问题，就是说，没有一场文化革命，要完成合作化是不可能的。”③由此决定农民改造在经济上开展合作化的同时，需要进行文化教育，提高农民文化素质，实现农业合作化与农民文化教育的相辅相成。这是列宁总结出来的农民改造的重要思路。列宁说：“如果把国际关系撇开不谈，只就国内经济关系来说，那么我们现在的工作重心的确在于文化主义。”④

① 中共中央马恩列斯著作编译局．列宁专题文集——论社会主义［M］．北京：人民出版社，2009：349.

② 中共中央马恩列斯著作编译局．列宁专题文集——论社会主义［M］．北京：人民出版社，2009：173.

③ 中共中央马恩列斯著作编译局．列宁专题文集——论社会主义［M］．北京：人民出版社，2009：355.

④ 中共中央马恩列斯著作编译局．列宁专题文集——论社会主义［M］．北京：人民出版社，2009：354.

三、中国化马克思主义关于农民思想政治教育思想

在马克思主义中国化过程中，农民思想政治教育得到持续性关注和强化。其中，以毛泽东为代表的新中国第一代领导人为完成民主革命的任务，提出了一系列农民思想政治教育的方针、政策，创新了农民思想政治教育的方法、思路，顺利完成民主革命的任务。

第一，重视农民、依靠农民。毛泽东在中共三大上第一次提出民主革命要重视农民问题，他根据湖南的情况认为工人数量很少，而中国共产党员就更少了，可是散布在广大农村的是农民，主张无论何种革命农民问题都最重要的。“中国国民党在广东有基础，无非是有些农民组成的军队，如果中共也注重农民运动，把农民发动起来，也不难形成像广东这类的局面。这种看法，是毛泽东这个农家子对于中共极大的贡献。”① 1925 年毛泽东利用在家养病期间在家乡开展农民运动，在实践中加深了对农民的认识。在《中国社会各阶级的分析》一文中提出，农民是中国无产阶级的最广大和最忠实的同盟军。1926 年《农民问题丛刊》出版时，毛泽东写了题为《国民革命与农民运动》的序言，提出“农民问题乃国民革命的中心问题”②。国民革命得不到农民的拥护就不会取得成功，农民运动不发动起来，农民问题就不会得到解决，而农民问题不能得到解决，农民就不会支持革命。为动员发展农民参加革命，他主张加强对农民问题的研究，要通过走访等实地调查的方法了解农民有什么痛苦，需要什么。“从他们的痛苦与需要中，引导他们组织起来，引导他们向土豪劣绅争斗，引导他们参与反帝国主义、反军阀的国民革命运动。”③ 毛泽东自己身体力行，历时 32 天徒步考察了湘潭、湘乡、衡山、醴陵、长沙五县，写成了著名的《湖南农民运动考察报告》，反击了党内、外

---

① 张国焘．我的回忆：上［M］．北京：时代文化出版社：2010：273 - 274.

② 中共中央党史研究室．中共党史大事年表（1921—1949）［M］．北京：人民出版社，1987：15.

③ 中央文献研究室．毛泽东文集：第 1 卷［M］．北京：人民出版社，1993：37、39.

各种否定农民运动的批评，高度评价农民运动“好得很”，认为贫农“乃是农民协会的中坚，打倒封建势力的先锋，成就那多年未曾成就的革命大业的元勋。没有贫农阶级（照绅士的话说，没有‘痞子’），决不能造成现时乡村的革命状态，决不能打到土豪劣绅，完成民主革命”①。1936 年毛泽东对斯诺谈到了农民在民主革命的地位时说，“谁赢得了农民，谁就会赢得了中国，谁解决土地问题，谁就会赢得农民”②。抗战进入相持阶段后，毛泽东系统整理了新民主革命的基本思想，写成了标志着新民主主义革命的基本理论形成的《新民主主义论》，提出“中国的革命实质上是农民革命……农民问题，就成了中国革命的基本问题，农民的力量，是中国革命的主要力量”③。

第二，重视并解决农民利益诉求。毛泽东在加强对农民思想政治教育中非常注意对农民的利益满足，将思想政治教育与物质利益结合起来，强调必须给“人民以看得见的物质利益，群众才会拥护我们”④。为实现农民利益诉求，首先是解决农民土地问题的根本诉求，把土地问题作为中国革命的根本问题。他在总结革命经验时，将土地革命当作中国革命的基本任务，“如果我们能够普遍地彻底地解决土地问题，我们就获得了足以战胜一切敌人的最基本的条件”⑤。在民主革命实践中，无论土地革命、抗日战争，还是解放战争时期，都进行了彻底的土地改革运动。到 1952 年，除了台湾及少部分民族地区没有完成土地改革外，全国都进行了土地改革，超过 3 亿农民获得了土地和各种生产资料，彻底免除了农民向地主交纳的繁重地租。土地改革也为中国共产党赢得了农民的支持，傅作义无不感慨地认为，共产党取得胜利的原因很多，其中一个重要因素，就是因为“共产党以工农大众和全国人民

① 毛泽东．毛泽东选集：第 1 卷［M］．北京：人民出版社，1991：21.
② 〔美〕洛易斯·惠勒·斯诺．斯诺眼中的中国［M］．北京：中国学术出版社，1982：47.
③ 毛泽东．毛泽东选集：第 2 卷［M］．北京：人民出版社，1991：692.
④ 毛泽东．毛泽东选集：第 4 卷［M］．北京：人民出版社，1991：1180.
⑤ 毛泽东．毛泽东选集：第 4 卷［M］．北京：人民出版社，1991：1252.

的利益基础，在乡村彻底解决了土地问题，得到广大农民的拥护”①。

此外，毛泽东还关注农民物质生活的需要，早在井冈山时期，他就提醒广大农村干部：“我们应该深刻地注意群众生活的问题，从土地、劳动问题，到柴米油盐问题。”② 他在《关心群众生活，注意工作方法》一文中提出农民革命的目的就是为实现其根本利益，只有关心农民利益，才能发动并夺取革命的最终胜利。“我们对于广大群众的切身利益问题，群众的生活问题，就一点也不能疏忽，一点也不能看轻。因为革命战争是群众的战争，只有动员群众才能进行战争，只有依靠群众才能进行战争。”③ 为深入了解农民的利益诉求，毛泽东还广泛走访农民，关心妇女耕地、军属生活、孩子上学等问题，强调关心农民生活，给农民以看来见、摸得着的切身利益。

毛泽东还提出，帮助农民发展生产。土地改革虽然实现农民对土地的需要，但人多地少、经营方式落后等客观现实使农民生活仍旧存在许多困难。毛泽东主张通过帮助发展生产的方式提供利益满足。抗战时期，中国共产党党内同志提出艰苦奋斗、勤俭节约以渡过难关，毛泽东批评了这种不注重发展生产的片面主张，强调要通过发展生产的方式给农民新物质利益。“就目前陕甘宁边区的条件来说，就是组织人民、领导人民、帮助人民发展生产，增加他们的物质福利，并在这个基础上一步一步地提高他们的政治觉悟与文化程度。”④ 解放战争时期的土改运动中，毛泽东强调要改善农民生活，主张下调农业税负担，提出在保障支援前线的同时提升农民发展生产的积极性和改善农民生活的新标准。⑤ 建国前夕，为迎接新中国大规模的经济建设，毛泽东主张将发展生产作为一切工作的中心，要“领导全国人民克服一切困难，进行大规模的经济建设和文化建设，扫除旧中国所留下来的贫困和愚

① 启跃．国民党怎样丢掉了中国大陆［M］．乌鲁木齐：新疆人民出版社，1997：9.

② 毛泽东．毛泽东选集：第1卷［M］．北京：人民出版社，1991：138.

③ 毛泽东．毛泽东选集：第1卷［M］．北京：人民出版社，1991：136.

④ 王习明．毛泽东对农民思想政治教育理论的贡献［J］．社会科学家，2013（12）：79.

⑤ 毛泽东．毛泽东选集：第4卷［M］．北京：人民出版社，1991：1329.

味，逐步地改善人民的物质生活和提高人民的文化生活。"① 为提供农村发展生产的良好条件，中国不失时机地开展集体化运动，形成农业生产发展的良好体制机制，增加农民收入，改善了农民生活。

第三，帮助中国共产党党员、农民克服各种非无产阶级思想。既然中国革命的定位是农民革命，就需要用先进的革命理论武装农民，唤醒参加革命的热情和动力。大革命失败后，中国共产党党的工作重心转向农村后，中国共产党党员结构也相应地发生了重大的变化。1928 年中共六大时，在 4 万多党员中，农民党员占 76%，而工人党员占 10%。② 农民身上长期积习的各种非无产阶级思想在党内开始泛滥，如单纯的军事观点、极端民主化、流寇主义思想、绝对平均主义和封建军阀主义等。如何帮助农民克服各种非无产阶级思想，确保以农民占多数的中国共产党党组织的无产阶级性是实现革命胜利的关键。共产国际和中国共产党内对此都持悲观态度。共产国际认为中国共产党在农村没有可能造就农民的无产阶级思想，反而会因农民的主导性而成为"农民党"。③ 毛泽东对此坚决予以否定，认为党的无产阶级性质不完全由党员的农民出身决定，更应该由党的指导思想和革命纲领决定。他从中国革命的具体实践出发，不仅坚持在农村开展农民革命，而且有效解决了农村环境中建设无产阶级政党和克服农民非无产阶级思想的问题。

首先，提出从思想上建党，坚持用无产阶级思想改造各种非无产阶级思想。毛泽东主张，党的战斗力来自党员的质量，提升党员质量需要落实党员思想入党和党组织思想建党。早在井冈山时期，毛泽东就强调"我们感觉无产阶级思想领导的问题，是一个非常重要的问题。边界各县的党，几乎全是农民成分的党，若不给以无产阶级的思想领导，其趋向是会要错误的"④。

① 中共中央党史研究室. 毛泽东文集：第 5 卷 [M]. 北京：人民出版社，1996：348.

② 陈俊. 新民主主义革命时期毛泽东农民改造思想研究 [D]. 南京师范大学博士论文，2015：83.

③ 陈俊. 新民主主义革命时期毛泽东农民改造思想研究 [D]. 南京师范大学博士论文，2015：83.

④ 毛泽东. 毛泽东选集：第 1 卷 [M]. 北京：人民出版社，1991：77.

为此，他提出了一些入党的思想要求，如牺牲个人，努力革命，阶级斗争，服从组织，严守秘密，永不叛党等，要求党员自觉按要求加强党性修养。1942 年延安整风运动中，毛泽东批评了各种组织入党而思想未入党的现象，认为“头脑里还装着许多剥削阶级的脏东西，根本不知道什么是无产阶级思想，什么是共产主义，什么是党……有些人就是一辈子也没有共产党员的气味，只有离开党完事”①。为了解决思想入党的问题，毛泽东特别注重思想教育的方式方法，“掌握思想教育，是团结全党进行伟大政治斗争的中心环节。如果这个任务不解决，党的一切政治任务是不能完成的”②。在包括古田会议、遵义会议等党的历次会议上，特别是延安整风运动，中国共产党都采取有效措施进行思想教育，解决党员农民的思想入党问题。

其次，用马克思主义理论武装农民群众。革命年代需要教育少数共产党员，但广大农民群众才是革命的主力军，动员农民参与革命才是民主革命胜利的可靠保证。因此用马克思主义理论武装农民群众，教育他们认知真理，“群众知道了真理，有了共同的目的，就会齐心来做”③。大革命时期毛泽东考察湖南农民运动，目睹了农民教育所产生的广泛影响。发现农民协会可以通过宣传教育的方式，在较短时间里让偏远的农民群众知晓党的政治主张，这种政治教育的影响力即使是正规学校教育也无法相提并论。为了提升农民思想政治教育的实效性，毛泽东倡导适合农民的思想政治教育方式，主张“农民需要的教育是适合于农民经济的发展，并使农民得到解放的教育，即适合于解决农民问题之教育”④。他用通俗的语言、形象的比喻表达深刻的革命内涵。如“参加红军讨老婆小要钱”来反对封建包办婚姻，“当兵就要当红军，哥当红军妹光荣”来表达红军是人民的军队等。他还举一些农民熟悉的例子帮助农民摆脱愚昧思想，如在旧中国，耕牛是农民主要生产工具，

① 毛泽东．毛泽东选集：第 3 卷［M］．北京：人民出版社，1991：875.
② 毛泽东．毛泽东选集：第 3 卷［M］．北京：人民出版社，1991：1094.
③ 毛泽东．毛泽东选集：第 4 卷［M］．北京：人民出版社，1991：1318.
④ 滕纯，轩辕轲，蒋伟杰．毛泽东教育活动纪事［M］．长沙：湖南教育出版社，1993：66.

可他们无法阻止地主宰杀耕牛，只能诅咒“杀牛的来生变牛”这种宗教观念去反对杀牛。① 再如，他为帮助农民认识到自身受剥削的根源，树立阶级意识，使农民摆脱“关圣帝君”“观音大士”等封建思想，他以质问的口气说：它们“能够打倒土豪劣绅吗？那些帝君、大士们也可怜，敬了几百年，一个土豪劣绅不曾替你们打倒！现在你们想减租，我请问你们有什么法子，信神呀，还是信农会。”② 通过长期的农民思想政治教育，农民在接受共产党的政治主张的同时，农民积极参与革命保证了民主革命有了源源不断的力量来源。

除了毛泽东强调农民思想政治教育外，随后的中国共产党领导人也根据工作实际提出了农民思想政治教育的新思想、新观点，并在实践中创新了农民思想政治教育的新思路、新机制。邓小平主张给农民自主权，调动农民积极性，“面貌就改变了”③。江泽民强调把加强和改进农村思想政治教育作为事关全局的战略性问题。将道德建设提升到国家治理高度，确立以德治国的战略定位。④ 胡锦涛提出在建设社会主义新农村中强化农民思想政治教育，按照“生产发展、生活宽裕、乡风文明、村容整洁、管理民主”⑤ 的要求，在实现农民经济社会全面进步的同时提升农民思想政治素质。

四、十八大以来关于农民思想政治教育思想

当前，农村全面深化改革触及深层次的社会关系和经济利益，利益分化和价值多元的现实使农村经济社会发展面临着巨大压力。这一方面需要通过农村政策调整反映农民的利益诉求，统筹兼顾各方面的利益，寻求差异利益诉求之间的“最大公约数”；另一方面需要通过农民思想政治教育广泛凝聚

① 毛泽东．毛泽东选集：第1卷［M］．北京：人民出版社，1991：37.
② 毛泽东．毛泽东选集：第1卷［M］．北京：人民出版社，1991：33－34.
③ 邓小平．邓小平文选：第3卷［M］．北京：人民出版社，1993：237－238.
④ 中共中央文献研究室．十五大以来重要文献选编（中）［C］．北京：人民出版社，2000：1587.
⑤ 胡锦涛．胡锦涛文选：第二卷［M］．北京：人民出版社，2016：412.

社会共识，“培育和弘扬核心价值观，有效整合社会意识，促进社会系统正常运转和维护社会秩序”①。为此，十八大以来中国共产党反复强调农民思想政治教育与全面建成小康社会的农村各项政策密切联系，以中央“一号文件”的方式确认，要求农民思想政治教育为农村小康社会建设的各项路线、方针和政策服务。

2015年以来，中央围绕农村工作连续三年以“中央一号”文件的方式强调农民思想政治教育。2015年《中共中央国务院关于加大改革创新力度加快农业现代化建设的若干意见》针对农村特点，围绕培育和践行社会主义核心价值观，深入开展中国特色社会主义和中国梦宣传教育，广泛开展形势政策宣传教育，提高农民综合素质，提升农村社会文明程度，凝聚起建设社会主义新农村的强大精神力量。② 2016年《中共中央国务院关于加大改革创新力度加快农业现代化建设的若干意见》深化农村精神文明建设。加强农村思想道德建设，大力培育和弘扬社会主义核心价值观，增强农民的国家意识、法治意识、社会责任意识，加强诚信教育，倡导契约精神、科学精神，提高农民文明素质和农村社会文明程度。③ 2017年《中共中央国务院关于深入推进农业供给侧结构性改革加快培育农业农村发展新动能的若干意见》围绕农业农村工作的重心转移到推进农业供给侧结构性改革上来的需要，再次强调培育与社会主义核心价值观相契合、与社会主义新农村建设相适应的优良家风、文明乡风和新乡贤文化。提升农民思想道德和科学文化素质，加强农村移风易俗工作。④ 这不仅使农民思想政治教育获得强力的政策支持，而且使农民思想政治教育具有了与农村全面建成小康社会等工作相契合的教育平

① 习近平．习近平谈治国理政［M］．北京：外文出版社，2015：163.

② 关于加大改革创新力度 加快农业现代化建设的若干意见［EB/OL］http：//www. sundxs. com/baike/15785. html

③ 中共中央国务院关于落实发展新理念加快农业现代化实现全面小康目标的若干意见［EB/OL］. http：// snzc. cnguonong. com/ newshtml/33958. html.

④ 中共中央国务院关于深入推进农业供给侧结构性改革加快培育农业农村发展新动能的若干意见［EB/OL］. http：//gz. bendibao. com/news/201726/content227374 _ 3. shtml

台，而农村全面建成小康社会的战略布署也因为农民公共精神提升而获得智力支持。

如何加强农民思想政治教育，培育和弘扬社会主义核心价值观，习近平除了强调教育引导、舆论宣传、文化熏陶等培育方式外，还强调实践养成、制度保障等渠道，将其置身于社会治理实践中，将社会主义核心价值观培育与践行贯穿社会生活的方方面面。① 深入推进农村精神文明创建活动，扎实开展“好家风”“好家训”活动，发挥农村新乡贤的道德影响力，创新乡贤文化，弘扬善行义举，以乡情乡愁为纽带吸引和凝聚各方人士支持家乡建设，传承乡村文明。同时强调“要注意把我们所提倡的与人们日常生活紧密联系起来，在落细、落小、落实上下功夫”②。继续开展好媳妇、好儿女、好公婆等评选表彰活动，开展寻找最美乡村教师、医生、村干部等活动，凝聚起向上、崇善、爱美的强大正能量。习近平强调，“要利用各种时机和场合、形成有利于培育和弘扬社会主义核心价值观的生活情景和社会氛围，使核心价值观的影响像空气一样无所不在、无时不有”③。深入开展“文明村镇”“星级文明户”“五好文明家庭”创建，培育文明乡风、优良家风、新乡贤文化。广泛宣传优秀基层干部、道德模范、身边好人等先进事迹。弘扬优秀传统文化，抓好移风易俗，树立健康文明新风尚。倡导文艺工作者深入农村，创作富有乡土气息、讴歌农村时代变迁的优秀文艺作品，提供健康有益、喜闻乐见的文化服务。通过这些农民喜闻乐见的思想政治教育方式，在丰富农民文化生活的同时，传承中国传统优秀文化、培育农民公共意识，为促进农村社会和谐、经济发展的各项政策有效实施提供思想基础。

---

① 习近平．习近平谈治国理政［M］．北京：外文出版社，2015：164.
② 习近平．习近平谈治国理政［M］．北京：外文出版社，2014：165.
③ 习近平．习近平谈治国理政［M］．北京：外文出版社，2014：165.

第三节 中国共产党农民思想政治教育实践

中国共产党在革命、建设和改革的不同历史时期，围绕中心工作开展思想政治教育。一方面建立起农民思想政治教育机制和积累了丰富的农民思想政治教育经验，另一方面通过多种方式向农民灌输革命意识和革命理论。在提升农民思想意识的同时，成功地实现农民对党的路线、方针和政策认同，推进了农村基层政策、制度有效实施，思想政治教育工作也成为党的各项工作的“生命线”和党的政治优势。

一、以机制化方式开展农民思想政治教育

农民思想政治教育要通过一定的组织渠道和工作机制才能得以开展。在中国共产党革命和建设不同时期的教育实践中，农民思想政治教育逐渐机制化、常态化。民主革命时期，中国共产党在农民思想政治教育实践中形成了革命实践中动员农民、革命组织教育农民和政权参与中锻炼农民的农民思想政治教育机制，富有成效地动员农民参与民主革命。

中国共产党在不同革命时期具有不同的思想政治教育内容和方式，并建立了与其教育相适应的思想政治教育基层组织。首先，建立基层党组织开展农民思想政治教育。农村基层党组织作为与农民生活最为密切同时又是党的农村政策的践行者，需要将农民的思想政治素质的提升与农村工作的政策执行有机结合起来，并在两者有机统一工作实践中形成基层党组织的工作机制和内容。早在1924年年底，毛泽东在湖南开展农民运动时成立了中国共产党第一个农村基层党支部——中共韶山党支部，以党组织方式领导农民运动，标志着农民思想政治教育具有了党的组织形态和工作机制。随着党的工作重心向农村转移，农村基层党组织迅速建立起来，党组织与农民群众的联系密切起来，农民思想政治教育顺利开展起来，形成大众化的工作模式和强大合

力。“政治宣传的普及乡村，全是共产党和农民协会的功绩。很简单的一些标语、图画和讲演，使得农民如同每个都进过一下子政治学校一样，收效非常之广而速。”①可以说：“群众的文化程度和政治水平是和党的组织状况有联系的。”②其次，建立农民协会组织发动农民。农民协会作为直接代表农民利益的农村基层组织，是组织发动农民革命的中坚力量。农民协会是农民运动的组织形式。中国共产党成立不久，湘乡区委就在岳北地区组织起岳北农会，毛泽东认为农民运动具有经济、政治斗争双重性质的阶级斗争，农会则起着组织动员作用，需要“有大批的同志，立即下了决心，去做那组织农民的浩大工作”③，将农民协会建成乡村革命统一组织，鼓励贫雇农参与农会并掌握领导权，积极发动半自耕农、自耕农、穷苦知识分子乃至富农参与农会成为革命力量。中共共产党党组织要通过农民协会的名义教育农民，向农民讲解其贫困根源和根除农民受剥削的经济制度。中国共产党在湖南、江西交界地区发动农民暴动并夺取乡村政权，提升农会权威。通过农民集体等方式进行政治宣传，开展禁牌、赌、鸦片和清匪等活动，“共产党领导农会在乡下树立了威权”④。农民协会也是革命时期乡村的政权组织。农民协会作为革命时期农村唯一的权力机关，遵循“一切权力归农会”，在建立革命根据地、支援革命战争上发挥了重要作用。他们在打击地主、都团和族权的同时，还开展政治宣传、废苛捐、文化运动、合作社运动、修道路塘坝等活动。⑤ 瞿秋白称赞其为创造着“自己的民权”。到 1927 年上半年，湖南全省约一半的农民加入农民协会，农民通过农民协会，遵照自己的意愿挂起红带子放手进行政治和经济的斗争。再次，建立乡、村苏维埃基层政权进行根据地建设和农民思想政治教育。在中央苏区，苏维埃政府组织系统在乡村主要

① 毛泽东．毛泽东选集：第 1 卷［M］．北京：人民出版社，1991：35.
② 中共中央文献研究室．建国以来毛泽东文稿：第 1 卷［M］．北京：中央文献出版社，1987：505.
③ 毛泽东．毛泽东选集：第 1 卷［M］．北京：人民出版社，1991：146.
④ 毛泽东．毛泽东选集：第 1 卷［M］．北京：人民出版社，1991：35.
⑤ 毛泽东．毛泽东选集：第 1 卷［M］．北京：人民出版社，1991：22－42.

为乡市苏维埃，个别人口多、地域广的地区还设有村级苏维埃政府。① “乡苏维埃（与市苏维埃）是苏维埃的基本组织，是苏维埃最接近群众的一级，是直接领导群众执行苏维埃各种革命任务的机关。”② 乡市苏维埃政府通过与广大农民的密切联系，积极组织和动员农民群众参与农民乡村地方事务，并在工作中创造性开展了农民教育活动，如长冈、才溪、石水等乡苏维埃政府采取的村代表主任制度，通过选派代表与农民发生固定联系，每名代表联系10—50名不等的村民；通过“依靠民众自己的乡苏代表及村的委员会与民众团体在村的坚强领导，使全村民众像网一样组织于苏维埃之下，去执行苏维埃的一切工作，这是苏维埃制度优胜于历史上一切政治制度的最明显的一个地方”③。这些好的做法被毛泽东称赞为“苏维埃工作的模范”。

在农民协会、乡市苏维埃政权建设过程中，通过民主选举、民主监督等参与方式吸引农民参与，努力将农民政治参与纳入制度化轨道，促进乡村工作的同时强化农民思想政治教育。如通过劳动模范评选活动选出先进典型，“并凭借这批骨干去提高中间分子，争取落后分子，不断提拔在斗争中产生的积极分子，来替换原有骨干中相形见绌的分子，或腐化分子”④；通过农民对乡村政府的民主监督，确保农民的乡村政权的主体地位。这“意味着废除委派村吏，代之以选举产生的乡村政权机构。总之，它意味着进入一个新世界”⑤。

二、提升农民思想政治教育实效性为立足点

中国共产党在革命和建设的不同时期具有不同的工作重心，围绕着党的

---

① 中共龙岩地委党史资料征集研究委员会，龙岩地区行政公署文物管理委员会．闽西革命史文献资料（第六辑）.1985：142.

② 中共中央党史研究室．毛泽东文集：第1卷［M］. 北京：人民出版社，1993：343.

③ 中共中央党史研究室．毛泽东文集：第1卷［M］. 北京：人民出版社，1993：324－325.

④ 毛泽东．毛泽东选集：第3卷［M］. 北京：人民出版社，1991：898.

⑤〔美〕韩丁．翻身中国：一个村庄的革命纪实［M］. 韩惊等，译．北京：北京出版社，1980：1.

工作重心加强对农民思想政治教育，并将思想政治教育内容与农民利益满足结合起来，引导农民从小农狭隘的利己主义思想向实现民族解放、国家富强和社会主义建设的宏伟目标转化，提升农民思想政治教育实效性。

首先，围绕中心工作开展思想政治教育。国共第一次合作时期中共共产党为适应革命形势，调整了国民革命思想，民主革命和国民革命成为农民思想政治教育的基本取向。广大农民实现与革命力量的内在融合和有效整合，开始从自发状态逐渐转向革命自觉，反帝、反封建的民主革命在农村地区变成了农民推翻地主阶级的革命。中国革命重心向农村转移后，重新确立了革命任务与方针，决定农民思想政治教育内容与任务的改变，开始“发动广大农民，打土豪分田地，实行土地革命；组织农民参加暴动，建立革命政权”①。这既体现民主革命的内涵，又使农民获得土地。武装斗争是农村根据地的常态，毛泽东反对忽视农民的单纯军事冒险的错误做法，主张在反“围剿”斗争中发动农民参与，甚至对农民的“政治动员是反‘围剿’斗争中第一个重要问题”②。通过对农民思想政治教育，广大农民认识到国民党围剿的必然性、迫切性和对人民的危害性。为增强农民对革命的信心，毛泽东也分析根据地存在的条件和工作方向，“号召红军和人民全体为反对‘围剿’、保卫根据地而斗争”③。抗日战争时期，民族矛盾的上升，农民思想政治教育内容围绕“抗战”展开。一方面敌我力量对比使得中国严峻的抗战形势需要广大农民参与，这使农民思想政治教育的抗战内容有了现实指向；另一方面抗战的长期性和艰巨性需要通过农民思想政治教育提高必胜信念和全民抗战的积极性。开展农民思想政治教育的方式上，通过说服教育使农民明白抗战目的，以及抗战与他们的关系，将《抗日救国十大纲领》和《抗战建国纲领》普及于人民群众中间。④ 解放战争时期，为夺取解放战争和新民主

---

① 杨素稳，李德芳．中国共产党农村思想政治教育史［M］．北京：中国社会科学出版社，2007：51.

② 毛泽东．毛泽东选集：第1卷［M］．北京：人民出版社，1991：202.

③ 毛泽东．毛泽东选集：第1卷［M］．北京：人民出版社，1991：202.

④ 毛泽东．毛泽东选集：第2卷［M］．北京：人民出版社，1991：481.

主义革命最终胜利，中国共产党广泛动员农民参与革命，共产党颁布《五四指示》，改变抗战以来的减租减息土地政策，取而代之是“彻底平分土地”①的政策，“支持并领导农民没收地主手里的土地，实现‘耕者有其田’，使农民从封建土地关系中解放出来”②。随后颁布的《中国土地法大纲》，明确了彻底平分土地的基本原则。这些土地政策的调整，调动农民支援解放战争积极性。在实施这些土地政策时，党中央要求将解决农民土地问题与动员农民参军、武装农民剿灭土匪和组织民兵自卫队等工作联系起来。③ 在解决农民土地问题后，虽然农民并没有如中央所设想的积极参军参和支援前线。但经过深入细致的思想政治教育，农民认识到解放战争和其利益满足的土地改革的关系，农民开始改变观念，积极发展生产、主动支前参战。这一时期中国共产党还教育、引导农民恢复和发展生产，为解放战争提供物质基础，也是实现农民革命的最终目的。“党的农民工作之一就是发动农民生产运动。”④封建制度消灭后，农业获得了生产条件，在良好的社会生产条件下投入到农业大生产，可为中国工业化奠定良好基础。因此，“中央将群众运动的中心转到生产方面去，展开大生产运动”⑤。过渡时期是社会制度根本变革时期，农民思想政治教育围绕着社会变革的大方向和推进党关于社会主义改造和工业化运动而进行。1953 年 6 月毛泽东提出了完整的过渡时期的总路线，确立了农民思想政治教育的基本方向。为落实向社会主义过渡的各项方针，中央发布了《关于党在过渡时期总路线的学习和宣传提纲》的文件，成为农民思想政治教育的纲领性文件。各地以学习总路线为内容开展各种形式的宣传教育活动，使农民深入了解过渡时期总路线的意义、内容和农民合作化、集体

---

① 刘少奇．刘少奇选集：上卷［M］．北京：人民出版社，1981：386.

② 杨素稳，李德芳．中国共产党农村思想政治教育史［M］．北京：中国社会科学出版社，2007：118.

③ 中央档案馆．中共中央文件选集：第十六册［M］．北京：中共中央党校出版社，1992：155.

④ 毛泽东．毛泽东选集：第 4 卷［M］．北京：人民出版社，1991：1180.

⑤ 中央档案馆．中共中央文件选集：第十六册［M］．北京：中共中央党校出版社，1992：124.

化的必要性和基本政策。改革开放特别是中国特色社会主义建设时期，农民思想政治教育又围绕引导农民发展致富，全面建成小康社会的中心工作进行。

其次，将农民思想政治教育与其利益满足相结合。利益满足是农民思想政治教育的动力之源，“人们为之奋斗所争取的一切，都同他们的利益有关”①。土地革命时期，党通过土地政策，满足农民获得土地的利益满足开展思想政治教育工作。井冈山《土地法》以法律的形式解决农民土地的根本利益诉求。兴国县《土地法》改变了极“左”路线，没收一切公共土地及地主阶级的土地，在解决农民土地问题的同时保证乡村社会的稳定。在土地分配政策方面，提出了完整的土地革命总路线和土地分配政策。根据地土地革命不仅瓦解了农村传统土地政策，而且还因土地分配中坚持阶级成分为标准的分配原则，使农民获得了感性的阶级认知进而深化了阶级认同，激发了农民参与革命的积极性。在后来的不同革命历史阶段，中国共产党都以土地革命实现农民利益满足与农民思想政治教育相结合。新中国成立后，全国尚有大量农民保留着传统封建土地制度，经过2年的努力，新解放区基本完成土地改革，3亿农民分得土地。农民在新政权下切身体验并认识到党的性质和宗旨，自觉接受党的领导和增强对新生政权的支持。在社会主义改造和建设时期都考虑农民利益的满足，即使国家处于艰难时期搞工业化，需要农民提供相应的支持，国家也尽可能以补偿的方式保证农民利益不受或少受损害。中共八大提出了人民日益增长的物质文化生活需要与落实生产力之间的矛盾，决定社会主义建设的根本目标还是实现农民的利益满足。尽管这一时期出现曲折和失误，但并没有根本影响农民对社会主义和共产党的信心。改革开放后，农村联产承包经营责任制的推行，极大地解决了农民的生产积极性，农民思想政治教育获得了极大的社会认同感。当前，在全面建成小康社会的关键时期，农民思想政治教育围绕农业增产、农民增收和农村发展进

① 马克思，恩格斯．马克思恩格斯选集：第1卷［M］．北京：人民出版社，1995：187.

行，在实现农民利益满足的同时提高了思想政治教育的针对性和说服力。

三、运用灌输方法进行农民思想政治教育

利益满足可以提高农民思想政治教育实效性和说服力，但农民思想政治教育不能仅依靠利益满足，还需要探索解决农民思想认识问题的方法。灌输无疑是解决问题的行之有效的方法。灌输思想政治教育的方法，是按照农民方便、愿意和灵活接受教育的原则，引导农民对党的方针、政策理性认知、认同。其中说服教育和榜样示范是灌输教育的基本方法。

第一，说服教育法是中国共产党通过讲道理、摆事实的方式向农民灌输革命思想的基本方法。长期以来，农民切身感受到自身地位低下、生活贫困，希望摆脱其现实困境，但缺乏其困境原因认知，也不知如何摆脱困境。中国共产党通过耐心讲道理，向农民讲清其生存状况、贫困原因及通过参与革命实现自身解放的可行性，农民因此具有了参与革命的思想基础。早在大革命时期，中国共产党确立其参政党地位而将农民思想政治教育定位为服务于国民革命。但毛泽东等人还是在农民工作实践中提出了向农民灌输革命思想的主张，创造了形式多样的教育方式。如灌输教育的素材“当取之于农民生活，尤其要指明农民与政治的关系，为具体的经济改良建议之宣传”①。在教育对象上应优先灌输乡村中的知识群体，通过提高他们觉悟再组织动员广大农民群众；在教育形式上创新性地开办农民学校，介绍农民入党的方式进行党内教育，组织学生假期下乡调查和发动农民，运用农民喜爱的民瑶、民歌等引导农民，通过通俗易懂的标语口号向农民灌输革命思想。尽管这一时期农民思想政治教育基于共产党在国共合作的地位而落后于农民运动的发展形势，再加上实践中农村工作中的错误指导，使农民革命的态势并没有展现出来。但共产党人对国民革命的宣传教育还是具有了国民党无可比拟的话语优势。“打倒帝国主义”“打倒军阀”“打倒贪官污吏”等革命口号通过灌

① 中共中央宣传部办公厅，中央档案馆编研部．中国共产党宣传工作文献选编（1915—1937）[M]. 北京：学习出版社，1996：561.

输“飞到无数乡村的青年壮年老头子小孩子妇女们的面前，一直钻进他们的脑子里去，又从他们的脑子里流到他们的嘴上”①。

中国革命重心向农村转移，开始了“发动广大农民，打土豪分田地，实行土地革命；组织农民参加暴动，建立革命政权”②。毛泽东深刻认识到发动农民参与革命的重要性，反对忽视农民的单纯军事冒险的错误做法，主张在反“围剿”斗争中发动农民参与，甚至对农民的“政治动员是反‘围剿’斗争中第一个重要问题”③。因此共产党积极向农民灌输土地革命思想，向农民耐心讲解革命政权建设、土地革命的意识等。通过对农民思想政治教育，广大农民认识到国民党围剿的必然性、迫切性和对人民的危害性，明白了红军的优势和根据地存在的主客观条件，增强了革命胜利的信心。苏维埃政权建立后，苏维埃共和国还利用各种组织渠道和宣传机制向农民灌输革命道理。各乡村建立起各种乡苏代表、村委员会及民众团体，在坚持中国共产党领导下实现苏维埃政权的纵向覆盖。农民积极加入这些地方性组织，既保证了地方政权对基层渗透，也使党组织具有了更灵活、方便的农民教育的机制和渠道，农民获得了更为细致的思想政治教育。各级苏维埃政权组织通过灵活多样的形式向农民灌输和讲解苏维埃政权的性质、民主选举的意义等。通过思想政治教育，农民“认识苏维埃是工农自己，自己有权享受苏维埃一切利益，有权参加苏维埃一切工作”④。农民对民主选举的热情也前所未有，“选民群众极大的认识了选举与自己生活的关系，过去不积极参加选举的民众，现在许多都积极参加起来了”⑤。

抗日战争时期，中国共产党在民族矛盾和阶级矛盾复杂的纠葛中，理性

① 毛泽东．毛泽东选集：第1卷［M］．北京：人民出版社，1991：34.

② 杨素稳，李德芳．中国共产党农村思想政治教育史［M］．北京：中国社会科学出版社，2007：51.

③ 毛泽东．毛泽东选集：第1卷［M］．北京：人民出版社，1991：202.

④ 江西省档案馆，中共江西省委党校党史教研室．中央革命根据地史料选编：下［M］．南昌：江西人民出版社，1982：265.

⑤ 江西省档案馆，中共江西省委党校党史教研室．中央革命根据地史料选编：下［M］．南昌：江西人民出版社，1982：306.

引导农民思想政治教育，向农民讲解抗日战争的战略策略，灌输“三三制”政权建设的政治主张，将《抗日救国十大纲领》和《抗战建国纲领》普及于人民群众中间。① 不仅使农民认可、理解了抗日民族统一战线的重大战略决策，而且成功地通过“三三制”政权建设整合了一切抗日力量。建国初期，国内各种敌对势力尚未完全清出，特务分子利用美国大举侵朝契机散播各种反共谣言，部分农村地区出现被剥夺的地主和旧富农反攻倒算的事件，旧时代的各种会道门组织也在农村死灰复燃。部分农民受此影响而担心“变天”，甚至出现“分田不敢要，分房不敢住，生产没心思”的状况。为解决农村出现的问题，1950 年 7 月中央发布《关于镇压反革命活动的指示》，开始了全国范围内的镇压反革命运动。各级党组织围绕镇压反革命对农民开展思想政治教育，向农民讲清镇压反革命之于巩固人民政权的必要性，认识到“对敌人仁慈，就是对人民的残忍”的道理。在农村，通过基层党组织强力宣传教育、会议动员和血泪控诉等说服教育形式，不仅使农民认清了形势，而且积极投入到镇压反革命运动中，农民与国家机关相互配合，将反动势力置于人民的汪洋大海中。

第二，榜样教育法是利用榜样的示范效应来传递某种信息实施教育的方法。中国共产党在对农民进行思想政治教育中常用榜样示范的方法向农民灌输革命思想和社会主义意识，使农民思想政治教育避免了强制而具有说服力。“多用行动少用语言来进行宣传。要知道现在用言语既不能说服工人，也不能说服农民，只有用榜样才能说服他们……”②

在民主革命时期，中国共产党通过榜样示范的农民思想政治教育方式开展社会大“教育”。毛泽东主张改造传统社会教化形式而开展社会“大教育”，利用正规教育以外的一切有利设施对农民进行教育。一方面发挥旧知识分子的教育作用。教育改造旧知识分子，发挥他们知识优势，引导他们为新民主主义革命做贡献。旧知识分子在党的政策引导下积极参与农民教育活

① 毛泽东．毛泽东选集：第 2 卷［M］．北京：人民出版社，1991：481.
② 列宁．列宁全集：第 40 卷［M］．北京：人民出版社，1985：37.

动。陕西米脂民丰区的老秀才李鹏翼，在创办农民识字班帮助农民提高文化知识的同时，还创新性地实践了多种教学方法。另一方面将榜样带入传统文化中，利用传统文化活动开展农民思想政治教育。秧歌、社火流行于我国北方的民间文化形式，民众将这种农民喜闻乐见的文化形态与中国共产党党的中心工作结合起来；将农民群众生活中的体现中央精神的先进人物、先进事迹融入传统文化形态之中，改造和创新了秧歌、社火。在各种节日活动中，陕甘宁边区各地秧歌队在广大农村进行秧歌表演，通过自己的艺术形式实现农民在思想、精神上自我教育和改造。

解放战争时期，农民对土改运动持保留态度，认为没收地主土地有些“于心不忍”。为教育农民积极参与土地改革运动，农村基层党组织开展诉苦活动进行阶级教育。在教育活动中，一些典型的、受压迫程度最深的农民起来历数地主的剥削，发挥了诉苦工作的示范效应。通过典型农民的诉苦不仅揭示了农民贫困的真实原因，还使农民找到了反抗地主压迫和剥削内在动力，增强了农民的阶级意识，提升了农民的政治觉悟。

建国初期，为教育农民争取抗美援朝战争胜利的信心，中央发出《关于在全国进行时事宣传的指示》，开展抗美援朝宣传、教育工作。农民自身也通过订立爱国公约等形式进行自我教育，将群众的抗美援朝、保家卫国的爱国热情与实际行动结合起来，通过契约的方式表明决心、强化信心。农民通过捐款、捐物和粮食丰产行动践行爱国公约。山西农民李顺达带头捐款后，还建议集体向志愿军捐两架飞机，由此掀起了全国农村爱国捐献竞赛活动的风潮。据统计，全国包括农民在内的各项捐款总数达5500亿，相当于3700架飞机。① 同时农民还开展爱国丰产运动，中央提出“大力动员和组织当地农业劳动模范奋起响应，以便形成一个全国性的爱国主义生产竞赛热潮。”数以千计的农民和各互助组、合作社相继加入爱国增产运动的行列，广大农民形成了生产竞赛运动的高潮。以抗美援朝为主题的农民思想政治教育活动，

---

① 中共中央党史研究室．中国共产党历史：第2卷（上册）［M］．北京：中共党史出版社，2011：82.

增强传统农民的现代民族国家的认同，改变了传统农民与国家疏离状态，实现了国家意志与农民自身价值的统一。

土改后，农民和乡村基层干部普遍出现松气退坡思想，出现不关心政治等现象，“严重的问题是教育农民和教育农民出身的党员和干部”①。其中最为典型的是湖南开展了“李四喜思想”的讨论，对其“现在分了田，我已经心满意足了，还要干革命干什么呢?”② 的思想进行广泛讨论。各级党组织通过民主教育、典型示范、改进领导方法等措施帮助农民干部提高思想认识，剖析以李四喜为代表的农民干部存在着的认不清革命前途的问题，以及不能处理个人利益和国家利益的关系等狭隘的小农意识。通过对广大农民和农村干部的教育，农民具有了社会主义发展的主动性和积极性。在随后的互助合作中，在国家政策引导下，农民顺利走上了互助合作化和集体化道路。

第四节　农民思想政治教育、公共精神培育与村治模式互动的历史经验

中国共产党在民主革命、社会主义改造和社会主义建设的不同时期，通过农民思想政治教育培育农民公共精神，促进农村不同时期的乡村治理有效开展，实现农民思想政治教育、农民公共精神培育和乡村治理的良性互动。然而村民自治制度实施以来，各级政府和自治组织以制度供给方式促进村民自治，忽视了农民公共精神培育，没有有效发扬农民思想政治教育这一党的优良传统和政治优势，致使村民自治的制度设计理念没有得到充分体现。

一、土地革命时期农民思想政治教育促进乡苏、村苏基层政权建设

中华苏维埃共和国建立，中国共产党实现中国革命重心向农村转移，第

① 薄一波．加强党在农村中的政治工作［N］．人民日报，1951－06－29（1）．
② 章正发．分了田不干革命是不对的［N］．新湖南报，1951－07－18（2）．

一次在广大农村地区局部执政，开始了农村较大区域的苏维埃政权建设。乡村政权建设具有三个方面的特征：一是建立乡、村苏维埃政权。苏维埃政权组织系统分为五级：中央、省、县、区、乡市五级制，在部分人数较多、地域面积广的乡村设置村级苏维埃政府，受乡苏指导，乡、村级苏维埃都属于农村基层政权；二是乡、村苏通过民主的制度供给，农民获得直接参与苏维埃基层政权的民主选举与监督等权利。根据苏维埃的选举制度，苏维埃辖区内的成年群众享有选举权与被选举权。"凡属赤色区域内的群众年满十六岁以上者，不分男女，不分籍贯，均有选举权及被选举权。"乡苏维埃政府就是严格按照民主程序产生，首先是由群众组成的群众大会或选民大会选举代表组成乡级工兵农代表会议，其次由代表会议选举乡苏维埃执行委员会，并推举常委会、苏维埃主席等；① 三是乡、村苏民主制度的良性运行获得农民思想政治教育以及由此培育的农民公共精神做内在支撑。在乡、村苏维埃政权组织产生过程中，民主选举的制度供给使乡村政权组织具有了程序合理性，但政权组织是否真正代表民意，还需要通过群众真正参与以体现其实质合理。毛泽东曾为此专门做了调查，他根据才溪乡调查情况认为，农民群众真实参与了苏维埃政权的选举、监督工作。如农民群众积极监督乡、村苏工作，对乡、村苏工作提出批评建议，乡、村苏也认真研究并采纳群众意见。再中农民绝大多数人都参与选举，甚至老人也撑着棍子到会，少数没有参与选举的群众都有各自客观原因，如生病、放哨、公干或女子坐月子等。② 乡苏、村苏基层民主之所以获得成功，除了基层民主的制度供给外，还与农民思想政治教育特别是探索实践了群众路线有着直接关系。"党的群众路线就发祥于人民群众当权的政权组织形式和生产生活的协商治理的运行之中。"③

第一，有效组织群众开展政权建设。在毛泽东上井冈山初期，就要求部队与农民群众搞好关系以保证起义队伍能落脚，为此宣布了严格的纪律：行

---

① 龙岩市中级人民法院，古田会议纪念馆．闽西苏区法制史料汇编．2008：39.

② 毛泽东文集：第一卷［M］．北京：人民出版社，1993：326.

③ 池忠军．治国理政途径的协商民主话语阐释［J］．理论与改革，2017（2）：90.

动听指挥、打土豪款子要归公、不拿老百姓一个红薯。之后又宣布上门板、捆铺草、说话和气、买卖公平、借东西要还、损坏东西要赔等三大纪律六项注意，确保革命队伍不损害农民群众利益。然而，不损害群众利益只能保证革命队伍不受群众抵制，并不能得到群众的支持和拥护。毛泽东及时总结了没有动员发动农民群众的工作教训，明确提出做好群众工作是革命军队的三大任务之一。一方面，毛泽东强调红军的任务不是单纯打仗，打仗要与做群众工作、政权建设联系起来，否则，打仗就成为流寇作战。“红军的打仗，不是单纯地为了打仗而打仗的，而是为了宣传群众、组织群众、武装群众，并帮助群众建立革命政权才去打仗的，离开了对群众的宣传、组织、武装和建设革命政权等项目标，就是失去了打仗的意义，也就失去了红军存在的意义。”① 另一方面，共产党中央基于革命形势发展认识到壮大革命力量、建设农村政权组织的重要性，将做好群众工作提高到党的总路线高度，在六大《政治议决案》中提出“党的总路线是争取群众，党要用一切力量去加紧团结收集统一无产阶级的群众”,② 并帮助农民群众建立基层政权。

第二，强化苏维埃政权的群众属性。扎根农村的革命队伍客观上依赖于农村地区广大受压迫的农民群众，相应地在革命斗争中建立起来的苏维埃政权属性就是工农劳苦大众的政权。《中华苏维埃共和国宪法大纲》明确规定：“苏维埃全部政权是属于工人农民红军兵士及一切劳苦民众的。”③ 乡苏、村苏作为基层苏维埃政权组织与农民群众生活最为紧密。不仅苏维埃政府政策法令也需要通过乡苏、村苏等基层政权组织去落实，而且苏维埃政策法令需要通过乡苏、村苏的工作机制去反映农民群众意愿。因此苏维埃政权除了政策法令反映农民意志外，还要支持农村地区的各革命力量参与苏维埃政权，特别是在乡苏、村苏基层政权组织中的民主选举、民主管理等民主实践，

① 毛泽东选集：第1卷［M］. 北京：人民出版社，1991：86.

② 中共中央文献研究室、中央档案馆．建党以来重要文献选编（1921－1949）：第5册［M］. 北京：中央文献出版社，2011：390.

③ 厦门大学法律系、福建省档案馆．中华苏维埃共和国法律文件选编［M］. 南昌：江西人民出版社 1984：6.

"发动起最大多数以至全体的工农群众来参加建立或改选自己的政权的选举。"① 为发动农民群众参与苏维埃政权，各乡、村苏维埃还创造性地开展了群众动员工作，长冈、才溪等乡苏维埃政府通过村代表主任制度建立起代表与群众固定联系。在强化乡村苏维埃与农民联系的同时，也方便了党对农村工作的组织和领导，实现了党对农村工作的有效统合。

第三，坚持群众路线的工作方法。苏维埃政权的群众属性决定了其接近广大群众、发挥群众的积极性与创造性的工作原则。毛泽东认为通过农民群众创造性的工作进行政权建设和革命战争，是苏维埃政府的工作方向和原则。"乡苏工作的方向，应该朝着最能够接近广大群众，最能够发挥群众的积极性与创造性，最能够动员群众执行苏维埃任务，并且最能够争取任务完成的速度，使苏维埃工作与革命战争、群众生活的需要完全配合起来，这是苏维埃工作的原则。"② 毛泽东在长冈、才溪乡调查基础上写出《关心群众生活，注意工作方法》，深入阐述了群众路线理论和群众工作方法。毛泽东强调群众动员工作不是凭空想象出来的，是需要做大量深入调查研究，并在调查基础上形成各具特色的群众动员工作的好思路、好办法。上级苏维埃工作就是在政权建设和生产生活实践中总结发扬这些好的经验，"去扩大我们动员群众的领域，使之适合于更高的任务与计划"③。如何将这些工作思路贯彻到各级苏维埃工作实际中去，毛泽东写了《乡苏怎样工作》，除了提出具体的工作方法外，还强调了乡苏、村苏的工作原则是组织、动员农民群众，发挥群众的主动性和创造性，要求各乡苏在实践中要切实采取群众路线的工作方法，并在实践中创新和丰富这些"好的组织形式和方法"④。

总之，苏维埃共和国通过乡苏、村苏的政权组织形式和工作方式探索群

---

① 中共江西省委党史研究室，中共赣州市委党史研究室，中共龙岩市委党史研究室．中央革命根据地历史资料文库·党的系统：第4卷［M］．北京：中央文献出版社、江西人民出版社，2011：1168.

② 毛泽东文集：第一卷［M］．北京：人民出版社，1993：343.

③ 毛泽东农村调查文集［M］．北京：人民出版社，1982：286－287.

④ 毛泽东文集：第一卷［M］．北京：人民出版社，1993：343.

众路线的方式方法，既探索了群众路线的工作思路和农民思想政治教育的方法，也广泛发动了农民群众参与苏维埃政权建设。各乡村因地制宜地建立起各种乡苏代表、村委员会及民众团体，在坚持党领导下实现苏维埃政权的纵向覆盖。农民积极加入这些地方性组织，既保证了地方政权对基层的渗透，也使得农民参与获得极大的发展空间。农民群众也在强大的思想政治教育工作中，“认识苏维埃是工农自己，自己有权享受苏维埃一切利益，有权参加苏维埃一切工作”①。

二、抗日战争时期农民思想政治教育促进乡村“三三制”政权建设

抗日战争时期，中国共产党根据抗战需要提出“三三制”的政权建设，乡村基层政权也按照“三三制”原则建制。“边区自乡村可以彻底地实行‘三三制’，并且指示‘三三制’不仅实行于议会，还要实行于政府机关中。”② 乡村“三三制”政权建设包括内容为：一是在人员组成上遵循共产党员、非党的左派人士和中间派各占三分之一；二是普遍平等的选举制度；三是议行合一的政权体制和民主集中制的组织原则；四是贯彻抗日民族统一战线政策；保障一切抗日的党派和公民的自由权利；五是共产党在政权中保持领导权。“三三制”政权建设具有了《抗日根据地政权问题》的指示的现实合理性，但仅凭这种合理性还不能保证“三三制”的有效落实。农民群众对“三三制”政策的认同问题、对个人利益与抗日大局的关系问题等都影响着“三三制”的实施。中国共产党通过有效的农民思想政治教育工作成功解决了这些问题，促进“三三制”政权建设成功实现。

第一，农民思想政治教育保障了农民对“三三制”的政策认同。农民特别是贫农和雇农，他们对过去如何受压迫，如何翻身的经历记忆犹新，对

① 江西省档案馆，中共江西省委党校党史教研室选编．中央革命根据地史料选编：下［M］．南昌：江西人民出版社，1982：265.

② 西北五省区编撰领导小组，陕甘宁边区抗日民主根据地·文献卷：下［M］．北京：档案出版社，1988：68.

“三三制”政策表达着深深的怀疑和忧虑，“咱们流血，搞起来的政权，又让地主豪绅们跑进来，敢保不会上当?”“没有他们该可以省去多少麻烦。”① 在靖边、绥德等地，农民对长期剥削自己的地主进入农民政权表示强烈的不满，认为“让一些坏东西进来看看咱们的主张也好，但为啥要那么多呢？三分之一呀!②”针对农民中不支持地主豪绅们进入人民政权的问题，中国共产党进行了强有力的思想政治教育，帮助农民认识到在民族矛盾上升为主要矛盾的情况下，组织动员一切抗日力量的必要性。要让各党各派和无党派人士都有在抗日政权中的话语权和办事的机会，我们需要的是民主，而不是替天行道的“明主”。耐心细致的思想教育，使农民逐渐认识到“三三制”的实施缘由，提升了农民的民族意识和理性精神。农民大多也摆脱了在“三三制”问题上的“关门主义”和宗派主义的错误观念，为“三三制”政权的建立提供了重要的思想保证。

第二，农民思想政治教育促进了“三三制”的有效实施。“三三制”的落实除了人员比例、运行机制外，集中表现在“减租减息”等政策执行上。曾经农民对地主“减租减息”政策不理解而未能有效实施，“除了个别地区相当的执行减租外，一般是没有执行的”③。中央强化对农民思想政治教育，引导农民正确认识、理解“三三制”和“减租减息”政策。其一，强化政策引导。中央发布《关于抗日根据地土地政策的决定》，一方面强调减租减息政策是通过减轻封建剥削、保证农民经济权利以帮助农民改善生活，提高农民抗日热情和农业生产的积极性；另一方面现阶段基于抗战大局不应消灭封建剥削而是减轻封建剥削，主张在地主减租减息的同时，农民交租交息，以联合开明地主共同抗日。为团结富农抗战，通过承认资本主义生产方式的进步性来抵制其封建性，鼓励其资本主义部分的发展。其二，强化农民阶级意

① 中央档案馆，陕西省档案馆．中共中央西北局文件汇集（1941－1945）．1994：217.
② 中央档案馆，陕西省档案馆．中共中央西北局文件汇集（1941－1945）．1994：218.
③ 西北局调查组关于边区减租运动的研究［Z］．中央档案馆、陕西档案馆．中共中央西北局文件汇集·一九四三年（二）．西安：内部资料，244.

识教育。开展“减租减息”政策初期，农民思想上存在着熟人观念，认为“乡里乡亲的，不好意思让地主减租。”在边区乡村一些地方，农民觉得“减租太对不起地主了”。① 中央加强农民阶级意识教育，一方面支持农民开展减租运动。政府工作团、基层党支部等工作团队深入农村基层，对农民进行思想动员，强调中央减租政策的好处，引导农民认识到农民减租是因为地主利用土地对农民进行剥削。动员支持对地主有仇恨的农民起来带头减租，发挥党员的模范作用，将执行减租政策与提高党员的党性修养联系起来，保证减租政策的有效落实。另一方面通过农民组织在减租实践中教化农民。中共中央以文告等政策宣传形式，广泛动员农民成立各种群众性组织，在保证减租减息政策组织化推进的同时，强化对农民的教化。陕甘宁边区各乡村相继建立起诸如农会、减租会、租户会、减租保地会、伙子会、减租检查委员会等群众组织。通过多种形式开展减租运行，诸如召开群众斗争大会，监督减租减息贯彻执行情况，调查地主对抗减租减息的行为和手段，调解租佃纠纷，组织群众生产、支前、防奸，督促佃户向地主交租等。这些群众组织，在保持其群众团体的性质、不代替乡村政权的前提下，事实上成了党的减租政策实施的民间组织渠道，也是党团结农村基层群众的纽带。通过有效的农民思想政治教育，农民不再以乡亲近邻的“熟人”关系来消极对待减租政策，而是在形成其阶级意识的过程中增强对减租政策的支持和拥护。在农民的支持和参与下，减租政策得以落实，而农村征粮任务也很快完成。

三、过渡时期农民思想政治教育促进农村合作化运动

新中国成立后，中国共产党将实现农民当家做主与农村合作化结合起来，引导农民走社会主义合作化道路。“农村合作化”是指在中国共产党领导下通过互助合作实现农业社会主义改造的过程，互助组、初级农业合作社和高级社是农业社会主义改造的三个阶段。从农村基层政权建设看，早期的

① 黄正林．减租减息运动：乡村社会的最大变革［N］．南方都市报，2015－1－16．

互助组并不具有基层政权组织的性质，但可以把分散的农民组织起来，方便农村政权的管理。但随着农村社会主义改造的深入，互助合作被赋予了更多的政治意义。初级农业生产合作社不仅体现农村社会主义改造的重要阶段，而且还承担了相当部分的社会管理职能，是基层政权向农村推进管理举措的基本单位，因而具有半政权组织的职能。① 从初级农业生产合作社进入高级农业生产合作社后，具有了经济合作和政治管理的职能，实质上就是农村基层准政权组织。② 农民思想政治教育也围绕着农村互助合作展开，极大地提升了农民走互助合作道路的热情，有效推进了农村基层政权建设和农村社会治理。

第一，围绕总路线开展农民思想政治教育。民主革命完成意味着如何向社会主义过渡的问题，1953 年，毛泽东提出了完整的过渡时期的总路线，农民思想政治教育也以贯彻总路线的基本方向，用社会主义、集体主义意识形态教育农民。为此，中央发布了《关于党在过渡时期总路线的学习和宣传提纲》，指导各地的宣传教育活动。一方面各农村基层党组织从道理上向农民讲清楚过渡时期总路线的内容、策略，农民走合作化和集体化道路的实施步骤及操作原则。另一方面各地方党组织还从城市抽调部分干部深入农村，开展形式多样的农民思想政治教育，如开展读报、看展览、座谈、参观、放映电影，甚至还邀请苏联集体农庄的农模做报告等教育方式向农民介绍农业合作化的基本政策和思路。这场史上规模最大的农民思想政治教育不仅向农民进行了深刻的社会主义教育，增强农民对社会主义的信心，而且还强化了对农业合作化的理解和认同，为农业社会主义改造顺利推进作了舆论宣传和思想准备。

第二，开展农业合作化方针政策教育。农业合作化是事关农村走向社会

---

① 刘文瑞．建国初期中共农村基层政权建设的理论与实践（1949－1958）［D］．中国社会科学院研究生院，2013：95.

② 刘文瑞．建国初期中共农村基层政权建设的理论与实践（1949－1958）［D］．中国社会科学院研究生院，2013：114.

主义的重大战略，加强农业合作化也成为农民思想政治教育的重要内容。中央为推进农业合作化，加强农民思想政治教育工作的具体安排，一是“向社员广泛地宣传国家的社会主义事业和农业对于国家经济生活的重大意义”；二是“提倡爱社和爱护公共财产的集体主义思想，逐渐地克服社员的个人主义，反对破坏劳动纪律的行为”；三是“提倡生产队和生产队、小组和小组、组员和组员之间的团结互助，开展劳动竞赛”；四是“加强社内民主，鼓励社员提出改进工作的合理化建议”；五是“提高社员的政治警惕性，不断地同一切反革命破坏行为作斗争”。① 在教育方式上强调“要善于用明白易懂而为农民所能够接受的道理和办法去教育和促进农民群众逐步联合组织起来，逐步实行农业的社会主义改造，使农业能够由落后的小规模生产的个体经济变为先进的大规模生产的合作经济。”② 强调在向农民宣传教育时，既要讲清楚合作化运动的好处，也要告诉农民合作化中存在的困难及克服困难的基本要求；既要讲解农业合作化的方针政策，也要告诉农民合作化过程中互助组、初级社和高级社的基本步骤；既要求通过灌输方式向农村进行合作化的思想政治教育，也强调在合作推进实践中让农民感受到其好处并从中接受教育。在教育方法上，通过树立典型示范方式提高了农民思想政治教育效果。例如，河北省的王国藩合作社和山西李顺达合作社就是合作化运动中的典型，王国藩合作社被称为“穷棒子社”，该社 23 户农民入社时还分不到一头驴，但他们通过 3 年的合作办社，不仅生产得到极大发展，而且合作社的公共积累和粮食产量都达到了历史新高。为了丰富合作社的典型案例，毛泽东还主持选编了《中国农村的社会主义高潮》，收录了全国 176 个办社成功的典型。通过这些典型示范，农民普遍认识到合作社的好处并积极要求入社，推进了农业合作化运动。

---

① 中共中央文献研究室．建国以来重要文献选编：第七册［M］．北京：中央文献出版社，1993：298－299.

② 中共中央文献研究室．建国以来重要文献选编：第四册［M］．北京：中央文献出版社，1993：662.

四、人民公社时期农民思想政治教育促进公社体制的运行

人民公社体制是在合作社基础上建立起来的结合工农商学兵的基层单位，以公社、大队、生产队三级体制发挥着乡村社会的管理职能。1956 年社会主义制度确立后，我国全面进入社会主义建设时期。为实现“超英赶美”和早日进入共产主义的奋斗目标，1958 年 8 月中央政治局扩大会议通过《关于建立农村人民公社问题的决议》，要求各地要在秋收前后初步建立起人民公社基本框架。从此，中国农村开始从合作化时期进入人民公社时期，逐步建立起国家行政体系与乡村社会的经济组织功能相结合的政社合一的人民公社体制。从理论上讲，公社制度设计还是实现人民当家做主。《农村人民公社工作条例修正草案》明确规定，公社重大事项交由民选社员代表大会决定，排除了公社管理委员会少数决定带来的潜在风险。生产大队也按照公社工作机制开展工作，由社员代表大会决定大队重大事项，大队领导人由社员代表大会选举产生。生产队实行民主办队，队内重大事项都由全体社员大会决定。① 在实践中，农村“政社合一”体制成功实现了经济与政权体系的融洽，三级组织掌握了乡村社会的各种生产资料和生活资料，主导了资源的配置方式。这一体制在强化农村基层整合的同时，农民不能依照传统家户经济形态下自主组织生产和经营。生产经营和生活方式的一致性使农民不具有独立的利益边界，也就不具有独自的利益诉求。在政治生活中也淡化了当家做主的独立意见表达的欲望。人民公社民主理念与制度实践存在着明显差异。但公社体制并没有因为民主理念式微而遭到否定，其中农民思想政治教育发挥了重要支撑作用，只不过思想政治教育并非以正向的价值导向引导农民当家做主，而是以经济主导下的农民思想政治教育弱化了公民资格，以斗争文化主导下的农民思想政治教育虚化了农民参与，以利益驱使下的农民思想政治教育淡化了公民权利。农民失去的民主意识和民主观念反过来又支撑了人民公社体制的长期存在。

---

① 中华人民共和国国家农业委员会办公厅．农业集体化重要文件汇编：下册［M］．中共中央党校出版社，1981：628－629.

这一时期党在指导思想上受到“左”倾错误影响，社会主义建设出现严重曲折，与之相适应的农民思想政治教育工作也不可避免地进入曲折发展。如围绕“三面红旗”开展农民思想政治教育，违背了马克思主义原理而具有一定空想主义色彩。用阶级斗争的方式开展农民社会主义教育运动就完全背离了毛泽东关于矛盾学说的正确主张，把一切问题都与政治挂钩，无限制的上纲上线，禁锢了农民的思想和行动，导致农村社会发展的政策主张得不到落实，反过来农民也因缺乏生产实践而失去接受生产教育的机会。

五、改革开放以来农民思想政治教育促进民主自治实践

农村联产承包责任制的成功实施使农民家庭作为经营单位，具有了生产经营的自主权，通过自主经营、自负盈亏改变了人民公社的集中经营，农村社会中以农民人身自由和自主经营为特点的自主性社会得以发育生长。然而，农村经济运行机制改变一方面导致社会出现贫富分化和社会阶层多元化，另一方面由于强力控制的人民公社式微，新的乡村治理机制尚未建立，乡村社会出现“去集体化”后的治理危机的严重后果，特别是因“组织真空”带来的社会秩序、公共管理和公共服务缺乏等问题。面对农村社会出现的“组织真空”和“治理真空”的问题，旨在解决农村治理困境的问题意识便应运而生。广西宜山、河池地区农民自发选举组成村民委员会，村民自治的组织形态和治理机制也在这样的问题意识驱动下得以产生，并凭其问题针对性和有效性而获得国家的认可与支持。村民委员会作为村民群众性自治组织，与乡镇基层政权之间摆脱了传统行政隶属而成为工作上的指导与被指导关系。国家通过《宪法》《村民委员会组织法》等法律体系确保了村民自治的群众性自治的法律地位，而且就村民自治的运行机制、自治内容等加以原则性规定，从而形成一套村民自治制度体系。同时，通过农民思想政治教育唤起农民在公共生活中的公民意识和公共精神，从被动接受向主动适应转变，从依赖他者向成为主动者转变，从而实现村民自治制度的外在供给和内在需求相结合的新型民主逻辑。

第四章

村民自治制度实施以来农民思想政治教育的挑战

中国共产党自民主革命以来的较长时期内，始终围绕党的中心工作开展农民思想政治教育，促进民主革命、社会主义改造和建设的顺利进行。村民自治制度的实施客观上对农民思想政治教育提出新的要求，也拓展了农民思想政治教育的途径，农民思想政治教育通过培育农民公共精神来实现与村民自治的良性互动。但社会变革使农村社会获得良好的发展机遇的同时，也使农民思想政治教育面临着教育弱化和有效性不足的困境。一方面经济体制变革、社会利益结构变动使农民思想意识、价值观念发生前所未有的变化。另一方面农民生存方式、生活方式也发生了巨大变化。传统以家庭为核心的“马铃薯”式的小农生存方式，在农村联产承包经营制度下因农民获得土地经营权和确立农村市场经济发展中主体地位后，继续以“原子化”的生存方式存在。再加上农民生活的“流动性”改变了传统农民生于斯长于斯的生活特点。“原子化”“流动性”增加了农民思想政治教育的难度甚至出现弱化现象。农民思想政治教育的困境直接影响到农民公共精神的培育，进而影响到村民自治的良性运行和人民当家做主的民主理念有效落实。

第一节 农民生活方式的新变化

随着中国农村社会市场经济体制的完善，市场经济中“利益最大化”经济理性原则极大地冲击着传统乡村社会中人们的联系纽带。一方面农民在获得经济自主，失去对农村集体组织的生存依赖的同时，集体组织的社会动员能力和整合能力大为减弱，农民开始出现“原子化”的生存状态。另一方面20世纪晚期的农村经济体制变革解除了农民对行政组织的依赖，农民家庭成为独立的经济单位和社会单位，并因此具有了经营自主权和行动自由。此外，城乡二元的社会结构使农民将生活预期投向了城市，进而使农民生活的流动性加快。流动性、“原子化”构成农民生活方式的新特点。

一、农民生活方式的流动性

传统乡村社会自给自足的小农经济决定了血缘与地缘的结合，限制了农民的自由流动，新中国成立后国家又运用行政命令将农民牢牢地固定在土地之上，农民始终固守在村庄之中。改革开放之后，家庭联产承包责任制的实施将广大农民从土地的束缚中解放出来；城乡二元户籍制度的日渐松动使农民获得了自由流动的权利，为其离开村庄提供了条件；城乡之间巨大的差距更使得农民不再满足于农耕生活，他们离开土地、离开农业，乃至离开生于斯、长于斯的村庄，涌向城市寻求发展机会，“农民工”出现就是这一现象的真实反映。农民工生活在城市但并未改变其农民身份，农民从事第二、三产业工作但并未放弃农村土地的经营权，他们长期在城市和乡村之间进行着“候鸟”式的流动而表现出流动性特征。农民的自由流动，打破了乡村社会的封闭性，使大量农民突破了长期的地缘限制。尽管他们在村里仍然保留有住房和承包地，但是人已经脱离原有的乡村共同体，进入城市工矿企业中，甚至搬到城市中长期居住。农村人口的自由流动使农民与村庄之间的关系发生疏离，农民之间越来越趋于分散，没有人再能长期见证另一个人的生活。在农村流动人口中，以青壮年劳动力居多，留在家里的基本上是些老、弱、病、残者，原有的农村社会随着人口的迁出呈现萎缩态势，只剩下一个空壳，乡村发展随之陷入“空心化”的窘境。

二、农民生存方式的“原子化”

马克思说过，“把一个人看成孤立的原子……，即作为封闭于自身、私人利益、私人性，同时脱离社会整体的个人的人”①。传统农业生产方式和传统的社会结构造成了农民的封闭性和“不善合作”的性格。千百年来，中国农民一直以家庭形式进行生产和生活，土地既是农民家庭生存的基础，也是农民就业的载体。“乡土束缚，就是指种田的人，被土地所束缚，一切农村社会，均有此限制。……乡土地束缚从何而来呢？很简单，在土地耕作的人，衣食等直接依赖土地。土地是直接维持生命的工具。因此人们就不能离开土地。”②为了全家人的生存，农民必须将所有的精力都花在土地上，从而造成农村社会长期以来“内卷化”发展。过分关注土地使农民眼光向内，不喜欢与外人打交道，形成了社会行为上的不合作偏好和合作能力较弱，农民的不合作态度使农民在社会结构中一直处于“原子化”状态。现代农民生存“原子化”与国家制度安排有关。农村废除人民公社制体制后，中国乡村社会在很短的时间内发生改变。虽然给乡村社会发展提供了自主空间，但“整个社会被切割为无数的片断甚至是原子，也可称之为社会碎片化”③，其典型表现就是农村一家一户的分散状态。家庭联产承包责任制的实行，使家庭再次成为农民的主要生产活动组织，农户成为独立的利益主体，农民的利益不断分化。经济发展使农民经济利益被置于一个优先的甚至是压倒一切的位

---

① 马克思恩格斯全集：第1卷［M］. 北京：人民出版社 1995：439.

② 刘创楚，杨庆塑．中国社会：从不变到巨变［M］. 香港：香港中文大学出版社，1989：82.

③ 孙立平，李强，沈原．社会结构转型：中近期的趋势与问题［J］. 战略与管理，1998（5）：10

置之上，经济利益的大肆扩散使农民的价值观向经济转移，逐步确立了以功利和实用为倾向的新的价值观。伴随农民利益的具体化和农民价值观念的转变，物质利益成为人们行为的重要或首要驱动力，农民之间的关系暴露在赤裸裸的经济利益的理性计算之中，农村社会出现世俗化、功利化的倾向。

第二节　农民思想政治教育面临的挑战

农民思想政治教育作为农村工作的重要组成部分，在服务农村中心工作、促进农村经济社会发展和提升农民素质等方面发挥着重要作用。中国共产党也一如既往地重视农民思想政治教育工作，坚持以人为本，尊重农民的主体性，将农民思想政治教育与农民致富奔小康结合起来，不断探索农民思想政治教育的新思路、新途径。然而，农村社会变革因传统农民思想政治教育面临着可操作性和有效性不足问题，需要探究适应农村社会变化的农民思想政治教育的新机制、新模式。农民生活的流动性使农民思想政治教育难以按照传统的教育机制、方法顺利开展，农民生活的“原子化”因市场经济“经济理性”的过度张扬在一定程度上消解了思想政治教育倡导的公共理性和公共价值，使农民思想政治教育的价值导向与市场经济的经济理性之间产生内在张力，难以保证农民思想政治教育的实效性。在探索适应农村新变化的农民思想政治教育需要明确传统农民思想政治教育的问题所在，以便在形成新的教育机制和模式时具有问题意识和现实指向。

一、农民思想政治教育面临的可操作性问题

当前，农民在社会分工条件下流动越来越频繁，广泛的社会流动使农民接收到的社会信息越来越丰富，特别是在沿海经济发达城市打拼的农民工，基于改善物质生活条件而易于接受经济理性，忽视公共理性和公共价值。传统的农民思想政治教育理念因与当前形势下农民价值追求相左而面临着式

微，其教育方式、渠道受到严重的挑战，农民公共精神培育尚未引起足够的重视，思想政治教育面临着可操作性问题。

第一，农民思想政治教育缺乏有效的教育机制。农民思想政治教育虽然具有良好的教育传统，现代信息技术、传媒发展和农村公共生活的生活实践等也为农民思想政治教育提供多元渠道和多种平台。但这并不意味着农民思想政治教育就自发进行，不需要通过适当的教育机制加以落实。当前农民公共精神培育的思想政治教育尚未形成适应农村社会变革的新机制和新模式。如在村治平台上人们专注于村民自治的自治功能和民主价值，缺乏在村民自治的生活平台上开展思想政治教育，以培育农民公共精神。一方面农民思想政治教育尚未对农民公共精神现状的问题关照。当前农村公共生活中存在公共理性不足和“集体行动困境”等问题。农民大都以经济理性的思维处理农村公共事务，例如，民主选举中以实现自身利益的预期出发而将选票投给同姓家族成员，导致选举中宗族博弈。农村公共事项阻力大多是因部分农民直接利益受损，不能有效处理自身长期利益与当前利益的关系。更为严重的是个别村干部作为利益主体，其经济理性思维不仅在公共事务上以实现自身利益最大化为价值追求，而且将“干部”身份所具有的丰富资源当作实现自身利益的便利条件，导致干群信任基础缺乏。传统熟人社会中关系型社会资本在市场经济冲击下日渐解构，现代社会中的以制度为保障的信任体系因制度的外在性而尚未形成。农民之间、干群之间相互猜忌、质疑甚至暴力相向，而妥协、包容意识还未完全形成。部分农民以排他性思维实现自身利益，致使农民之间因利益博弈而出现矛盾与冲突。然而，这些问题并没有通过机制化的农民思想政治教育加以关照。农民思想政治教育更多着力于致富奔小康的经济政策宣传，忽视了农民思想意识、道德观念和公共精神对经济工作的推动力，亟待提升的农民公共精神在农民思想政治教育实践中没有引起足够的重视。另一方面，农民思想政治教育缺乏公共精神培育的引导机制。随着农村信息化推进，农民接收到信息的内容、渠道越来越丰富，这对拓展农民的视野，增长见识具有正面意义。但海量的社会信息使农民难以辨别真假，即使是发生在农民身边的也并不都是具有正面教育意义，甚至农民身边发生的许多处理公共事务的“经济理性”带来的“实惠”案例，因其具有直接的利益“满足”对农民而言更具有引导性，而农民思想政治教育所倡导的公共精神却未能获得持续的、机制化的教育引导。

第二，生活教育难以应对生活的丰富性。生活教育是思想政治教育的新理论和发展趋势，是以生活为逻辑起点，从现实生活出发，尊重生活的需要，指向生活中的问题而进行的教育实践活动。思想政治教育的生活教育因应认知教育中的教育理想化、概念抽象化、目标应然化和内容理论化导致知行脱节的问题而具有现实问题指向性。生活教育从生活着的、现实的事物本身出发，将思想政治教育当作活生生的具体生活实践来看待，并从变化着的、多样性的生活中找到生长点，也使思想政治教育有了现实指向性并因此实现知行统一，体认一致。就农民公共精神培育而言，思想政治教育不仅为农民公共精神培育提供了方法论基础，而且生活教育还与公共精神生成的公共生活逻辑相契合。但生活教育也面临着以何种公共生活作为农民公共精神培育的思想政治教育基础问题。换言之，是否所有的公共生活对于农民思想政治教育都具有积极意义？农民在村民自治平台上的交流与互动是否都是自足的和完善的？是否都符合公共生活的道德要求？农民思想政治教育目的是引导农民养成符合时代要求的思想观念、价值取向和行为习惯，生活教育需要对符合农民思想政治教育的生活作价值选择和生活筛选。然而现实生活的多元和生活意义的多样性并不意味着所有生活都符合善的，也并非所有农民的行为都具有正面的示范或教育意义。事实上，农村公共生活中的确存在一些恶的或消极的生活，无疑会给农民思想政治教育的日常生活化造成消极影响。即使是作为中性特点的日常生活，其封闭性、狭隘性、自在自发性等特征对农民思想政治教育的消极影响也不容忽视。其封闭性决定农民的“原子化”存在，其狭隘性决定其利益的坚守所形成的排他性和非妥协性，其自在自发性难以回避生活的负面效应及其对教育的消极影响。不健康的社会生活只能培养出不道德的人格。在农民公共精神培育中，生活化的农民思想政治教育不能回避真实的农村社会生活环境，生活的“本来面目”又不能任意美化、涂抹或无视其丑陋和罪恶、卑鄙与残暴。否则，将生活进行抽象的剥离，使思想政治教育生活处于真空之中，这并不能真正培养出适应社会现实的道德人格。而要在真实生活中获得公共精神的养成，需要具有高度的善恶分辨力并形成自觉抵制和消除恶的意识。这在农民思想政治教育中尚未形成有效的引导机制和教育机制，农民公共精神培育因现代生活的丰富性而面临挑战。

第三，实践经验难以形成机制化的思想政治教育模式。农民公共精神的确在农村公共生活中存在着自然生成的教育模式，且这种生成模式也是思想政治教育的生活教育的基本模式之一。“我们可以说，在教育与生活的视野中，教育是一种具有明确意义目的的生活，生活是一种不具明确意义目的的教育，教育作为一种生活形态是自为的，生活作为一种教育形态则是自在的。”① 自在的生活世界虽然不是价值上自足的理想世界，不能绝对保证思想政治教育正面价值导向，也不能盲目适应和推崇“本真”世界。但生活的确也通过其公共性自洽发挥着思想政治教育的“濡化”功能，实现了思想政治教育的自然过程。在农民公共精神培育中，一方面农民公共生活中大量存在着舍己为公的行为，如在面对自然灾害而形成互助行为、社会责任感和志愿者活动，在邻里互助中奉献、养老、帮残、抚孤、助学、济困等，发挥着公共精神培育的示范效应和带动作用。另一方面农民在长期因利益博弈导致矛盾与冲突的内耗中意识到，自身利益诉求需要考虑他者利益的满足才能得到实现，而自身利益实现方式需要与他者交流协商，并在取得他者认可的情况下才可能得以实现。这使农民在村民自治的公共参与实践中，村庄重大事项在形成共识性的决策前，进行广泛的讨论和交流，各自基于自身的利益而提出意见。其终极目标是将自己的意见变成村庄的公共政策。这需要其承担相应的责任：提出充分的理由说服其他农民，充分倾听其他农民意见并做出

① 浦蕊．教育与生活教育［J］．研究与实验，2001（2）：87－91.

回应，根据其他农民意见修改自己的观点以更具包容性等。以这种方式达成共识使各自具有了妥协、包容等公共生活中的基本要求。甚至在持续的交流中，各个体在提出基于自身利益的公共意见之时，就会考虑他者的利益以确保其他农民认可和支持其立场。这种基于利益的共享而形成的包容、共享思想就是在公共生活实践中自然形成的公共精神。然而，这种基于经验生活利益诉求的互惠合作具有偶发性，特别是在利益不相容使得部分农民不得不牺牲自身利益以成就共识意见时，而这牺牲是基于对自身长远利益考虑。这需要农民之间建立起互信机制，以保证互惠合作的可持续性和避免"集体行动困境"。然而这种自然形成的互惠合作并没有形成机制化的合作机制和信任基础，使得偶然的合作不具有可持续性，甚至因为一次"违约"而失去信任与合作基础，公共精神因为缺乏可靠的信任保证难以持续下来，农民思想政治教育也因实践的不可重复性难以将偶发性的成功案例加以可持续地推进。

二、农民思想政治教育面临教育实效性问题

当前农民思想政治教育始终围绕党的农村工作，通过创新公共文化、群众性精神文明建设等建设规划，发挥网络等新兴媒体的思想政治教育作用，动员家庭、社会等力量参与农民思想政治教育。这些教育活动无疑在传递党的农村工作政策、提升农民思想素质方面具有积极意义。但思想政治教育除了需要有渠道、方式等教育规范要求，更需要通过各种教育形式、载体实现教育内容从入眼、入耳到入脑、入心的过程，即教育的有效性问题。过去行之有效的农民思想政治教育由于农民生活方式的变化，面临着教育有效性不足。

第一，传统农民思想政治教育因农民流动性面临教育实效性问题。在政社合一的传统农村社会，社会分工不明显，社会结构相对简单，农村基层组织对农村社会关系、社会资源具有较强的动员能力和整合能力。基层组织以此为基础获得了农民思想政治教育的主动权，将农村社会资源配置与农民思想政治教育结合起来，实现农民利益满足与思想政治教育相内洽，在提升农

民生活水平的同时，保证了农民思想政治教育的实效性。然而，农村经济社会变革，改变了农村社会的传统资源配置方式，农民凭借其对土地的经营而获得丰富的经济利益。农村市场经济的发展，使农民不需要组织渠道而获得产品的交换价值，加速农民独立性和“原子化”。再加上农民流动性更加使自身的生活疏离乡村生活，农村传统思想政治教育的形式难以高效开展。即使通过有限的农民思想政治教育形式也难以实现其教育目标。如农村通过误工费、误餐费等方式补助参加教育活动的农民，但这种微薄的补助只能吸引少数年迈的留守老人接受教育。而需要接受思想政治教育的青壮年一方面进城务工，无法参与各种教育活动，另一方面传统教育活动与农民发家致富、创新创业并没有直接的关联性，难以吸引他们接受这种思想政治教育。

传统农民思想政治教育形态还包括家庭教育，但家庭教育的有效性是基于农村社会流动性不足，乡村社会生产生活是通过经验的传承得以保证。长辈一方面凭借其对家庭、家族资源的配置和天然拥有的文化教化权而具有思想政治教育的主导权。另一方面长辈人生的经验、丰富的社会阅历又使他们在思想教育中占有丰富的素材，具有了农民思想政治教育的教育资本。费孝通说：“人们有学习的能力，上一代所试验出来有效的结果，可以教给下一代。这样一代一代地累积出一套帮助人们生活的方式。从每个人说，在他出生之前，已经有人替他准备下怎样去应付人生道路上所可能发生的问题了。”① 这些客观条件决定了传统家庭教育具有农民思想政治教育的便利条件和资源，进而保证教育效果。然而，农村社会变革，农村大量剩余劳动力溢出，他们转而从事第二、三产业，并从中获得大量的社会财富。而以经验为基础的传统农业生产却遭到式微，以知识、能力为基础的第二、三产业的发展使家庭教育赖以支撑的经验失去了原来的价值。因为进城务工的农民一方面对传统农业种植经验没有兴趣，另一方面在城里务工一年收入远远高于传统农业产值，农民家庭收入由原来的农业生产领域转移到非农业生产领

① 费孝通. 乡土中国·生育制度［M］. 北京：北京大学出版社，1998：50.

域。这使传统的农业生产的知识和经验不再对青壮年农民有吸引力，父辈的经验资本和伦理资源也在家庭收入的调整中日渐削弱，而青壮年农民因承担了收入主要来源而在家庭关系中占主导地位。传统家庭教育失去了应有的功能和活力。相应地，家庭提供农民思想政治教育的有效性就难以得到保证。

另外，农民外出务工带来家庭结构的变动，使农民思想政治教育的生活教育形态面临着一系列问题。因青壮年外出务工致使传统家庭结构中出现子辈缺失，形成留守老人和留守儿童相互照顾的不完整家庭结构。一方面老人承担本不该承担的照顾小孩的责任，另一方面小孩也不得不承担本不该承担的慰藉老人的责任。本该承担赡养老人和教育小孩的青壮年农民却因经济原因“逃脱”了其责任。长期的家庭责任的缺位使他们淡化了对家庭、父辈、子女的责任感，这种责任感的淡化一方面使他们失去接受思想政治教育的机会，另一方面长期因家庭生活的缺位弱化了传统家庭教育的功能。不仅如此，在道德责任和经济理性之间作价值选择时，人们因在农村具有普遍性责任不足，导致农村的道德评价出现偏差，人们不再以道德标准要求农民承担责任，而更多是以经济标准去衡量农民的价值。青壮年农民凭其经济收益也理所当然地“逃避”其家庭责任，并且不会受到农村社会舆论的谴责，反而会因为经济收入而获得社会的褒奖，导致经济理性张扬而公共理性式微，严重影响农民的公共价值观的养成。

第二，传统农民思想政治教育因农民“原子化”生活方式而面临教育实效性问题。农民生活方式的“原子化”一方面是指农民以家庭为结算单位和生产单位而表现为家庭的“原子化”，另一方面也指农民个体作为市场主体参与市场利益交换而获得的主体性和独立性。市场“利益最大化”原则使农民个体的“原子化”因利益的确定性而具有明确的利益边界，并因此而淡化了诸如责任、情感、公共意识等价值关照，表现在价值观上就存在着多元化特征。同时，因为价值观多元使农民思想政治教育受到物质利益的抑制而有效性不足。如农民多元价值观导致部分农民理想信念淡漠、是非观念不清、法制意识不强和社会责任感不足等。这些问题亟待农民思想政治教育加以引导和纠偏。然而，农民思想政治教育却未能真正正视问题症结并做出有问题指向的教育规划和安排。当前新闻媒体因社会舆论导向而发挥着农民思想政治教育的功能，但媒体的发展特别是网络媒体快速发展，使农民获得各种信息的数量和速度呈现几何级数提升。这些信息和媒介渠道为农民思想政治教育提供了新的渠道和丰富的教育素材，但相应地也带来了更大挑战。一方面对这些庞杂的信息如何筛选才能有效发挥新兴媒体的思想政治教育功能面临着困难，另一方面农民逐利性的价值导向决定他们先天性地选择有关赚钱的信息，而不太顾及赚钱的有关道德、法律的问题。对此，新兴媒体在进行政策宣传和舆论导向上如何兼顾经济理性与道德、法律等价值选择平衡上，还需要做相应的工作。

另外，作为"原子化"存在的农民在接受思想政治教育过程中往往将其自身的利益满足作为首要目标。由此决定农民思想政治教育与利益相结合的原则仍旧具有很强的可行性。但在农村全面建成小康社会过程中，农村作为小康社会建设短板而获得国家大量政策性扶持，使农民获得致富奔小康外在动力。但一方面在通过产业扶持等精准扶贫政策实现农民脱贫致富的同时，也不能忽视其作为农民思想政治教育的载体而发挥其教育功能。如何利用这些载体，在教育机制、渠道等方面需要做探索和实践。另一方面农民脱贫致富需要国家的外在支持，更需要靠农民自身的努力，特别是农民之间的相互协作、互助。但"原子化"存在的农民存在着明确的利益边界。相互间存在着利益的博弈，使利益满足与思想政治教育倡导的公共精神之间存在着内有张力。如何疏缓这种张力也对农民思想政治教育提出了挑战。

第三节　农民思想政治教育困境之于公共精神培育影响

农民思想政治教育因农民生存方式的"原子化"和流动性而出现可操作

性和教育实效性问题。相应地，依托农民思想政治教育路径的公共精神培育也存在着有效性不足的问题，抑制村民自治良性运行的宗族观念不仅没有消灭，反而具有了死灰复燃的迹象。农民公共理性、公共意识都在去集体化的生活环境和“经济理性”的制约下而式微。

一、祛公共性的宗族观念尚未根本改变

传统中国农民长期在“家国同构”的政制环境下生存，形成了独特的小农意识和依附性人格特质。这种特质与村民自治所要求的公共精神形成了内在的张力。依附性人格主要表现为对宗族的依附。“宗”指的是亲族中奉一人为主；“族”指凡血缘关系的人①，宗族是父系相承的血缘团体。宗法制度的核心就是家长制，又称为宗族制，宗法制因家庭生活中经济地位而强调父系家长的权威。早在原始社会初期就基于生存环境恶劣而形成以氏族为单位的群居生活，早期的氏族是以具有血缘关系为关联的组织形态，父系家长凭其劳动成果而享有相应的政治地位，并因此而获得氏族组织的主导权。宗族制经过周代分封而逐渐完备，并下沉到家族治理。家族中各个体都基于血缘而具有特定的宗族归宿，宗族具有强力的统合能力，并因此成为维护乡村社会的组织基础。宗族治理通过长幼、尊卑等宗法伦理规范，确立了父系家长在宗族组织中的权威和地位。宗族个体之间、个体与组织之间、组织与组织之间以血缘关系为联结纽带，通过血缘观念并在遵守宗族伦理规范基础上进行情感交流，形成了具有强烈内聚力、良好社会秩序的组织形式。数千年来，宗族观念长盛不衰并以制度的方式反映着农村文化特征。之所以如此，是因为它与封建王朝的治理方式和理念并行不悖，它在给予国家政权的合法性支持的同时也实现了家长制的认同，从而获得国家权力对宗族观念和组织形态的支持，宗族文化也不断在人口繁衍中通过教化传承下来。宗族凭其具有国家政权强力支持而拥有某种程度的国家政权职能，家长在中国乡村社会

---

① 吕思勉．中国制度史［M］．上海：上海教育出版社，1985：371.

中甚至具有了某种独立于法律体系之外的权威。这种父系家长制权威也通过宗族内部的伦理观念长期维系，并通过血缘代代相传。① 即使经历了“文革”的非理性冲击，宗族观念和宗族组织也并没有彻底消失，当前，农村社会通过攀宗族、修族谱、立宗祠、拜祖宗等活动逐渐恢复宗族传统。

与宗族传统相关联的是具有小农意识的、以血缘为基础的、差序性交往的宗族观念，尽管拥有的孝悌、忠恕、仁义、诚信、礼让、廉耻等传统礼仪文化符合现代道德规范。但以血缘亲疏为内聚力而进行情感交流和利益分配，宗族之外的人被排除在利益之外而不享用权利与利益，甚至相互之间形成利益博弈的小共同体意识在社会中所起的消极作用远远大于其积极作用。马克思在《资本论》序言中对传统糟粕进行了强烈批判，认为现代社会面临的问题，许多来自传统旧时代的生产方式，特别是过时的社会关系和政治关系还并没有因资本主义制度的确立而彻底消失。这些陈旧的社会观念，“不仅活人使我们受苦，而且死人也使我们受苦。死人抓住活人!”② 显然，马克思的旧式制度与观念指向欧洲封建制度、思想和观念。费孝通甚至认为，“宗族观念和家族势力是农村走向现代化的绊脚石，是影响农村社会稳定的定时炸弹。”③ 总体而言，宗族是一种传统的落后社会力量。它不仅因乡村“治外法权”解构了法律在农村中的权威与效力，使农民屈从于“人治”传统之中，而与现代社会发展相适应的法治观念却并没有成为农民的主流观念，而且使宗族观念成为现代文明发展进步的历史包袱，阻碍农村现代化进程。

农民思想政治教育就是通过培育其公共精神以改造其小农思想和狭隘的宗族观念。然而农村宗族文化的保守性并没有因为思想政治教育的深入开展而根本改变，它与村民自治所要求的农民公共精神的张力也未能根本缓解。

---

① 王平．宗法宗族思想观念与中国私营企业管理［M］．北京：中国评论学术出版社，2011：5.

② 马克思恩格斯选集：第2卷［M］．北京：人民出版社，1995：100.

③ 费孝通．乡土中国·生育制度［M］．北京：北京大学出版社，1998：39－40.

但它吸纳了公共精神中的某些公共性因子，宗族观念也表现出一定的公共性，只不过不是以乡村整体公共性彰显其公共价值，而是以宗族的狭隘公共性而保留其保守性特点，并且这些保守性在村民自治实践中产生了消极影响。

二、农民公共意识淡薄

农民思想政治教育与农村中心工作相结合而产生积极效果，但农村家庭联产承包责任制、农村市场经济的发展使农民生产生活出现去集体化和“理性化”现象；农民思想政治教育的有效性不足影响农民公共精神培育又导致农民公共意识淡薄。

家庭联产承包责任制实施使农民获得对土地资源的支配权，进而获得了自身独立的生存空间。市场机制一方面使农民从传统的人身依附关系中解放出来，获得自身独立性和自主性。但这种独立性在与市场机制发生关联的同时，却失去了传统的集体观念，甚至因自身利益打算而不断与他人或社会发生矛盾和冲突。恩格斯说：“他们不对普遍利益抱希望，他们只有单个利益。这种绝对的主体性——把普遍分裂为许多单一。”① 另一方面市场经济搞活农村经济活力，推动农村经济快速发展，农民也获得了相应的利益满足。但这一切利益的获得都与传统的村组集体并无直接的关联性。特别是在自然灾害等非人力因素导致农民利益受损时，集体经济因自身力量不足而难以发挥其救助功能。因此，农民失去了对集体的依赖和信任。相应地农民也失去对集体的义务，失去了与村庄集体的联系，农民集体观念淡漠，公共精神缺失。这种缺乏集体意识集中表现在农民生存、生活方式中。

一是农民生存方式去集体化。个人由于集体经济力量薄弱，农村公共产品供给不足，再加上传统村庄集体意识和道德观念受到现代性的冲击而持续被解构，农民的生存空间日益个体化。要么各自生产经营自己承包的土地而

① 马克思恩格斯选集：第1卷［M］. 北京：人民出版社，1995：22.

与村庄失去联系；要么因乡村社会开放而致使农民的流动性增强，他们纷纷从集体之中“脱嵌”出来，寻求并拓展个体在农村之外的个人生存空间。“流动性”生存空间不仅进一步失去了与村庄集体的关联性，而且传统邻里因相互间无接触交往而日渐疏远，传统农业互助等公共交往空间渐趋萎缩，村民公共事务不再成为人们的聚焦点，个体的生存状态逐渐“原子化”，彼此独立的个体活动是缺乏整体性和普遍性的原子运动。“这些原子很少作为一个整体共同行动，而且即使作为整体行动的时候也是从个人利益出发。”① 原子化的个体，随时随地都强调以“己”为中心，并为此不断与他者、集体、社会进行利益的争斗，导致“利益被升格为对人的统治”。因此有学者强烈呼吁“必须约束人的自然本性，改变其单子式孤立存在和率性而为的自然冲动，必须消除彼此间‘交焉而争’，‘睽焉而斗’的凶残局面。”② 二是农民生活方式“理性化”。理性化的生活方式在个体与团体关系中体现为平等观念和合理利益满足原则。前者强调共同体中的各个体地位相当，后者强调共同体尊重个体合理的利益诉求。这些观念的前提是团体的存在。然而，当前农民生活方式理性化却异化为个人主义，甚至利己主义。这种个人主义是一种个人至上价值观，强调个人的目的性，而集体、国家却是达至这一目的的手段。利己主义在价值取向上与个人主义相类似，但更专注于“对自己过分偏激的爱”。“个人主义的极端化会因对其他美德的破坏而最后沦为利己主义。”③ 这种经济理性在中国农村亦有表现。农村社会去集体化的个体存在状态，铸就了以个体利益最大化为追求的理性农民。他们更关注于个体利益，对村庄公共事务保持“理性的无知”。村民自治所要求的公共性不断被外在的个体利益诉求“殖民化”，个体至上成为个体主义的当然行动逻辑。个体化的村民，当个人主义价值观和“经济理性”的生存方式变为农民普遍

① 马克思恩格斯选集：第1卷［M］. 北京：人民出版社，1995：24.

② 〔苏〕季塔连科. 马克思主义伦理学［M］. 黄其才，译. 北京：中国人民大学出版社，1984：32-33.

③ 罗国杰. 罗国杰自选集［M］. 北京：学习出版社，2003：156.

遵循的行为逻辑，村民自治就不可避免地成为利益博弈场，公共性被消解，传统宗族伦理习俗在面临着现代经济利益的冲击下，也不再具有其原有的号召力。村庄认同感下降，互惠性合作意识减弱，各自以利益为导向进行着原子化的运动，对村庄公共事务表现出极端冷漠。

三、农民公共理性不足

公共精神作为表征现代性的精神现象是因其具有理性的“公共”印记，是在人的心性结构和文化价值方面理性化的产物。公共性是其价值指向，是区别于经济理性的核心内涵。公共理性虽然不乏具有经济的价值追求，但其经济追求的价值属性却具有公开性、共享性。从发生学意义上讲，人的理性既具有个体的内在理性，也具有外在的公共理性，两者只有在两个层面上相事例，才具有公共理性的实践和运用：一是个体的内在理性与外在的公共理性的思维上具有一致性；二是个体在处理公共交往中自觉将与公共理性相融合的个体理性运用到公共事务中，抑或用公共理性处理公共事务。这里需要强调的是，理性的个体自觉与公共运用并不是同一性的概念，有公共理性和运用公共理性是理论与实践、思维与行动的两个不同领域的问题。因此，公共理性本质上就是理性的公共运用。理性的公共运用即是当理性被平等的主体运用于公共事务，而且通过公开的途径实现“公共善”时所表现出来的精神文化和价值取向，这才是真正的公共精神。而经济理性更多强调经济价值的个体归属。当前农民公共意识不足更多表现为公共理性不足，是农民公共生活实践中思想政治教育未能有效解决公与私的价值取向和思维方式而存在着公共价值认同不够和经济理性张扬等问题。

一是公共价值认同不够。公共理性是建立在公共价值认同的基础之上，相应地公共理性的欠缺就表现为公共价值认同不够。在村民自治实践中，农民的村民自治认知具有不同的价值取向，导致村民自治的公共性认同不够。由于专制传统和现实自治实践的问题，广大农民对村民自治经验认知比较狭窄和片面。有的认为村民自治就是“为自己做主”，自己干好自己的事情，不受任何他人的干预指责；有的从农民选举实践中认为自治就是选举村干部；有的从传统“依附性”存在出发认为自治就是党员干部为民办实事等等。这些歪曲的自治认知直接影响到农民对村民自治实践中的公共性认同与践履。农民或基于私人利益而利用村民自治的制度平台，采取各种非正常渠道来追求利益最大化；或漠视民主，将民主认为是政府和村干部的事，自己参与与否影响不了村治的决策和执行。这些认识使农民的自治意识和行为更多局限于自身经济利益的追求，利益差异性加上农民缺乏包容、妥协意识，使得各利益主体的农民难以形成共识性意见，公共意识就在这种矛盾与冲突中被解构。二是经济理性张扬。村民自治的价值在政治层面通过直接民主形式实现农民自我管理、自我教育、自我服务和自我监督。在治理层面是通过自治平台以公共理性的精神实现村庄公共利益的最大化，并在此基础上满足自己合理的利益诉求。然而，在村治实践中，村民自治的平台却因农民公共意识不足而导致经济理性张扬。在民主选举方面，农民参加选举并非出于公共责任选出能带领农民致富的政治能人，许多农民参与选举是为获得出席会议的补助金。他们选择干部的标准也不是基于能力、公心，而是以“差序格局”的方式选择与自己具有血缘、地缘、情缘的人，以便在未来有关利益分配上获得某些关照。在民主决策方面，农民在已有的村治平台上参与决策时往往缺乏妥协意识而专注于自身利益，但因利益差异性，往往在很多时候因意见相左而难以形成共识，导致村务工作难以实施。在民主管理方面，农民基本不参与村务管理，认为管理工作是村干部的事。个中缘由不完全是他们缺乏管理知识与能力，而是“枪打出头鸟”的传统心理作祟，担心参与管理会招致村干部的不满。

第四节　农民思想政治教育困境之于村民自治影响

农民思想政治教育有效性不足影响到农民公共精神的养成，作为村民自治内在支撑的农民公共精神欠缺也直接影响到村民自治的良性运行和人民当家做主的民主理念的有效落实。

一、村民自治的民主理念异化

自上而下理性设计的农村基层民主制度为人民当家做主的民主理念提供了法权保障，但制度规范的应然性要求变成村民自治的实践并不是自然而然的过程，因缺乏现代公民所具有的公共精神致使村民自治的民主理念被异化。其一，民主制度成为利益博弈的工具。农村多元利益主体对自治制度文本形成“利已”的理解和运用，在国家、社区组织和农民等多元利益主体因其利益差异而形成的对自治制度的“利已”理解和运用中，处于弱势方的农民个体权利常常会受到多方面的侵犯，使民主选举、民主决策、民主管理和民主监督得不到有效实施。其二，农民缺乏对民主精神的坚守。村民自治组织的设置、权利结构、职能划分等自治内容是通过国家权威形成制度安排。大多数村民缺乏自治传统和意识而使自治外在于村民。在这一制度安排下，农民作为自治主体所进行的就是在既定的自治框架内“依法”实施村民“自治”。而基层自治组织则利用农民缺少对自治制度的了解、乡村社会信息短缺、乡村利益主体分散性等缺陷而压缩农民的自治权利，致使村民自治出现“成长的烦恼”和“发展的困境”。这种烦恼与困境就是在缺乏民主传统的中国乡村社会，通过外部性的制度安排实施村民自治，存在着公民权利的“悬空”。① 其三，村民自治制度的民主理念被传统宗族文化所裹胁。从农村基层民主选举中出现的种种怪像看，农民选举中投票选择标准不是看候选人的能力、公德心和村治理念，是否带领村庄和村民整体致富奔小康等，而是以特定的地缘、血缘等作为选择标准。如选择同姓、家族或利益关系人等，其目的是这些利益关系人当选后能获得他们的额外关照。事实上，这些候选人当选后也会照顾宗族利益、利益相关人并加以回报。这种利益“交易”原则

① 徐勇．村民自治的深化：权利保障与社区重建——新世纪以来中国村民自治发展的走向［J］．学习与探索，2005（4）：61.

除了具有共同的利益关联外，与农村伦理文化也有相当的关联性。中国农村在长期的非流动性发展中形成了具有特定的地域和伦理传统和熟人、半熟人社会的特质，人们的关系维持主要通过血缘、亲情。具有血缘、亲情关系的宗族就具有了相当的存在价值和乡村社会影响力，村民要获得自身利益满足需要借助并增强本宗族影响力，因此投票给宗族代表就具有了合理性。由于宗族传统源远流长，农村宗族形成的伦理规范和以此为基础处理村庄事务和复杂关系的功能具有相当的“合法性”。基于狭隘利益追求的民主选举就受到了宗族文化的影响，这也是当前宗族复兴的文化根源。另外对于村民自治中罢免程序的启动也受到了农村熟人文化的影响。《村民委员会组织法》明确规定“本村五分之一以上有选举权的农民联名，可以要求罢免村委会成员”。但在农村熟人社会中，基于地域性而生于斯长于斯的村民不愿意得罪乡里乡亲的“熟人”，怕以后见面时不好相处而拒绝参与罢免活动。再加上农民本身的小农意识，缺乏相互间的利益关联，保留着传统农民作为“阶级”属性的松散性，对于共享性的公共性问题往往持观望态度，对村庄事务不太积极，致使村庄公共事务和村民自治把持在少数村干部手里，缺乏监督和透明的村民自治就不可避免出现各种乱象。

二、村民自治制度技能化

当前农民还保留着传统小农的宗族观念和狭隘的小农意识，再加上农民在实现经济独立后不再需要集体提供生存要求，农民“原子化”的生存状态使农村村庄集体的控制力大大减弱。同时，家庭成为农村经济结算单位后，农民明确的利益边界决定农民基于自身利益满足而具有强烈功利性思想。欠缺公共精神的农民以制度规范为行动边界最大化地实现自身利益满足，使村民自治制度技能化、外在化，村民自治成为利益博弈的平台。

第一，村民自治制度供给的外在性。苏格兰阿伯丁大学政治学教授理查德·罗斯教授提出了一种“反向的民主化”① 的理论分析框架。认为现代成熟的民主体制是由国家制度的现代化和民众参与国家治理制度的民主化等两部分组成，且国家制度现代化先于民主参与过程。自由竞争选举先于国家制度建构即为罗斯的“反向民主化”，使社会治理缺乏必要的现代国家制度规范。以此逻辑来分析我国村民自治制度规范，如果说村民自治的制度设计是基于传统人民公社体制解体而满足现代国家对乡村的治理期待的话，那么村民自治的推进就应在自治的引入与现代国家的制度建构之间实现有机结合，通过制度规范实现村民自治的规范化和有序化。尽管许多村庄都通过外在制度供给的方式实现村民自治的“制度化”，但“制度过密化”与村庄治理之间并没有形成正相关性，也没有实现罗斯提出的民主化的价值诉求。究其原因在于，一方面这种复制制度缺乏村庄具体问题指向而处于“悬置”状态。另一方面也更为重要的是“复制”制度缺乏农民“认同”的合法机制和程序势必遭到农民的抵制和反对，以此为借口为其极端利己主义的行为找到合理依据。从这一制度供给与运行逻辑中，农民缺乏公共精神既不会按照外在的制度规范约束自身的自治行动，也不会质疑村治制度的正义性进而提出修改制度以实现制度正义，使村民自治制度供给长期表现出外在性存在，难以实现其正义化和规范性功能。

第二，村民自治制度规范技能化。村民自治在30年的实践中，从《村民委员会组织法》到各省、县、乡镇，都在上位制度基础上进行了因地制宜的制度完善，并在层层完善中逐渐“裂变”出一个村民自治的庞大的制度体系。这些制度完善具有的共性在于着力于民主参与实践、操作性和技能性的制度建构，致使村民自治制度的技能化。村治制度技能化表现在：一是制度对村民自治的民主机制进行技术性的规范和约束，农民也对制度表现出“技术化”的遵守。这种“技术化”对待制度的态度经常会在实践中偏离制度规范的价值要求，进而失去其规范功能；二是制度的价值导向因缺乏有效的引

① 〔美〕理查德·罗斯，〔美〕杜楚森．反向的民主化：第三波民主的问题［J］．王正绪，方瑞丰，译．开放时代，2007（3）：95.

导机制而为农民所忽视。农民对制度的约束和规范功能是知其然而不知其所以然，对制度的服从就表现出相当的被动性、盲目性。村治制度技能化取向一方面忽视村民自治发展从外部供给向内洽转化所需要人文基础，致使村民自治尽管得以实施，但总是以外在于农民的方式运行，缺乏对村庄公共事务的有效推进。许多地方出现道德滑坡、治安恶化和公益事业无人关心等秩序失调的现实尴尬，宗派主义、家族观念、宗法传统死灰复燃等，无不是村治制度技能化的后果。另一方面村民自治制度技能化缺乏公共参与行为的价值引导，对参与的功利性、逐利性目的缺乏有效引导，甚至不能为公共参与提供底线伦理，导致利己主义大行其道。

三、村民自治实践功利化

农民公共精神欠缺影响村民自治实践，这里以苏南新和村个案加以论证。2009 年，欧美经济危机波及我国，一些出口型加工企业受市场所限而不得不停业。临近上海的苏南新和村有十多家这样停业企业。村委会经过反复讨论决定将一些亏损企业置换出去以盘活资产，为以后的发展赢得资本。企业的转型使得全村近 500 名农民失去工作和收入。这些农民开始怨声载道，报怨为什么要将企业卖给私人，骂村干部“卖”企业是“肥”了干部，“便宜”了老板，“砸”了农民饭碗。一时干群矛盾激化，农民集体上访。有些农民跑到村委会要求解决工作，因情绪激动而出现了拉扯衣服、肢体冲突等过激行为。村干部对此也满腹委屈，主动为村庄谋发展却得不到农民认可，工作积极性因此受到极大影响。

该案例是村民自治实践困境的一个缩影，该困境所表现出来的是因干群矛盾而影响到村属企业转型的重大问题。应该说村委会的决策是基于企业发展的现状和未来发展的预期，无疑是正确的，且决策也是按照规范化的程序实施。但为什么正确的决策得不到实施呢？问题根本不在于村民自治制度设计，而在于长期积习的农民个体的“经济理性”。各自以局部的、短期的经济利益满足作为价值诉求来判断和应对村庄公共事务。相互间的信任、合作、宽容和妥协精神在“经济理性”的利益博弈中消失，猜测、质疑甚或暴力相向使得村民自治陷入混乱中。

首先，村民自治成为利益“零和”博弈的平台。逐利是人之本性，本也无可厚非，关键是获取利益的博弈方式，是各方你死我活互相倾轧的“零和”博弈，还是协同互助的“正和”博弈？新和村的企业转型就村干部立场来看不具有博弈性，但失业的农民却带着“博弈”心理去观察其利益的损失，且在缺乏信任的状态下牺牲自身利益的“零和”博弈是难以接受的。缺乏信任的村治系统由于意见分歧较大变得异常复杂。一方面村民自治是以工具理性为基础、以非人格的和排除具象性情境的程序和制度为基本运行框架，农民都以此框架为基础进行互动和交流。系统内的互动是以对系统本身的信任为基础，并在信任中实现相互间的互补、妥协。新和村委会的企业转型并没有获得全体农民的信任，怀着“零和”思维去审视这一公共事件，认为牺牲自我成就他人。这除了反映出农民对企业发展缺失前瞻性的认知外，更为根本的不是从村庄整体发展的视角去看待利益的得失，更不可能对村干部的企业转型的决策持公正的立场。从博弈论角度看，村干部也不是利益的既得者，甚至他们也因为承担着打破既有的利益格局和转型不成功而导致的个人社会资本丧失的风险而成为牺牲者。从中，他们和失业农民一样是在牺牲自己局部利益而成就村庄整体利益。这本应成为村民自治共识性意见达成的常态，理解、宽容、妥协是基本的公共理性。遗憾的是失业农民并不具备这样的公共理性。既不理解共识性意见的生成逻辑，也不信任村干部的自治行为，最后在“零和”博弈中出现了治理危机。另一方面村民自治系统在社会发展中日趋复杂化，复杂意味着社会潜在风险。降低社会风险，提升制度的效率，削弱社会复杂性的重要机制就是形成系统内成员的互信机制，发挥信任的“社会简约机制”。新和村普通农民、村庄社会精英、村庄政治精英等各自治主体在长期的利益“零和”博弈中解构了传统村庄关系型社会资本，熟人社会中的信任基础丧失，农民之间严重的不信任不仅没有降低村庄治理的复杂性，反而因利益的差异而增加村民自治运行的不确定性，提高了村庄治理的社会风险。

其次，村民自治制度绩效不足。村民自治理性设计除了实现人民当家做主外，也力图通过自治制度规范实现多元合作提升治理绩效，各自治主体可以通过自治平台进行利益表达和诉求，在沟通与互动中实现相互理解、合作，提升村庄治理绩效和降低治理成本。然而，新和村村民自治尽管实现了农民利益表达，但并没有实现相互理解，更没有实现合作。一方面村干部推进企业转型本身是正当的，但在与农民交流中没有充分沟通以取得农民的理解与支持。固有的利益格局被打破，必然会有部分农民利益受损，村干部既没有向农民说明企业转型的原因、价值，也没有回应农民的不满意见，在村治的透明性、回应性、合法性没有保障的情况下必然引发农民的猜疑、不满。另一方面农民利用村治平台进行利益表达值得尊重，但表达的内容只是局限于自身利益如何捍卫，缺乏倾听别人的意见。在不了解他人意见时，很难实现相互理解与尊重，共识性的意见难以形成。表达方式出现了非理性的甚至暴力事件，加重了相互间的矛盾与冲突，严重影响到企业转型的推进，提升了村治成本，却降低了绩效。

再次，村庄集体行动困境问题突出。村民自治涉及村庄公共利益和公共服务，不具排他性的公共利益意味着村庄公共利益增加，受益者是全体村庄农民。部分农民不付出却能享受其他农民付出换来的公共利益，符合"经济人"理性的利益最大化原则，从而导致集体行动困境。新和村在企业转型的集体行动中，大部分农民不付出却等待享受企业转型成功的公共利益，而失业农民尚未享受却先付出了失业的成本。村庄政治精英、社会精英、普通农民、失业农民面临企业转型的问题存在着各自的利益盘算。这种利益盘算作为多元主体集体选择和行动的过程，本需要在沟通、理解、妥协基础上达成共识而采取合作行动。但新和农民既没有通过沟通实现相互谅解，也没有合作实现互信；既没有有效化解农民个体利益与村庄利益的矛盾，也没有减少农民"搭便车"的意识和行动，使得村庄企业转型的事迟迟得不到推进。

第五章

农民公共精神培育的思想政治教育理论路径构建

马克思基于人的自由全面发展的价值理性，合规律性地提出了“真正共同体”的未来发展形态。立足于马克思“真正共同体”的发展思路，中国共产党结合中国实际提出了“把城乡社区建设成为管理有序、服务完善、文明祥和的社会生活共同体”① 的中国实践。社会生活共同体秉持“管理有序、服务完善、文明祥和”的价值共识而强调完善人民当家做主的民主制度，突出促进民主制度运行的农民公共精神培育，并以此体现农村社会生活共同体建构的中国特色，农民公共精神的培育须依托于思想政治教育的路径得以实现。

第一节　村治至社会生活共同体的发展逻辑

村民自治以“四项民主”的基本机制彰显其民主的制度设计理念，但外在的制度供给缺乏公共精神做内在支撑使村民自治的民主机制没能有效发挥其功效，村治的制度绩效也存在不足。社会生活共同体建构以其良好的社会秩序、情感融通和互惠合作等共同体价值认同而充实村民自治的内容。一方面社会生活共同体不仅重塑社会治理方式，而且拓展文明祥和的伦理意蕴，

① 胡锦涛．胡锦涛文选：第二卷［M］．北京：人民出版社，2016：636.

另一方面社会生活共同体建构以村民自治的管理和服务供给为基础。

一、社会生活共同体基本内涵

社会生活共同体就其字面上分析具有“社会生活”和“共同体”两重规定性。前者强调生活所及的一切方面，包括农民的物质生活和精神生活；后者作为共同体规定性，涉及到共同体中人的存在、人生活的特定区域、调节人们生活的共同价值观念、认同感和归属感，以及由此决定的人们互动方式等。社会生活共同体是指特定的个人、群体和社会组织在社会互动基础上，形成的在生活上相互关联的社群团体，居民具有共同的价值认同、生活方式、利益诉求和精神需求。社会生活共同体基本内容表现在四个方面。一是良好的社会秩序。社会秩序是共同体存在的基本前提和共同体成员的基本价值共识，只有有序的社会生活、良好的共同体秩序，才能实现人们共同体生活的互动、交流与和谐。当然，维持良好的公共秩序并非是以公共性压制个体性，并非牺牲个体独特性而去绝对服从公共性，而是个性得到充分尊重，自由发展的空间得到越来越广泛的拓展，甚至人的个性在社会生活共同体中越得到尊重，个人的潜能越得到充分发挥，越会促使社会生活共同体整合人的个性，将其纳入共同体不可或缺的组成部分，在个体性与共同体之间形成一种生活上的密不可分的依赖关系，实现共同体生活的良好秩序。二是完善的制度规范。社会生活共同体的价值核心还是要实现人民当家做主，农民作为共同体主体积极参与共同体公共事务的管理，其参与管理行为受到完善的制度保护和约束。“管理有序”的共同体生活预设样态就是强调通过规范的制度体系实现农民对共同体公共事务有序管理。三是良好的情感融通。社会生活共同体既摆脱自然共同体的同质性，也不因利益的差异而相互排斥。尽管个体之间存在着利益的差异甚至价值观差异，但居民之间具有良好的情感认同、感情交流、互相肯定、相互需要，在具有情感交流基础上形成互助协作的合作关系和形成具有共同价值的心理结构。四是良好的互惠行为。社会生活共同体中个体成员基于共同文化基础和情感融通形成相互间互惠合作和利益共享的行为方式。社会生活共同体不是孤立的存在体，而是由若干个体或群体组成的具有良好社会秩序和情感基础的稳定结构，且各个个体都具有共同体规定的特定社会角色，并因此获得共同体身份的同时服务共同体普遍认同的社会规范。如参与共同体事务，提供和共享公共服务，并在管理与服务中增进相互间的信任与情感，形成互帮互助、守望相助的和谐关系。党的十七大报告使用社会生活共同体的概念，就是要在城乡社区建设以管理和服务为基本要求，倡导互惠合作和公共致上的价值导向，促进基层社区和谐发展。

社会生活共同体论断作为中国特色社会主义建设的理论创新，强调党的领导是根本，社会主义是方向，基层民主自治是关键，有序管理、完备服务是条件，文明祥和是标志，社区和谐是形态。社会生活共同体建设一方面为我国城乡基层社区建设和发展提供最一般的发展规划，另一方面因城乡之间、农村内部基层社区和城市内部社区的结构复杂性、发展方式多样性等，使城乡社会生活共同体建设的思路、实现方式和表现形态具有各自的特点，体现出社会生活共同体建构的一致性与多样性相统一，共同性与独特性的统一。

二、社会生活共同体充实村民自治的内容

人民公社体制结束后，国家通过自上而下的村民自治制度供给，以农村基层民主的方式将原子化的农民整合进乡村社会体系之中，确立起国家与乡村社会的关系，进而实现对农村社会的有效治理。然而，村民自治在获得基层民主的制度供给的同时，既缺乏国家财政支持，也因农民联产承包经营获得经济独立，摆脱了公社体制下乡村组织因资源分配而享有的强有力的社会控制。再加上人口的流动性，农民缺乏参与村民自治的热情，对村庄公共事务的影响力也严重不足。村民自治的合法性仅保留着外在的制度基础，而农民的认同性存在不足。这些因素使村民自治的民主机制没能有效发挥其功效，村治的制度绩效不足。当前，农村社会在保证基层民主基础上需要创新

社会组织与管理方式，通过利益满足和文化认同增强农民认同感与归属感。在回应农民多元需要的同时，适应农村社会开放性、多元化特点，增强乡村社会的吸引力和凝聚力。基于此，党的十八大在十七大提出“社会生活共同体”建设的基础上提出“在城乡社区治理、基层公共事务和公益事业中实行群众自我管理、自我服务、自我教育、自我监督，是人民依法直接行使民主权利的重要方式”①。十八届三中全会提出“统筹城乡基础设施建设和社区建设，推进城乡基本公共服务均等化”。党的十九大强调“加强农村基层基础工作，健全自治、法治、德治相结合的乡村治理体系”②。这些党的政策主张明确了在深化村民自治为核心的农村社会治理体系和治理能力现代化的过程中，要不断充实其内涵，着力于管理与服务的机制、方式和内容，真正实现农村社会“文明祥和”的生活共同体形态。

第一，农村社会生活共同体重塑社会治理方式。社会生活共同体建构既不是对传统自然共同体的简单回归，也不是着力于解决村民自治中的具体问题，而是要变革农村社会治理体制。一方面实现乡村治理模式由“善政”走向“善治”，另一方面在村民自治基础上推进基层民主政治发展，提高乡村社会管理与服务功能，形成多元化的社会管理与服务的合力，实现“健全基层党组织领导的充满活力的基层群众自治机制……实现政府行政管理与基层群众自治有效衔接和良性互动”③ 的目标。第二，农村社会生活共同体丰富村民自治管理与服务的内涵。农村社会生活共同体建设突出其社会管理和社会服务的功能。虽然与村民自治相较而言，其在民主管理与服务的内容和成果享受之间并无太大差异，但管理与服务的主体却具有明显区别。村民自治是在乡村社会内部进行自我管理和自我服务，与国家外在的管理与服务供给不同，乡村的自我管理源自乡村内部形成的规则和共同认可的权威，自我服

① 胡锦涛．胡锦涛文选：第三卷［M］．北京：人民出版社，2016：634.

② 习近平．决胜全面建成小康社会夺取新时代中国特色社会主义伟大胜利——在中国共产党第十九次全国代表大会上的报告．北京：人民出版社，2017：32.

③ 胡锦涛．胡锦涛文选：第二卷［M］．北京：人民出版社，2016：636.

务也基于乡村社会内部的文化认同和社会资源。但社会生活共同体除了由共同体内部提供管理与服务外，还需要外在因素提供共同体发展理念、政策支持、资源供给和服务规范等管理与服务。在农村社会生活共同体中，通过内外因素的合力实现国家治理与农村社会自我管理的上下互动，实现外在供给和农村社会自我服务的内外合作，从而实现共同体生活的上下互补、内外互动；并在共同体事务管理与公共服务的互动与合作中逐步建立共同的价值观念和行为规范，形成管理有序、服务完善、文明祥和的社会生活共同体。第三，拓展文明祥和的伦理意蕴。村民自治的核心价值在于通过“四项民主”机制实现人民当家做主，农民作为独立的利益主体，其多元化的利益诉求可以在“四项民主”的机制和平台上得以表达。但这种利益表达并不能保证相互间的互助协作，甚至会因为利益不相容而造成矛盾与冲突。社会生活共同体则在强调“管理”与“服务”功能的同时，强调了“文明祥和”的生活样态。共同体是“一个温暖而舒适的场所，一个温馨的‘家’，在这个家中，我们彼此信任、彼此信赖。①”农民对于农村生活共同体的认同感和归属感是关键，只有农民将共同体当作精神家园，相互信任，认同共同体组织的秩序和规则，才会融入共同体的生活，参与公共事务，才会自愿自觉地为共同体建设贡献力量。农村社会生活共同体强调在共同的生产和生活活动中因相互了解而相互信任，因互惠合作而充满责任感，进而形成对共同体的认同感和归属感，从而彰显其共同体的伦理意蕴。

三、社会生活共同体建构以村民自治为基础

农村社会生活共同体建构作为国家与社会的互动过程，既要求外在的政府公共资源和公共服务供给，也突出农村共同体内部的资源整合和自我管理、自我服务的内部供给。“这种共同体的基础是共同体成员的公共需求，

① 〔英〕齐格蒙特·鲍曼．共同体［M］．欧阳景根，译．南京：江苏人民出版社，2007：213.

并主要依靠社区自身的力量进行整合。”① 村民自治组织体系作为社会生活共同体建构基础平台和载体，既承接政府公共资源和公共服务输入，也承担着农民参与共同体事务管理与服务的重要机制。农村生活共同体建设尊重村民自治制度人民当家做主的民主理念，强调自治体系的结构完善、运转顺畅和社会影响力广泛的优势，发挥村委会、村民会议、村民代表会议等为主的村民自治体系的独特功能，着力于乡村内部资源的挖掘，以既有机制鼓励农民参与生活共同体事务的管理与服务。在降低生活共同体建设成本的同时，实现政府公共资源与社区内部资源的优化配置。村民自治作为相对成熟的民主运行机制提供农民参与共同体公共事务管理与服务机制和平台的同时，将分散的农民凝聚在共同体中，加深相互间的交往和联系，在“服务”的基础上重建共同体认同。

第一，村民自治的民主机制训练农民，提升共同体自我管理的能力。农村社会生活共同体“文明祥和”的生活样态是基于作为共同体成员的农民参与管理得以实现。农民的公共参与不是推倒既有的自治机制而重建新的参与机制，而是要在村民自治的既有渠道上，参与共同体的公共事务的决策、管理和监督，并在村民自治的“四项民主”参与实践中学习民主的规则和程序，掌握参政议政的方法和技巧，提升民主参与和维护权益的能力。并在参与实践的互助合作中养成公共意识、参与意识、合作精神和契约精神，为社会生活共同体中的自我管理提供强大的精神动力，实现共同体内部管理能力的倍加，进而将民主管理内化为日常的行为方式，在此基础上形成全员参与、运作民主、管理有序的共同体运作方式。第二，村民自治有效整合共同体内部资源，提升共同体自我服务的能力。社会生活共同体“服务完善”，强调服务内容和方式的丰富性、多元性。既需要政府提供外部性制度供给，如公共管理和基础公共服务；更需要共同体内部资源整合以实现自我服务。村民自治在搭建了村民自我服务的机制和平台的同时，使村民基于利益满足

① 徐勇．农村微观组织再造与社区自我整合——湖北省杨桥镇农村社区建设的经验与启示［J］．河南社会科学，2006（5）：8－11.

而在实践中认识到在自我管理与服务中利益满足方式、内涵及互惠协作的必要性和可行性，并在自治实践中实现自身利益诉求的同时，激发农民参与自治的主动性和积极性，将分散的农民组织起来，在村治平台上相互提供服务而实现共同体成员之间的互惠合作，并以利益机制激励成员提升服务的层次、能力，进而形成可持续的“内源性发展”的农村生活共同体服务供给道路。第三，村民自治提升农民的共同体认同，增强生活共同体的凝聚力。当前，农村社会生活共同体“文明祥和”生活样态遭遇到农民多元利益的矛盾与冲突，以及基于利益差异而形成的农民生存方式的原子化。社会生活共同体建构需要整合农民利益诉求，重构农村共同体认同，提升共同体凝聚力。村民自治通过民主参与的平台实现村民利益诉求的有效表达，以利益为联系纽带将分散农民组织起来，参与共同体公共事务的管理与决策；并在参与过程中一方面向成员个体灌输公共观念与意识，另一方面也使成员个体在利益表达过程中经验性地形成互惠合作、相互妥协的价值认识；从而促使共同体成员在村民自治平台上加深了解、增进合作，在实现利益满足的同时增强农民对共同体的认同。村民自治机制的有效运转，可增强农村社会的吸引力和影响力，重塑农村社会生活共同体的凝聚力。

第二节　马克思共同体理论的当代实践

马克思主义理论的核心价值在于人的发展，但马克思不是抽象地论及人的发展，而是将其置于特定经济发展阶段和与此相适应的人们社会生活组织形式即共同体中，也只能在共同体并依赖共同体，人的发展才得以实现。无论是在原始氏族时期的群体生活，还是未来社会的自由全面发展，都以共同体的存在为其前提条件。因为人作为社会存在物，“是最名副其实的政治动物，不仅是一种合群的动物，而且是只有在社会中才能独立的动物”①。马克思依循社会为人的发展提供何种条件而建构起其共同体理论。

一、马克思共同体理论及其当代形态

马克思以唯物主义的立场，突出人的自由发展的价值导向，在不同形态中基于人与社会关系的嬗变合目的性与合规律性地提出共同体的发展逻辑。一是以“人的依赖性”为基础的“自然共同体”，表现出人对各种共同体及其代表人的依赖。从事生产劳动的个人依赖性表现为从属于较大的整体：家庭、氏族、公社的各种联系之中。马克思虽然对“自然形成的共同体”内涵的人文价值予以肯定，认为这一阶段“单个人显得比较全面，那正是因为他还没有造成自己丰富的关系，并且还没有使这种关系作为独立于他自身之外的社会权力和社会关系同他自己相对立”②。但总的看来，生活在自然共同体条件下的个人没有独立性和个性，尚不具备个性化特点。二是“以物的依赖性为基础的人的独立性”的“虚假共同体”。人们实现经济的自由独立，因普遍物质交换而获得全面关系和全面能力的提升，摆脱了自然共同体中的人身依附。但商品经济发展所带来的社会分工和交换，造成货币对人的统治和人对货币的全面依赖。个人生产对社会需求的依赖和个人需求对社会生产的依赖表现为对货币的依赖。社会个体之间相互依赖和普遍交往通过物化的形式得以实现。“货币从它表现为单纯流通手段这样一种奴仆的身份，一跃而成为商品世界中的统治者和上帝。”③ 人就成为自己创造出来的物的力量的奴隶。同时，阶级、国家等“虚幻共同体”形式以给人一定自由而表现出更加强烈的虚幻性，因为这种自由存在强调人的隶属性为前提。为此，马克思批评说：“这不应当理解为，似乎像食利者和资本家等已不再是有个性的

① 马克思，恩格斯．马克思恩格斯文集：第 8 卷［M］．北京：人民出版社，2009：6.
② 马克思，恩格斯．马克思恩格斯文集：第 8 卷［M］．北京：人民出版社，2009：56.
③ 马克思，恩格斯．马克思恩格斯全集：第 46 卷（上）［M］．北京：人民出版社，1979：171.

个人了，而应当理解为，他们的个性是由非常明确的阶级关系决定和规定的。"① 因此，"虚假共同体"中人们实现独立性的同时受到货币"抽象共同体"和国家的"虚幻共同体"统治而不能真正实现自由全面发展。三是"建立在个人全面发展和他们共同的社会能力成为他们的社会财富这一基础上的自由个性"的"真正共同体"。人的自由个性只能在马克思称之为"自由人联合体"的共同体中才得以实现。这样马克思合规律性地提出的"自然共同体"——"虚假共同体"——"真正共同体"的发展逻辑，其共同体理论以类型学的方式"指涉了人们生存、生活的组织样态的形构，用不同形构的共同体标明了人类历史性生存的实践形态"②。

第一，马克思共同体理论关注于人的自由发展。马克思无意去建构一种关于"共同体"的理论体系，他甚至都没有给出共同体以明确的概念界定。一方面，马克思探究共同体的不同形态的核心价值在于探究人的发展问题，他主要是基于共同体为个人的自由发展提供怎样的条件来论及共同体不同形态，共同体的演进与人的个性解放、自由发展的矛盾运动关系始终贯穿在马克思关于共同体的分析逻辑之中。人的发展在共同体视界里具有了本体论意义，人类社会的发展归根结底是个体的发展历史。"人们的社会历史始终只是他们的个体发展的历史，而不管他们是否意识到这一点。"③ 另一方面，个人自由发展并不可能脱离共同体存在而单独进行，也只有在共同体存在并依赖共同体得以实现。因为"只有在共同体中，个人才能获得全面发展其才能的手段，也就是说，只有在共同体中才可能有个人自由"④。

第二，共同体不同形态提供人的自由发展不同的条件。虽然马克思强调了共同体对于个体发展的重要价值，但他并不认为共同体不同形态在促进个体发展中具有同等功能和作用，反而是人的发展客观要求使共同体不同形态

① 马克思，恩格斯．马克思恩格斯文集：第1卷［M］．北京：人民出版社，2009：571.
② 池忠军．马克思的共同体理论及其当代性［J］．学海，2009（5）：43.
③ 马克思，恩格斯．马克思恩格斯选集：第4卷［M］．北京：人民出版社，1995：532.
④ 马克思，恩格斯．马克思恩格斯选集：第1卷［M］．北京：人民出版社，1995：119.

发生演进，并在共同体演进中不断完善人自由发展的条件和环境。自然共同体和虚假共同体对人的自由发展具有正反两方面影响。就积极影响而言，共同体摆脱了人的孤立存在而具有了类的联合，使人可以发挥类的力量完成单个人不能完成的事情。从某种条件上说，早期共同体“不同的条件，起初是自主活动的条件，是与他们的个性相适合的条件，对于他们来说不是什么外部的东西；是同他们的现实的局限状态，同他们的片面存在相适应的”①。因此，这些共同体并非一开始就是个人自由发展的限制。但其消极影响是主要的，因为共同体的适应性条件“随着各种矛盾的产生，它们却变成了人的自主活动的桎梏”,② 限制和束缚个体自主意识和创造能力，形成个体与共同体的矛盾关系。这种矛盾关系具有不断自我积累和深化过程。在原始共同体发展初期，个体与共同体的矛盾关系表现并不突出，个体与共同体基于生存压力而融为一体，个体不能离开共同体，共同体也不超越于个体。但共同体的发展和个体能力的增强，特别是商品、货币等生活形态出现，使共同体组织演化为具有人格化和超个体化后，个体与共同体的矛盾便开始日益突出和激化，使早期共同体与个体的适应性关系发生变异，共同体越来越成为个体和类发展严重的桎梏。但人类自由全面发展具有历史的必然，一方面，人类会通过变更共同体的方式为个体自由全面发展提供条件和可能。未来共产主义的“自由人联合体”作为“真正共同体”从属于自觉的共同体成员，它并不外在于个人而作为抽象的偶然的存在而统治着人类自身，从而为个体自由发展提供条件。与此同时，个体作为类的存在物以独立个人的身份结成共同体，不再隶属于任何的共同体，并实现着人的真正发展。另一方面，“自由人联合体”在摆脱了虚假性而成为“真正的共同体”，为人类自由发展提供条件的同时，还拓展了人自由全面发展的领域：从政治领域拓展到社会各个领域。在人与自然的关系领域，人不再因力量单薄而受自然束缚，而是凭借其自身基于尊重自然规律的主观能动性和创造性，卓有成效地开展对自然

① 马克思，恩格斯．马克思恩格斯选集：第1卷［M］．北京：人民出版社，1995：123.
② 马克思，恩格斯．马克思恩格斯选集：第1卷［M］．北京：人民出版社，1995：123.

世界的和谐改造。在人与人的关系领域，个体之间的自由发展是以相互依赖为存在前提，相互之间普遍的社会交往成为常态，“现代的普遍交往，除了归全体个人支配，不可能归各个人支配”①。在“普遍交往”的基础上形成共同体，才因实现人自由全面发展而成为“真正共同体”。从中，“马克思在诠释、批判、建构的语境中揭示了共同体形变的生存论根据，旨在探寻合乎人的目的性生存的理想共同体实现的实践路径”②。

第三，社会生活共同体是马克思共同体理论在社会主义初级阶段的基本形态。“真正的共同体，即自由人的联合体与共产主义社会是等同的，它是人类理想的生活形态。”③ 社会生活共同体建构并不是马上建成“自由人联合体”的理想生活形态，在社会主义初级阶段也不可能建立起“自由人联合体”。而是依循“自由人联合体”促进人自由全面发展的思维逻辑和发展目标，合目的性与合规律性地提出“健全党的基层组织领导的充满活力的基层群众自治机制”④ 前提下实现人民当家做主，并以此为基础形成社会生活共同体的中国特色建构思路。

二、社会生活共同体建构的中国特色

“管理有序、服务完善和文明祥和”既是社会生活共同体的预设状态，也是通过这一预设体现其人民当家做主的核心价值。在农村社会生活共同体建构中，农民作为管理、服务的主体，既参与管理服务，也享受管理服务带来文明祥和的生活环境。在农村社会生活共同体管理与服务的过程中，农民作为管理和服务的主体，通过共同体的民主机制和参与平台实现自身利益表达的同时，实现农民的民主意愿和当家做主的政治诉求。

第一，持守人民当家做主的核心价值。农村社会生活共同体建构的核心

---

① 马克思，恩格斯．马克思恩格斯选集：第1卷［M］．北京：人民出版社，1995：129.
② 池忠军．马克思的共同体理论及其当代性［J］．学海，2009（5）：43.
③ 池忠军．马克思的共同体理论及其当代性［J］．学海，2009（5）：43.
④ 胡锦涛文集：第三卷［M］．北京：人民出版社，2016：634.

价值是通过村民自治的民主选举、民主管理、民主决策、民主监督等民主机制实现当家做主。社会生活共同体有别于村民自治的民主机制在于，村民自治的民主机制因地方基层政权组织与村民自治组织的权责关系尚未理顺，自治组织因财政、人事等受基层政权组织的干预而不得不承担基层政权组织交给的大量行政性事务，使其自治功能尚未得到有效发挥，村民自治因村民参与村务自治的热情有所下降而缺乏相当的民意基础，使村民自治有民主之名而缺乏足够的民主之实。农村社会生活共同体为人民当家做主的“四项民主”机制提供了制度空间和社会基础。一方面，农民通过机制化的民主参与共同体公共事务进行利益表达，提升其组织化程度和对共同体事务的决策、管理和监督的影响力。另一方面，农村社会生活共同体进一步搭建起村民参与村民自治的新平台，帮助农民民主参与和自主协商，在激活乡村共同体治理资源的同时，拓展了村民自治的内涵，提升自治制度的效能。

农村社会生活共同体建构着力于社会管理与服务功能，除了依循村民自治的自我管理与服务的机制外，更加注重自我管理与服务的共同体内部规范和对权威的共同认可，以及对共同体所承载的文化习俗、价值观念等的认同，以社会认同为基础和实现自我管理与服务的生活共同体强化了村民之间的联系，建立起相互信任和基于信任的共同体安全感和归属感。农民在社会生活共同体的管理和服务机制下，基于认同感和归属感所进行的民主自治，不仅体现了当家做主的政治诉求的满足，而且还获得共同体相互关爱、互惠互助的浓烈共同体人文氛围。其一，农村社会生活共同体通过民主参与实现人民当家做主。农民作为共同体生活主体，基于共同体的价值关怀；而共同体作为精神家园，因共同体的利益而组织起来，借助村民自治的民主机制，积极参与共同体公共事务的管理，不断获得民主的技能和方式，领会民主的价值和人民当家做主的深刻内涵，将民主的精神实质内化为共同体的生活方式，形成共同体管理民主、有序参与的共同体生活。其二，农村社会生活共同体提升服务能力以实现人民当家做主。社会生活共同体建设意味着重构乡村社会，基于国家与社会分离的客观实际需要摆脱行政力量的绝对控制，积极挖掘乡村社会力量和资源实现国家与社会的良性互动。国家专事共同体公共政策和公共性基础服务，村庄负责共同体的其他社会公共事务，形成国家制度供给和乡村内生秩序的合力，避免出现社会生活共同体建设的国家单一主导的局面，以依托乡村社会资源探索实现内源性的共同体发展之路。而农民在共同体生活中通过自我服务而获得生活满足的同时也彰显其当家做主的价值满足。其三，农村社会生活共同体重塑价值认同以实现人民当家做主。共同体是“一个温暖而舒适的场所，一个温馨的‘家’，在这个家中，我们彼此信任、彼此信赖”①。农村社会生活共同体强调农民对共同体的认同感和归属感，也只有通过农民的认同和归属，才可能形成对共同体的规则自觉和伦理自觉，并自愿参与共同体公共事务。农村社会生活共同体建设面临着农村利益分化和农民生活的原子化、流动性等客观现实，农民村庄认同感不够，对公共事务的关注度不强，共同体的影响力和凝聚力都不足等现实问题。农村社会生活共同体需要以共同的个体利益为切入点，一方面教育引导共同体成员形成共同体观念和意识，另一方面以利益为纽带组织农民，在管理和服务的平台上进行互动与联系，在实现公私利益诉求中增强共同体认同，增强共同体的认同感和凝聚力，在此基础上实现民主机制的有效运行，提升人民当家做主的体验和感悟。

第二，实施良善的制度规范。农村社会生活共同体良性运行以及其人民当家做主的核心价值需要以良善制度为保障，良善制度强调制度的完备性和制度的正义性。当前农村社会生活共同体建构中，各级政府和乡村自治组织都相继建立了社会组织管理条例、村民委员会组织法和村规民约等规范体系。这些规范体系既有国家强制力保障执行的，也有靠社会舆论和道德自律等保证实施的。制度正义的正义性表现为制度文本和制度运行两方面，即“制度正义化和正义制度化”。前者强调制度本身的正义属性，这种正义属性既具有普适性的平等、公正、自由等正义要求，还存在着因正义的理解差异

① 〔英〕齐格蒙特·鲍曼. 共同体［M］. 江苏：人民出版社，2007：10.

而出现不同的制度要求，各自基于正义原则差异而建构起相应价值目标的“正义”制度，使制度本身的正义变得异常复杂。因此，制度本身的正义在尊重人民当家做主的正义价值的同时，应与制度设计时的社会伦理价值和道德观念相一致，并通过规范性制度体系将这种伦理价值体现出来。“从最为广泛的和最为一般的意义上讲正义的关注点可以被认为是一个群体的秩序或一个社会的制度是要适合于其实现的基本目标。”① 这就使正义制度的设计不仅要求其体现为理论上的科学性，而且在规范上也具有合理性，正确解决个人与社会整体之间关系，特别是在社会权利与义务分配的公平合理性。后者强调制度运行正义，即实践正义。“以强制性的行政资源为背景的明文化了的政策的约束、监督及激励机制”②，将体现特定时期正义原则的制度付诸实践，合理地分配共同体权利与义务，公正地配置共同体资源。制度正义的两重结构具有内在的关联性，理论正义是实践正义实现的基础和必要条件，制度运行能否实现其正义价值，能否为居民所认可与尊重是以制度本身正义为基础。制度文本越科学，制度制定程序越公开透明，制度的实施就越能获得民众的支持和尊重。但是容纳社会正义要素的科学完美的制度不能通过实践的方式去彰显其正义内涵，就只能停留在观念的力量层面上而不具备实践价值。因为制度虽然作为共同体规范体系而具有了共同体关系调节的依据和处理共同体问题的能力，但它仅是将共同体成员的价值诉求变成观念性的可能力量。它“要成为一种现实的社会能力，就必须付诸实践”。③ 因此制度运行的正义是制度本身正义的价值和目标所在，是实现制度正义的必由途径。但相对于实践正义来讲，理论正义是具有优先性的，只有实现了理论正义，在其价值的引导之下，实践正义才有价值。就农村社会生活共同体而言，共同体制度正义亦具有制度规范内容和制度实践两方面的规定性。对于

---

① 〔美〕E. 博登海默．法理学——法律哲学与法律方法［M］．北京：中国政法大学出版社，2004：261.

② 李先敏．和谐社会与制度正义［J］．党政论坛，2007（12）：19.

③ 彭定光．论制度正义的两个层次［J］．道德与文明，2002（1）：27.

共同体规范体系，其正义要求既应符合中国农村社会生活共同体发展中的传统乡村熟人社会中的村风民俗、乡村伦理等，更要尊重共同体民主化发展中的自由、平等、公平、公正等价值诉求，使农村社会生活共同体制度成为一种融乡土性与现代性于一体的规范体系，体现合规律性又合目的性的统一。共同体制度实践正义要求有序推进制度之于生活共同体建设中的规范、引导功能，将农村社会生活共同体制度的正义内涵外显于生活实践，使农民在共同体的生活实践中实现其正义诉求。

第三，强调农民共同体认同感和归属感。农村社会生活共同体中人民当家做主的核心价值并不否定作为共同体存在形态的、以血缘地缘为基础形成的具有共同价值取向的认同感和归属感。农村社会生活共同体建构并非抛弃传统守望相助、富有人情味的伦理生活，而是以此为基础注入现代性内涵。因为人民当家做主并非仅仅表现在共同体民主生活上的自主表达和公共参与等形式，而是要通过农民民主参与实现利益表达的同时，通过相互尊重、互惠合作、妥协包容等实现共同体公共事务的共识性意见，进而实现利益的满足。而共识性意见一方面是基于互惠原则而进行利益妥协的结果，另一方面是传统乡村生活中“熟人社会”中的“利他”原则和情感交流所形成的思维方式、价值观念和传统习俗的传承。因此对传统乡村社会中的伦理共同体的传承也构成社会生活共同体的中国特色。

一是具有共同体生活的认同感。传统乡村社会人们基于情感基础而相互信任，不存在因利益博弈而形成的集体行动困境等问题。这种信任感是建立在共同体成员有着相互间情感认同、价值认同以及其他为共同体内部成员所接受的种种认同基础上，并愿意实践这种认同性的情感、价值观念和伦理规范。当前，农村社会生活共同体建构面对的是一个个独立的家庭，家庭作为独立的经济核算单位具有其独立的经济基础。一方面对生活共同体不再具有依附性，另一方面对利益的追逐使传统的伦理规范的约束性大大减弱。传统道德规范的遗落和利益最大化的价值追求，使农民个体抛弃传统固守的因情感交流而形成的利他性道德规范，也时时突破新的交往中形成的伦理规范，再加上相互之间缺乏交流，彼此情感联系淡化，利益成为相互交流的纽带。利益的博弈性、排他性使农民共同体生活中重经济理性而轻公共理性，重个体利益而轻共同体利益。农村社会生活共同体重构需要共同的价值目标，改变农民各自为政的狭隘的利己主义倾向，整合农村生活共同体成员力量，将其聚集在共同的目标之下，形成共同体生活的道德认同、生活认同和利益认同。二是具有共同体生活的安全感和归属感。摆脱现代人生活的原子化是要建立起人们的安全感和归属感，社会生活共同体通过成员之间的相互信任和互惠合作提供人们的安全感和归属感。首先，互相信任的成员关系是实现认同和归属的基础。社会生活共同体成员具有其成员资格所享有的平等权利，以及成员之间互相信任的成员关系，可以相互真诚袒露自己想法，尊重、包容、理解不同的立场和观点。当然，不同成员之间关系信任的程度取决于各自对共同体观点的认同和尊重，只有在共同体生活中进行持续性的交流合作，承认并尊重各自的利益诉求，才能化解相互间的利益冲突，求得以共同体利益为基础的最大共识，并以实现共同体利益最大化的方式实现自身局部利益，从而避免相互间的猜忌和“集体行动困境”。互惠合作是提供安全感和归属感的关键性因素。互惠合作是社会生活共同体生活的基础方式，农民个体作为共同体成员具有各自的利益诉求，且存在着因排他性利益而面临利益的博弈。在共同体生活平台上实现利益的共享性是互惠合作存在的基本条件，而互惠合作也为多元利益诉求提出了有效解决方式。即通过正确处理长远利益与当前利益，整体利益与局部利益的关系而实现利益的互惠，在持续性的互惠中增加彼此的信任，积累共同体的社会资本。当前，农村社会生活共同体面临着成员个体的互惠合作机制和意识的问题，相互之间因利益冲突而缺乏合作意识，普遍联系较为松散。这种缺乏合作的生活状态，使农民个体存在着内心的恐惧和对不确定的怀疑，进而失去安全感和归属感。因此，农村社会生活共同体需要在人们之间重新注入这种道德上的信任，深化彼此之间的合作关系，推动社会生活共同体的建设。三是具有共同的社会主义核心价值观。社会生活共同体的维系和凝聚力的维持需要以共同体成员的价值认同加以实现。在多元价值观主导下的乡村社会，其价值认同是基于多元价值中的核心价值发挥作用。传统乡村社会在地域广泛而又十分分散的情况下之所以能持续下来，且保持其内部稳定，与中国传统体系化的核心价值发挥社会整合功能密切相关。当前，农村社会生活共同体需要普遍道德规范支持，传承传统伦理规范的积极因素。传统乡村共同体孕育了独特的乡村文化、价值观和社会心态，成为维系传统社会共同体的道德基础。人们因传统血缘、地缘和文化等因素形成的具有共同价值取向的社会共同体，长期互助交往形成了富有情感基础，联系紧密的、富有人情味的社会联系或生活方式，以及亲密无间、守望相助、具有共同信仰和共同风俗习惯的人际关系。但传统的道德信仰所积淀下来的价值观念存在着公德精神的缺失，人们基于对家族等血缘共同体的普遍认同而形成的伦理共同体具有外部性排斥，更多地关注共同体内部成员的存在与发展。因此在传承传统伦理规范时，汲取其中有益的价值，遗弃那种陈腐的不合时宜的道德。党的十八届三中全会提出，“要大力培育和弘扬社会主义核心价值体系和核心价值观，加快构建充分反映中国特色民族特性时代特征的价值体系”①。社会主义核心价值观是我国在建设中国特色社会主义大背景下所构建的适应新时代形势发展的一系列道德观念，它不仅改变因旧有的传统道德体系严重滞后不利于现代化建设的现状，而且为农村社会生活共同体建构供了强大的道德支撑和精神保障。当前，农民利益诉求、价值取向、目标追求等都存在巨大的差异和矛盾，需要有效整合社会多元价值主体的思想异质和价值观分歧，形成促进社会生活共同体发展的共向合力。社会主义核心价值观从国家、社会和个体三个层面提供了社会生活共同体建构的道德资源，有效整合社会意识，统一思想，凝聚人心，以共识愿景、认同信任、公私合作、伙伴关系、平等协商的方式来制定和执行共同体政策，实施对公共事务的管理，以提供有效的公共服务和优质的公共产品，为农村社会生活共同体建设提供价值认同和思想基础。

① 完善和发展中国特色社会主义制度 推进国家治理体系和治理能力现代化［N］. 人民日报，2014-02-18.

第三节　社会生活共同体建构中农民公共精神对民主制度的支撑

我国农村具有地域广、流动性强和结构复杂等特点，特别是农民个体生活的原子化，致使农村社会生活共同体建构更具复杂性和多样性。既要考虑到内陆地区流出农民疏离“生于斯长于斯”的家乡共同体问题，又要解决沿海地区流入农民工融入当地共同体的问题；既要关照生活共同体的守望相助传统习俗，更要注入现代民主生活的理念。农村社会生活共同体建构需要遵循“管理有序、服务完善、文明祥和”的社会生活共同体的基本要求。“管理有序”既强调农民作为管理对象和管理主体双重身份，又强调管理的规范化和制度化；“服务完善”要求人人参与服务和人人接受服务，并且在规范有序的环境下提供服务内容和提升服务质量；“文明祥和”是在良好的生活环境中表现出来的人与人、人与社会和人与自然的和谐关系。农村社会生活共同体建构具有两大构成要素并体现其中国特色：一是体现人民当家做主的制度要素，二是支撑制度规范的农民公共精神要素。两者在农村社会生活共同体载体上实现互动。前者通过制度规范实现人民当家做主，以区别于传统家族共同体中农民的依附性；后者通过农民公共精神作为内在支撑促进社会生活共同体的建构，以区别于现代社会中人的原子化和利益博弈的交往方式，且民主制度功能发挥通过农民公共精神起支撑作用。

一、社会生活共同体建构的制度要素

农村社会生活共同体强调“管理有序”，是指农民参与共同体公共事务的管理应当遵循相应的制度规范，进而形成共同体规范、有序的良性状态。“服务完善”虽然突出了共同体生活的服务内容规定性，但围绕“服务”所形成的服务主体、内容、方式及共享服务等需要通过完善的制度加以规范，使完善的服务体系获得制度规范的保障和确认。“文明祥和”是在制度规范下实现人民当家做主和共享公共服务的和谐状态。社会生活共同体中人民当家做主的制度规范是以村民自治制度为基础，村民自治制度强调自治制度内容的完善性与协调性。制度的完善性是制度“量”的扩展，是已有制度供给基础上自上而下的制度供给和自下而上的制度创新；制度协调性是制度“质”的提升，是对已有自治制度的不平衡进行制度补充。丰富和完善村民自治“四项民主”的制度供给成为农村社会生活共同体中人民当家做主题中的应有之义，也是实现社会生活共同体“管理有序”的基本思路。制度供给既包括自上而下的国家制度供给，如《村民委员会组织法》等法律；也包括自下而上的制度创新，如各地丰富的村规民约。两者作为村民自治制度规范具有不可或缺的价值。国家法律以其独有的普适性、权威性和稳定性为村民自治提供外在的制度保障，而村规民约以其乡土性、自发性和自律性为村民自治提供内在的民间规范。

首先，农村社会生活共同体建构的制度规范通过国家层面的制度供给。一是完善民主选举制度。当前民主选举的法理依据是《宪法》《村委会组织法》等，丰富和完善民主选举制度是农村社会生活共同体建构的基本制度。一方面，进一步优化选举制度。丰富选举制度应遵循适应性和自治原则：适应性原则强调选举制度的内容不得与国家有关法律制度相悖；自治原则要求选举体现出公平、竞争的原则精神。选举法固然具有原则性，但需要尽可能精细化、具体化和可操作化；选举制度须契合农村具体实际。另一方面，引导村民对有关选举制度的认知与尊重。“我们应该注意到邦国虽有良法，要是人民不能全都遵循，仍然不能实现法治。”① 因此，国家通过多种方式对农民进行民主法制教育，引导他们合法、理性、有序参与民主选举。二是完善民主决策制度。民主决策是实现社会生活共同体“管理有序”的重要内容，渗透于民主选举、管理和监督的全过程。民主决策通过各种村民议事制

① 〔古希腊〕亚里士多德．政治学［M］．吴涛彭，译．商务印书馆，1965：199.

度来实施对村庄公共事务的决定，完善民主决策制度是完善村民会议和村民代表大会的决策制度建设，明确村民会议、村民代表会议的决策功能与村委会的执行功能，规范村民参与民主决策规则、程序等，使民主决策依法、民主和科学，真正体现“自”与“治”的结合。三是完善民主管理制度。民主管理是农村社会生活共同体“管理有序”的直接体现，是“四项民主”和基层群众性自治的本质所在，没有民主管理，就没有民主选举、民主决策和民主监督，也就无所谓的基层群众自治。因此，要避免民主管理流于形式，应着力于民主管理制度建设与完善。“用制度规范村干部和村民行为，增强村民自我管理、自我教育和自我服务的能力，增强干部群众的法制观念和依法办事的能力。”① 完善民主管理制度强调村民以村民会议或村民代表会议为载体直接参与村庄公共事务的管理，遵循有关村民自治章程和村规民约等制度规范。四是完善民主监督制度。民主监督是村民依法对村务工作、村干部行为和村内各项事务进行监督和检查。通过民主评议等形式集思广益，讨论、发现并及时纠正村干部工作的失误。民主监督制度是实现农村社会生活共同体“管理有序”的保障制度。完善民主监督制度，一方面加强法律法规建设。目前法律赋予村民的民主监督权利还停留在原则性规定方面，完善民主监督制度应着力于完善民主监督的实施细则，用可操作性的刚性法规去赋予村民会议、村民代表会议等民主监督机构应有的法律地位，为这些监督机构行使监督权利提供法律保障。另一方面完善村务公开制度。村务公开制度并不能停留于原则性的要求，而应着力于村务公开的内容完整性、方式多元性、过程全方位性。就内容的完整性而言，村务包括政务、事务和财务。政务是指党和国家有关村民利益的方针政策和法律规章；事务是指村内日常公共事务，如生产资料的分配、计划生育等；财务包括村干部的报酬、集体收益以及公共事务经费使用等。就方式的多元性而言，除了本着方便实用的原则设置村务橱窗公示外，“通过广播、电视、网络、民主听证会等其他有效

① 中共中央文献研究室．十六大以来重要文献选编（中）［M］，中央文献出版社，2006：125－126

形式公开”①。

其次，农村社会生活共同体建构的制度规范通过自治组织的内部制度供给。村规民约是农村社会生活共同体制度化建设不可或缺的重要内容，村规民约与国家法律法规具有内在的同一性：在规范目的上，两者具有趋同性。法律与村规民约都属于社会规范范畴，都涉及规制村民之间的权利义务关系，保障村民作为人的生存和尊严，进而调整农村社会关系和促进经济社会进步。村规民约是基于法律而制定，是法律原则的具体化和可操作化。从规范的价值观念上，两者具有相同的价值追求，都将“管理有序”的价值诉求纳入自己的价值体系之中，并以此作为存在理由。村规民约既是农村社会生活共同体社会秩序维护的工具，也反映农村社会政治文明进步的标志。法律是人类建构社会秩序的重要工具，是人类文明发展的客观外在表现。尽管在实践中两者在功能和规范方式上存在着差异，但在终极价值上都反映出对“管理有序”的要求。因此，两者具有共同的价值基础。在功能发挥上，两者具有互补性。在某种程度上讲，国家法律具有国家自上而下、整齐划一的“建构理性”倾向，村规民约具有乡村自下而上、自主多元的“经验理性”倾向。在农村社会生活共同体建构实践中，固然两者都具有规范性功能，但单纯依赖法律或村规民约都不具有客观性和现实性。因为法律作为国家调整社会利益关系的机制，具有普适性、强制性、现代性和稳定性等特征，从而确保法律的广泛适应性和适用性。但也正是法律的这些特性导致其自身的局限性：法律的普遍性难以顾及差异化的农村社会的特殊性，法律的现代性难以顾及农村相对封闭而保留的传统性，法律的稳定性难以适应农村社会在全面现代化过程中出现的变动性。这就需要与国家法律精神相一致的、内生于农村社会生活共同体的村规民约发挥补充规范的功能。而村规民约所具有的规范性满足乡村社会对制度供给的需求。村规民约所具有的乡土性适应农村社会的特殊性，村规民约所具有的自发性能够弥补法律难以适应农村社会现

① 中共中央文献研究室. 十六大以来重要文献选编（中）［M］，中央文献出版社，2006：123.

代化变动的不足，村规民约所具有的自律性能够为农村社会传统性提供制度规范。因此，农村社会生活共同体建构也要求完善村规民约。

基于实现社会生活共同体“管理有序”的制度可操作性，村规民约的着力点在于以下几点。一是着力于对国家法律制度的细化、可操作化。一般而言，国家法律的抽象性和原则性规定难以对共同体生活中各方面的利益关系做出明确规定，国家法律稳定性也并不能及时调整农村生活共同体在发展中出现的新情况和新问题。村规民约作为体现农村生活共同体的“地方性知识”的规范体系，可以对国家法律的原则性规范做出明确的、精细化的规定与说明，对国家法律的滞后性所造成的规范性空白做出及时的补充。二是着力于村规民约制定与国家法律的融合。村规民约作为农村生活共同体内生性的行为规范，需要体现对农村传统文化的继承和当地风俗习惯的延续，特别是对国家法律尚未明确规范的农村生活共同体中新生社会现象的规范。因此，村规民约在完善的过程中遵循法治精神与国家法律相融合。村规民约的制定和修改应也以国家法律为依据。在国家法治化建设的大背景下，农村社会开启了其法治化征程。村规民约作为法治化的重要体现，不仅是实现村民依法自治的重要依据，而且是培育和增强广大农民法律意识和民主观念的重要手段。因此，确保村规民约的“良法”内容，相应地也应强调其与国家法律的一致性和协调性，特别是扬弃村规民约中基于乡土社会和民间习俗保留着的长尊幼卑等不平等的内容。村规民约的完善应适时吸纳法律的内容。村规民约是基于经验生活而具有现实指向性，但也正是这一指向性导致其缺乏“顶层设计”，各村规相互打架的问题，甚至在探索村民自治新思路中出现游离于现代法律之外的情况。应及时发现并适时吸纳国家法治的规范性要求，以实现对国家法治建设战略的回应。村规民约的完善应注重法治精神的弘扬。法治精神是现代法律制度的灵魂和价值追求，是社会主义核心价值观的重要内容，是依托于各项法律法规而体现其精神内涵。村规民约作为弘扬中国特色社会主义法治精神的重要载体和特殊形式，应在村规民约的规范性文本内容、实践等方面体现出公平、正义、平等和权利至上的法律精神。三是着力于将村规民约的特殊性升华为农村生活共同体的普遍性法律制度。村规民约具有各乡村社会的特殊指向，各乡村固然有发展程度、自治环境和文化因素等方面的差异，但社会发展是个性与共性的统一。村规民约在一定时期具有特殊性，但当生活共同体的特殊性因现代发展的导向而成为普遍性时，村规民约的特殊性就具有升华为普遍性法律的必要性和现实可能性。这时，村规民约就扮演了国家相关法律的“试验田”角色，它为国家立法提供了实践经验。国家在制定和修改村民自治的法律法规时应将符合社会主义法治精神的村规民约吸收进来，实现村规民约向国家法律的升华。

二、社会生活共同体建构的农民公共精神要素

社会生活共同体建设强调“管理有序，服务完善和文明祥和”的价值预设。农民以村民自治的“四项民主”内容参与共同体公共事务的“管理”，以此体现出农民当家做主的民主理念。农民在享受共同体公共“服务”的同时，也提供公共“服务”。“文明祥和”是农民在获得“管理”与“服务”满足基础上注入了伦理内涵而形成的共同体生活样态。一方面，“管理”与“服务”是基于民主意识和服务意识区别于传统自然共同体的依附性，另一方面，也吸纳传统社会中的情感交流、互惠互助和宽容妥协意识纠偏现代社会中的“原子化”现象，彰显农村社会生活共同体建设的公共精神内涵，民主意识、服务意识、宽容妥协意识、共同体认同感与归属感等公共精神为农村社会生活共同体建构提供内在支撑。

首先，农村社会生活共同体强调农民民主意识。社会生活共同体尊重村民自治制度设计的民主理念，在通过共同体的民主机制和参与平台实现自身利益表达的同时，实现农民的民主意愿和当家做主的政治诉求。农民当家做主一方面需要通过规范化的制度设计为农民民主参与提供合法的机制、渠道和内容，另一方面农民在既有的机制和制度下是否真正实现当家做主还需要农民的民主意识、参与意识的提升。当前，国家通过自上而下的制度供给实现农村基层民主自治，人民当家做主具有了民主化的机制和渠道。国家通过

村民自治提供了农民公共参与的权利和形式，“四项民主”提供了农民公共参与的基本途径和体现人民当家做主的基本内涵。但农民一方面受传统习惯影响而表现出参与冷漠状态，农民民主管理具有较强的随意性、仪式性和被动性特征。另一方面农民受市场经济的“利益最大化”的逐利性影响而表现出经济理性特征，因农民参与的利益原则确立自己的民主参与方式、参与渠道和参与态度，也使因农民个体利益差异而难以达成公共政策的共识性意见。虽然农民民主管理体现了民主的价值内涵，但其对共同体公共事务持超然、冷漠态度，农民公共意识欠缺导致与之相关的公共利益无法保障，社会生活共同体的民主理念难以实现，人民当家做主的核心价值也无从体现，社会生活共同体也因缺乏核心价值和运行机制而无法实现。农村“管理有序、服务完善和文明祥和”的共同体生活决定了农民作为“管理”和“服务”主体具有共同体公共事务的参与资格和权利，社会生活共同体生活形态的实现需要将这种资格与权利的应然状态变成现实的民主过程，需要农民具有民主的意愿和意识，以及农民民主参与的主动性和自觉性。当前农村社会因农民经济独立而具有了个体意识和权利意识，尊重农民权利意识和当家做主的意识成为社会生活共同体建构的核心价值。农民在社会生活共同体中当家做主不仅是其个体权利的体现，更需要在当家做主的共同体生活中形成共同体意识与个体意识、共同体利益与个体利益的均衡互动。当前，农村社会生活共同体建构的利益主体包含国家、乡村社会组织和普通村民，这些利益关系的调整和通过公共参与的良性互动是实现共同体生活的基本要求。一方面社会生活共同体尊重农民个体的权利与自由，设置机制化的民主参与渠道以确保农民当家做主的地位。另一方面通过共同体公共参与的机制和平台，表达自身利益诉求的同时，维护共同体整体利益。特别是通过民主的参与机制，“以民间的组织力量监督抗拒国家权力的过分束缚，保证乡村与乡民的自由和权利”①。

---

① 林聚任，何中华．当代社会发展研究（第2辑）——“新乡村建设专题”［M］．济南：山东人民出版社，2007：193.

其次，农村社会生活共同体强调农民服务意识。农村社会生活共同体建设强调“服务完善”。农民作为生活共同体主体除了享受共同体完善服务的权利外，还需要承担提供服务的责任，相应地，要求农民具有服务意识。服务意识包括服务的意愿和能力。由于农村社会生活共同体中完善的服务具有公共性指向，亦即农民作为共同体主体提供和享受的都是公共性服务。相应地，农民的服务意识和服务能力就表现出公共性。由于农民提供服务具有公共性价值导向，需要农民基于社会生活共同体客观需求提供服务的内容、方式和渠道。农民在选择服务的过程中，可以根据市场交易原则确立服务的方式和内容，但更多的却是由共同体根据其公共服务需求进行整体规划。农民作为公共服务的享受者和承担者，不可避免受到共同体服务规划的影响。农民基于各自的客观条件和主观需求，会提出不同的服务要求，使得共同体公共服务规划和决策面临着诸多的矛盾。如何平衡这些矛盾，以最优的资源服务共同体生活就成为实现共同体“服务完善”的重要内容。相应地，农民的服务意识就不仅仅包括服务意愿，还包括对共同体提供服务的理解、支持和宽容。既不提出超越共同体承受能力的过高要求，也不无原则地让步而使共同体“服务完善”的功能定位失去意义。

实现“服务完善”的功能定位，农村基层党组织和党员的作用不可或缺。对于农村基层党组织和党员而言，农民的服务意识表现为为人民服务的宗旨意识。农村基层党员在社会生活共同体建设中的宗旨意识表现在以下三点。一是树立群众观点。全心全意为人民服务是农村基层党组织的根本宗旨，农村党员为践行这一根本宗旨需要树立群众观点，自觉践行群众路线，把党的宗旨贯穿于思想和行动的各个方面，做到思想上与群众接近，生活上与群众走近，作风上与群众靠近，真心实意与群众交朋友。二是尊重群众意愿。农村社会生活共同体内存在着利益诉求差异和价值观差异，基层党组织和党员干部在服务决策等工作中多搞调查、多听民声、摸准实情、把握规律，增进与农民群众的感情，切实解决农民问题。强化服务型基层党组织建设，做好抓基层、打基础的各项工作，带头热情地为农民排忧解难，力所能及地帮助农民解决问题。三是掌握群众方法。广开言路，畅通渠道，使群众的意见和呼声能及时向上级反映；重大事项在决策之前，能交给群众讨论，切实做到上情下达，下情上达；倾听不同的意见，特别是少数人的意见。重大决策要征询社会各界的意见，听取群众的评价，了解群众的满意度。不断扩大群众在共同体生活中的参与率，广泛集中各方面的意见和建议，切实摸清情况，把准脉搏，集中群众智慧有针对性地提出政策措施。

再次，农村社会生活共同体强调农民宽容妥协意识。农村社会生活共同体“管理”与“服务”因成员价值观差异和利益诉求差异不可避免存在着矛盾与冲突，其“文明祥和”的生存预设样态会因这种矛盾与冲突而变异。如何化解这一矛盾和冲突是实现“文明祥和”的共同体生活的关键。这需要农民在共同体生活中秉持妥协、包容和尊重等公共理性精神进而求得共识性意见以消除相互对立与冲突。妥协包容意识一方面，要尊重集体决策正当性。针对资源稀少所产生的道德争论，如何让讨论意见或决策能够获得少数异见者接受是事关集体决策正当性的问题。民主决策中各个个体在理性讨论基础上，充分表达各自的立场和观点，而不是基于参与者的权力、胁迫等方式而达致尊重、理解对方的观点。另一方面鼓励在公共议题上采取公共性观点。公共性议题往往因利益的关联性而存在公与私的矛盾与纠葛，理性的、公开的讨论会鼓励参与者在共同利益上采取较宽容的观点。即使达不到理想的结果，公民彼此交换道德理由的过程，也比只有政治权力流通的过程更能形成合乎公利的观点。

最后，农村社会生活共同体强调农民共同体认同感和归属感。农村社会生活共同体的“文明祥和”既需要通过“管理有序”和“服务完善”得以保证，也强调使传统守望相助、富有人情味的伦理生活得以实现。传统乡村社会中，人们基于情感基础而相互信任，不存在因利益博弈形成的集体行动困境等问题。这种信任感是建立在共同体成员有着相互间情感认同、价值认同以及其他为共同体内部成员所接受的种种认同基础上，并愿意实践这种认同性的情感、价值观念和伦理规范。当前，农村社会生活共同体建构面对的是一个个独立的家庭，家庭作为独立的经济核算单位具有其独立的经济基础。一方面对生活共同体不再具有依附性，另一方面对利益的追逐使传统的伦理规范的约束性大大减弱。传统道德规范的遗落和利益最大化的价值追求，使农民个体抛弃传统固守的、因情感交流而形成的利他性道德规范，也时时突破新的交往中形成的伦理规范，再加上相互之间缺乏交流，彼此情感联系淡化，利益成为相互交流的纽带。利益的博弈性、排他性使农民共同体生活中重经济理性而轻公共理性，重个体利益而轻共同体利益。农村社会生活共同体建构需要共同的价值目标，改变农民各自为政的狭隘利己主义倾向，整合农村生活共同体成员力量，将其聚集在共同的目标之下，形成共同体生活的道德认同、生活认同和利益认同。农村社会生活共同体通过成员之间的相互信任和互惠合作提供人们的安全感和归属感，摆脱现代人生活的原子化。一方面，要求农民互相信任。社会生活共同体成员具有其成员资格所享有的平等权利，以及成员之间互相信任的成员关系，可以相互真诚袒露自己想法，尊重、包容、理解不同的立场和观点。当然，不同成员之间信任程度取决于各自对共同体观点的认同和尊重，只有在共同体生活中进行持续性的交流合作，承认并尊重各自的利益诉求，才能化解相互间的利益冲突，求得以共同体利益为基础的最大共识，并以实现共同体利益最大化的方式实现自身局部利益，从而避免相互间的猜忌和“集体行动困境”。另一方面，互惠合作是提供安全感和归属感的关键性因素。互惠合作是社会生活共同体生活的基础，农民个体作为共同体成员具有各自的利益诉求，且存在着因排他性利益而面临利益的博弈。如何在共同体生活平台上实现利益的共享是互惠合作存在的基本条件，而互惠合作也为多元利益诉求提出了有效解决方式。即通过正确处理长远利益与当前利益，整体利益与局部利益的关系而实现利益的互惠，在持续性的互惠中增加彼此的信任，积累共同体的社会资本。当前，农村社会生活共同体建构面临着成员个体的互惠合作的机制不顺和意识不足等问题，相互之间因利益冲突而缺乏合作意识，普遍联系较为松散。这种缺乏合作的生活状态，使农民个体存在着内心的恐惧和对不确定的怀疑，进而失去安全感和归属感。因此，农村社会生活共同体需要在人们之间重新注入这种道德上的信任，深化彼此之间的合作关系，推动社会生活共同体的建设。

三、农民公共精神是制度规范运行的内在支撑

农村社会生活共同体良性运行和人民当家做主核心价值需要共同体制度规范保障得以实现，制度规范的价值在于对共同体成员个体的社会活动和行为进行规范约束。而制度规范依赖农民公共精神做内在支撑而实现制度伦理化，进而发挥其价值导向、行为规范、价值维系和价值整合等功能。

第一，农民公共精神支持共同体制度规范发挥价值导向功能。农村社会生活共同体需要共同体成员具备共同的伦理价值作为共同体的价值导向，虽然制度规范作为规范体系可以规范共同体生活和行为，但共同体生活和成员的公共行为总是在共同体发展过程中不断进化、衍生和发展的。这些新出现的共同体生活形态和行为方式因跨越制度规范的行为边界而受到制度规范的约束，共同体生活的活力和完善就受到制度规范的抑制。因此，制度规范的功能发挥除了制度本身的刚性约束外，还需要通过制度规范的价值导向给予共同体生活和行为方式以更多的空间，凡是符合共同体公共至上的价值导向的生活和行为都应获得制度规范的保障和支持。这对制度规范本身提出了伦理要求，即制度规范本身所蕴含的伦理价值要与农民公共精神相契合。这样蕴含着公共精神的制度规范所发挥的价值导向功能在于：一是制度规范通过公共精神的伦理内涵发挥着价值导向功能，二是制度规范的伦理价值与农民公共性价值认同相一致而使制度规范具有更强的执行力。

第二，农民公共精神支持共同体制度规范发挥行为规范功能。共同体制度规范主要规范农民的外在行为以实现共同体的良性运行，它对农民个体行为具有直接的规范效能。公共精神作为道德意识调节农民个体的思想意识，并通过内在思想意识去调整其公共生活的外在行为。制度规范是以农民共同体生活行为的现实表现作为客观依据，也因此农民的道德生活难以得到制度

规范的约束，抑或农民共同体生活和行为的主观过错没有在行为中真实存在就不受制度规范的约束。这需要将制度规范与公共精神的伦理价值结合起来，充分关照农民的公共意识和道德水平，将一些与共同体生活密切相关的道德行为列入制度规范的内容实现道德制度化，才能实现社会生活共同体中农民道德行为的约束功能。

第三，农民公共精神支持共同体制度规范发挥价值维系功能。农村社会生活共同体多元价值观使共同体成员个体有赖于共同体生活的价值整合。其整合方式一方面通过利益的调整关照更多个体的利益满足，另一方面建构成员共同认可的核心价值。在利益差异中寻求共识性意见只能是公共利益的满足，这要求共同体成员在确立个体与共同体关系中遵循共同体至上的公共精神，也只有形成共同体成员的公共精神才能达至价值共识。相应地，制度规范的公共价值维系不能仅靠提供一套公共性价值的说教得以实现，而是需要将公共精神的价值内涵注入制度规范之中，发挥制度规范的价值维系功能。一方面，农民在共同体生活中的公共行为以其合道德性而得到制度规范的褒奖和物质满足时，会激发出其公共行为的内在动力，保证其公共行为的持续性。同时，公共行为所产生的示范效应会带动其他农民个体的效仿，形成社会生活共同体良性的道德生活。另一方面，农民个体的祛公共行为受制度规范的处罚，也会作为共同体生活的外部压力使农民个体顾及行为后果而放弃其不道德行为，从而保证共同体生活的价值维系。

第四，农民公共精神支持共同体制度规范发挥价值整合功能。农村社会生活共同体中因个体生活方式、价值观念和行为习惯的差异不可避免存在矛盾与冲突，这些矛盾与冲突积累到一定程度会从观念层面外化为行为层面会给生活共同体的“文明祥和”带来消极影响。制度规范的刚性约束会对农民个体的消极行为进行约束，以避免行为消极后果的发生。但这种制度规范的刚性约束具有外在的强制性，它虽然抑制了行为消极后果的发生，但并不消除导致消极后果的矛盾根源。因此，共同体制度规范需要农民公共精神作为伦理支持，通过制度规范的价值整合以消除矛盾与冲突的根源。整合是通过制度规范协调共同体成员的矛盾与冲突，使共同体成为统一体的过程。制度规范的价值整合就是利用制度规范的强制性以及附着在制度规范的伦理价值引导实现价值的一致性。在多元价值观下，实现价值观念的一致性也只有通过公共精神的公共价值所形成的价值共识得以完成。因此公共精神成为制度规范价值整合的伦理基础。

第四节　农民公共精神培育依赖思想政治教育

农村社会生活共同体“管理有序，服务完善和文明祥和”的生活样态决定了培育农民民主意识、服务意识、宽容妥协意识和共同体认同与归属感等公共精神的必要性。在农村社会生活共同体建构中，培育农民公共精神需要通过农民思想政治教育的路径得以实现。

一、建构农村基层服务型党组织依赖思想政治教育

农民服务意识的提升，既强调农民个体的服务意愿和服务能力的提升，更强调作为建构农村社会生活共同体领导者的农村基层党组织服务意识和宗旨意识的提升。农村社会生活共同体建设要坚持党的领导，通过提供服务和党员示范的方式发挥引领作用。提供服务主要表现在政策供给、发展规划和教育引导等，因此建设服务型党组织是农村社会生活共同体建设中加强党的领导的基本方式。党员示范是通过发挥党员先进份子的表率作用，带领农民群众实践党的既定方针，发挥言传身教的功能。不论是基层服务型党组织建设还是发挥党员的示范作用，都需要加强农民思想政治教育。

第一，农村基层服务型党组织建设依赖思想政治教育。农村基层党组织引领共同体建设中具有自身特色和优势。一方面基层党组织具有政党组织的政治功能和社会功能。“政党具有双重性格或性质，也就是说，政党是把一

端架在社会，另一端架在国家上的桥梁。”① 就政治功能而言，党的基层组织通过合法渠道将党组织的意志变成基层政权意志，实现对基层公共事务的领导。就社会功能而言，基层党组织因其广泛的社会覆盖面而易于反映社会诉求、协调利益关系和促进社会和谐。由于基层党员大多生活在农民群众之中而使基层党组织具有较强的内部生成特点，相应地，基层党员熟悉农村情况，了解农民生活，具有发挥党组织社会功能的得天独厚的条件。另一方面基层党组织掌握了通过提供服务实现党领导的基本方式。农村阶层分化和利益多元化，使基层党组织的社会功能和领导方式发生了结构性变化，不再以传统控制和约束的方式保持乡村社会稳定，而是突出“以社会关怀和利益协调为轴心的功能结构”②。即农村基层党组织在新形势下的领导方式是“以社会关怀和利益协调”为核心的功能性领导，“充分发挥基层党组织推动发展、服务群众、凝聚人心、促进和谐的作用”③。党的十六届四中全会提出：“各级党委和政府要积极研究和把握新形势下群众工作的特点和规律，探索新途径、新方法，不断提高组织群众、宣传群众、教育群众、服务群众的本领。”④ 这种新途径、新方法就是通过提供“服务”的方式发挥领导功能。“服务”是一种非权力运作方式，表现在服务意识和能力上。提升服务意识和增强服务能力是基层党组织领导能力提升的重要标志，也是农村社会生活共同体建设有力的组织保证。然而，农村长期受管制模式的影响，基层党组织服务意识和服务能力提升还受到多方面影响，部分党员服务意识淡薄；宗旨意识不强，缺乏社会责任感和事业心；党员干部作风简单粗暴，办事不民主等，严重影响到基层党组织的领导能力和服务水平，需要强化服务型党组

---

① 〔英〕欧内斯特·巴克．英国政治思想——从赫伯特·斯宾塞到现代［M］．黄维新，等．译．北京：商务印书馆，1987：11.

② 林尚立．基层组织：执政能力与和谐社会建设的战略资源［J］．理论前沿，2006（9）：112.

③ 胡锦涛．高举中国特色社会主义伟大旗帜为夺取全国建设小康社会新胜利而奋斗——在中国共产党第十七次全国代表大会上的报告［M］．北京：人民出版社，2007：54.

④ 十六大以来重要文献选编（中）［M］．北京：中央文献出版社，2011：288.

织建设以加强党员干部的服务意识和领导能力。

在农村社会生活共同体建设中要增强服务意识和提升服务能力，建设服务型党组织，需要发挥思想政治教育的功能。首先，教育党员增强宗旨意识。全心全意为人民服务是党的根本宗旨，也是农村广大党员服务社会生活共同体建设的基本要求。强化党员干部思想政治教育，一是教育党员在思想观念上树立群众观点，深刻理解党的性质和宗旨，强化为人民服务的宗旨意识，坚定为人民服务的理想信念。教育党员在行动中坚持群众路线，牢固树立群众观点，了解农民所思所想，关心农民生活，积极为群众办实事，紧紧围绕“管理有序、服务完善”的价值诉求，在农村社会生活共同体建设中积极探索和实践新思路、新理念，创新基层党组织服务方式，促进社会生活共同体建设。二是教育党员提升服务群众的能力。尊重农民群众的首创精神，注意和发现农民群众的创新思路，总结提炼良好的工作经验，充分挖掘农民的智慧推进农村社会生活共同体建设。社会生活共同体建设不是外在强加给农民的生活，而是在调查研究基础上根据农民意愿提出的农村社会发展思路，基层党组织教育党员干部学会做调查研究、倾听民意、把握规律，积极探索社会生活共同体建设的符合民意的新思路和新方法。三是教育党员解决农民群众的问题。基层党组织要教育党员干部及时发现农民生产生活中的突出问题，通过政策帮扶、信息咨询、技术指导等方式帮助农民解决问题，增强基层党组织服务群众的能力。其次，教育党员掌握服务群众的方法。基层党组织在领导和服务农村社会生活共同体建设中要掌握和运用良好的工作方法，特别要教育党员干部挖掘和发现群众的智慧，通过多种渠道倾听农民群众的意见，特别要注意少数不同意见。重大决策要与不同群体广泛交流与互动，在充分尊重民意基础上提出可行性政策措施。运用思想政治工作的优势教育农民，加强对农民群众展开政策宣传、思想教育，根据不同群体的特点，分层次、有针对性地加强教育引导，既讲道理又办实事，既以理服人又以情感人，提升农民对政策的认可和支持。

第二，发挥党员的模范带头作用依赖思想政治教育。基层党组织在农村社会生活共同体建设中的重要领导方式是发挥党员的模范带头作用。党员作为农村社会中的先进分子，具有较高的政策水平和理论水平，熟悉党的政策，认同党的主张，同时也对农村社会文化、风俗习惯有强烈的认同感与归属感。他们善于将党的农村政策与农村实际情况结合起来，在贯彻党的政策的同时，因地制宜地开展农村社会建设，并通过其创新性工作在全体共同体成员中起到模范带头作用。在党员干部的带动下，农村社会生活共同体建设既不拘泥于教条化的共同体框框的束缚，也不无原则背离农村实际和党的政策要求，形成农村社会全员动员、全体参与、规范有序地推进社会生活共同体建设。

发挥农村党员在社会生活共同体建设中的先锋模范作用，既要培育党员的业务能力，又要教育党员养成模范意识，通过思想政治教育帮助党员树立起模范带头意识。一是教育党员形成大局意识。以服务农村社会生活共同体建设为大局，模范带头践履民主管理、民主决策和民主监督，增强服务农村和农民的意识和能力。二是教育党员形成核心意识。自觉把党组织作为领导核心，努力维护党组织总揽全局、协调各方的核心地位。在实际工作中，坚持贯彻执行党组织的各项决策和部署，确保农村基层党组织在农村社会生活共同体建设的领导地位。三是教育党员形成自律意识。按照党章要求，加强自我控制、自我约束，形成良好的思想作风、工作作风、领导作风和生活作风。四是教育党员形成创新意识。创新是一种能力，是农村基层党员所应该具有的素质和本领。创新是一种责任，是一种共产党员带领社会进步的不可推卸的时代责任。农村社会生活共同体建设并没有固定的模式，需要在实践中不断创新与完善，每一位农村党员干部都要紧紧把握“社会管理创新”的要求，在不断创新的过程中发挥共产党员的先锋模范作用，以创新成果保持和展现党员的模范带头作用，从而推进社会生活共同体建设的有序开展。五是教育党员形成责任意识。农村党员作为农村生活的一分子，除了在社会生活共同体建设中承担其应有的责任外，还需要发挥作为先进分子的示范和带头作用，通过踏实的工作作风、出色的工作业绩和专业的业务素质模范参与社会生活共同体建设。

二、培育人民当家做主的民主意识依赖农民思想政治教育

农村社会生活共同体通过“管理有序、服务完善”实现农民当家做主的核心价值。其中“民主管理”既是农村社会生活共同体建设的政治保证，也显示了对农民群众政治权利的尊重和维护，但客观上也向农民提出如何当家做主的政治意识和政治能力要求。农民民主意识和当家做主的政治能力提升有赖于农民思想政治教育。

第一，提升农民民主意识依赖农民思想政治教育。农民作为农村社会的主人，是农村社会生活共同体建设的主体，其民主意识和管理能力的提升会深刻影响生活共同体建设的质量和效益。民主意识和管理能力的提升在共同体生活中既包括参与农村共同体建设的民主意愿和民主能力，也包括民主的价值导向要求。两者缺一不可，偏颇任何一方面都会对社会生活共同体建设造成消极影响。如缺乏民主意识会导致农民政治冷漠，缺乏价值导向会导致农民民主参与的逐利性而使基层民主产生无序与混乱。不论是民主意愿还是民主的价值追求都依赖于农民思想政治教育。就民主意识而言，尽管随着村民自治的深入推进，农民民主意识有了长足进展，但还存在不足。一方面传统臣民思想还影响着农民民主意愿，另一方面，农民尚未将自身利益表达与共同体公共事务民主管理之间建立联系，使得农民民主参与缺乏内在驱动。农民思想政治教育从政治层面上提升农民民主意识，帮助农民通过民主管理行使民主权利，进而实现当家做主。就经济层面而言，农民思想政治教育将农民利益满足与教育内容结合起来，通过利益表达、政策宣传，帮助农民感受到其利益满足与民主参与之间的内在关联，从而增强民主参与的内在动力，提升民主意识。就参与能力而言，农村基层民主制度的完善为农民民主管理提供了制度化渠道，但随着改革的深入推进，农民对共同体生活的服务内容和方式有了更为精细的要求，对共同体管理机制提出了更高的目标，与此相适应的农民管理能力也需要提升。农民思想政治教育，既帮助农民充分

利用既有的机制、渠道和方式，实现更为丰富的民主管理，也通过民主法制教育，帮助农民提升民主观念和法制意识，引导农民民主管理在法制框架下运行，从而提升农民的民主能力。就参与的价值导向而言，农民民主参与具有特定的价值追求，而价值实现方式不完全是直接的、线性的，而是需要农民之间的合作、妥协、包容和互惠，在相互尊重各自的价值诉求的同时，以最大的包容性实现各自的利益满足。即使在共同体某一公共政策不能顾及所有利益要求，但相互的妥协、尊重所建立起来的相互间的信任基础，使农民在新的政策协商过程中可以获得更多的关照，从而保证农民利益得到满足。农民思想政治教育的价值在于帮助农民养成互惠合作、包容尊重的公共精神，在参与实践中积累相互信任基础上的社会资本。

第二，提升公民意识依赖农民思想政治教育。社会生活共同体建设本质上是国家与农民利益关系的重大调整，“服务完善”是基于农民多元需求而由共同体内外提供农民生产生活的服务设施、方式和途径等，“文明祥和”是农民共同体生活得到因政治权利保障和生产生活服务满足的生活状态。其中农民经济上的生产生活服务满足，特别是实现城乡一体化所产生的社会公平对社会生活共同体建设具有根本性意义。然而，国家在按照城乡统筹发展过程中推进了一系列的惠农政策，如取消农业税和对农民实行直接补贴等。这些政策在改变传统国家与农民之间“汲取型”关系的同时，又使农民产生了与基层政权之间的疏离感。这种疏离感切断了农民与基层政权组织之间的经济联系，在政治层面上表现出政治“冷漠”，公民意识缺失，农民缺乏国家观念、集体意识和大局意识，对社会生活共同体的公共行为要么表现冷漠，要么只讲权利不尽义务，严重影响农村社会生活共同体的有序推进。为此，党的十七大报告将公民意识教育作为基层民主政治建设的关键环节，农民思想政治教育作为公民意识教育的重要方式，通过多种方式和途径帮助农民正确认识国家、集体、个人的关系，正确处理权利与义务的关系，教育农民在共同体生活中既享受权利也要尽义务，既享受管理与服务，也要尽管理和提供服务的责任，从而实现农民从合格农民向合格公民转变。

三、培育宽容妥协的公共理性精神依赖农民思想政治教育

社会生活共同体的良性运行需要通过农民公共参与手段实现利益表达的同时，达至各利益主体的意见共识，进而形成促进各方利益满足的共同体公共政策的形成和有效落实。农民思想政治教育就是要教育农民负责任地参与共同体公共事务，特别是教育农民养成宽容妥协的公共理性精神，以公共致上的价值导向参与公共事务，以获得共识性意见实施确保共同体生活的"文明祥和"。

公共参与中共识性意见的达成需要关照三方面的要求：一是所有利益相关者具有意见表达机会，即参与主体平等性；二是多元诉求形成共识，即决策合法性；三是形成共识的公共理性与责任等伦理要求。就参与主体平等性而言，这意味着所有农民具有平等的参与者机会，可就自己所关心的问题提出意见和看法，不会因为处于弱势而失去表达和参与机会，也不会因为其他人权力和地位等因素而剥夺其正常的公共参与机会。在基于平等交流基础上进行各自充分的利益表达，并在表达中明确了各方的利益诉求。这时虽然不可避免会存在相互间的矛盾与冲突，但各方意见表达不会停留在矛盾阶段，而是需要在矛盾与冲突当中寻找相互认可和接受的意见，农民宽容妥协意识是达成共识性意见的基本要求。宽容妥协意识的养成，一方面通过社会生活共同体的生活实践教育，使农民意识到矛盾与冲突的最终结果不仅不利于公共利益的最大化，而且自己的基本利益诉求也得不到保证。相反，在相互妥协中实现共识性意见，虽然会导致自身的当前、局部利益受损，但却为自身长远利益的实现积累起丰富的社会资本。同时，共同体生活中人们之间的信任关系、情感融通得到了更为充分的展现。另一方面，宽容妥协意识是理性的公共运用，具有强烈的抽象性，也需要通过思想政治教育灌输教育提供理论认知，为生活教育提供理论指导。

就决策合法性而言，共同体公共事项决策的有效实施是与农民，特别是利益相关者的积极支持密切相关，农民的支持又决定于其对公共决策的认

同。由此决定公共决策的合法性具有两方面规定：广泛的公共参与和参与者共识性意见的达成。共同体中农民个体利益差异和价值观多元化越来越使共同体决策难以顾及所有个体的利益。“个人和集体持有许多相互竞争的、常常敌对的和不可调和的对幸福生活的理解和看法。”① 共同体公共决策的合法性仅仅通过农民在公共参与中表达各自的立场和观点的方式难以实现。因为意见的充分表达并不意味着共识性意见的达成。利益的差异性决定各自处理问题的方法、措施差异，这既不能实现共同体“管理有序”，也不能达至“文明祥和”的共同体要求，需要在利益诉求表达基础上求得基于利益关照的共识性意见。共识性意见的达成需要通过农民思想政治教育帮助农民养成包容妥协、互惠互助的方式得以实现，包容妥协可以求得多元利益主体更多的价值共识，互惠互助可以提升多元利益主体相互信任，为价值共识提供信任基础。

就公共参与的伦理要求而言，公共参与不仅仅是参与的技术性问题，而是要求农民负责任地参与。农民思想政治教育帮助农民明白如何负责任地参与，一方面教育农民提出充分的理由说服其他村民，而不是强迫他人服从；另一方面教育农民充分倾听其他村民意见并做出回应，根据其他村民意见修改自己观点以实现共识性意见，从而确保共识性意见有达成。

四、生活共同体认同依赖农民思想政治教育

农村社会生活共同体建构面临着传统伦理共同体不具有的更为复杂的利益关系和矛盾冲突，农民作为共同体成员对共同体的疏离抑制社会生活共同体建构。因此社会生活共同体建构需要强调成员的共同体认同，成员对共同体认同基础包含着价值目标、利益维护以及成员互信与合作等内容，这些认同基础的实现需要以农民思想政治教育培育下的农民公共精神为基础。

第一，社会主义核心价值观培育有赖农民思想政治教育。共同体的存在

---

① 〔南非〕毛里西奥·帕瑟林·登特里维斯．作为公共协商的民主：新的视角［M］．王英津，等．译．北京：中央编译出版社，2006：41－42.

是以共同的价值目标为精神纽带，农村社会生活共同体建构需要以社会主义核心价值观为主要内容的共同价值。因为农民作为共同体成员的生活状态是以利益的家庭结算而表现出原子化，在缺乏内外动力驱动的情况下，农民个体会依循原子化的生活方式持续下去，共同体生活也会因缺乏互动与交流难以实现“管理有序、服务完善和文明祥和”的生活样态。核心价值观培育为扭转生活原子化提供了内在驱动力，这不仅为改变农民个体利己主义倾向提供内在动力，而且能有效整合共同体内部力量，在发挥成员的潜能的同时，提升了共同体成员的凝聚力。通过农民思想政治教育培育核心价值观就是在多元价值观上确立其价值共识和形成共同的价值目标。

第二，实现共同体利益的公共精神养成依赖农民思想政治教育。共同体存在从根本上讲还是基于人们利益的满足与维护，人们遵守道德规范是因为道德规范最大程度上平衡共同体成员的利益矛盾与冲突。因此，生活共同体也是利益共同体。在利益分化和多元化的农村社会，要构建社会生活共同体需要解决好利益分配和保障的问题。任何一项公共政策很难实现所有共同体成员的多方面利益满足，往往是通过处理长远与当前、整体与局部利益的关系而实现成员利益的依次满足。这要求共同体成员愿意牺牲个体的、当前的和局部利益求得整体的、长远的和全局利益的满足。农民的逐利性思维导致其很难具有公共思维，需要通过农民思想政治教育，培育农民公共理性思维和公共至上的价值观念，为实现共同体利益提供支撑。

第三，实现共同体成员的合作关系有赖于农民思想政治教育。农民个体间的合作与交往是社会生活共同体建构的关键，它不仅加强成员之间的交往与沟通，而且还强化相互间的互助与合作。共同体作为熟人社会具有利他的交往关系，可以实现农民交往的利益关照，进而实现合作交流。农民思想政治教育可以通过共同体生活教育让农民感受到合作交流的价值，也可通过道理说教帮助农民提高认识，增强合作交往的认同。

第四，实现共同体成员的互信关系有赖于农民公共精神。农民个体之间的互信关系是社会生活共同体认同基础，建构农民之间的互信关系，一方面可以通过强制的制度规范建构制度型社会资本，另一方面可以通过伦理规范建立关系型社会资本。当前，农民个体自我利益的强化为相互间的信任带来潜在威胁，使制度、伦理道德在实现互信中的价值变得更加重要。制度的强制性无疑在保障社会互信中具有重要价值，但其高昂的实施成本需要付之以伦理规范作补充。农民公共精神作为公共性价值导向的伦理规范不仅为农民互信提供伦理支持，而且其低廉成本和浓厚的乡村伦理氛围为农民互信提供支撑。在共同体生活中，农民思想政治教育培育农民公共理性，引导农民个体基于公共理性精神进行真诚合作，在合作中形成了相互间的责任、奉献和互惠意识，在持续性的合作、互动中增强了农民个体之间相互信任，积累关系型社会资本。

第六章

农民公共精神培育的思想政治教育实践路径建构

在理论层面建构起农村社会生活共同体建设中农民公共精神的支撑作用，以及培育农民公共精神的思想政治教育路径后，需要在实践层面探讨开展农民思想政治教育，有效推进农民公共精神培育的具体路径。农民思想政治教育既要尊重农民思想意识的生成逻辑，又要联系到农民思想意识的现有状况；教育内容既要关照到中国乡村社会传统伦理社会的守望相助的社区认同的伦理资源，又要注入农村基层民主的现代内涵；教育场景既要改变农民生活的原子化现实，又解决农民因流动性而难以融入共同体的问题。因此，农民公共精神培育实践路径应依托农村社会生活共同体中农民思想政治教育基本思路，在坚持党对农民思想政治教育组织领导基础上，发挥新乡贤的教育功能，营造良好的农民公共精神培育环境，发挥思想政治教育的多元载体，促进农民公共精神培育。

第一节　农民公共精神培育的实践路径

在做了农民公共精神培育的必要性和可行性论证后，如何建构农民公共精神培育的实践路径，实现农民公共精神培育的有效性和可操作性就成为问题应对的根本。而农民思想政治教育作为公共精神培育的基本路径，是探索农民公共精神培育的着力点，探讨农民思想政治教育的实践形态又是农民公共精神培育实践路径的基本思路。

一、农民思想政治教育的实践形态

农民思想政治教育是一种“主观见之于客观的活动”，其实践形态就是以实践化的、可操作性的方式改造农民主观世界，提高符合农村社会发展和时代要求的农民思想道德素质。农民思想政治教育实践形态具有两方面的规定性：教育内容和教育形式。前者决定农民获得与社会主流价值观相适应的教育内容，提升思想政治素质；后者决定通过什么样的教育方式实现农民思想政治素质的提升。前者是教育内容的规定性，后者是教育形式的规定性。农民公共精神培育以通过思想政治教育方式实现农民公共意识、公共理性、公共价值观等公共精神的提升，其教育内容需要通过思想政治教育的形式加以落实。基于可操作化和实践性要求，农民思想政治教育形式需要确保教育内容的正确政治方向，寻求传统与现代对接的可资利用的教育资源，营造良好的教育环境和通过多元载体开展农民思想政治教育。

党的领导保证农民思想政治教育政治方向。思想政治教育方向要求教育内容与特定社会历史时期的主流价值观念和道德规范相一致，为社会经济发展和政治进步提供精神动力和智力支持。要确保农民思想政治教育的政治方向就要坚持党对农民思想政治教育的领导。当前农民思想政治教育围绕“四个全面”的战略部署，推进农村全面建成小康社会，必须坚持中国共产党的领导。农民由于受传统思想习惯的影响，尚未摆脱传统小农意识和小生产者的思想束缚，思想上比较狭隘、保守，缺乏对新思想、新理论的洞察能力，容易受到极端个人主义和狭隘利己主义的影响，特别是为西方各种消极思想和价值观念所侵袭。增强农民对外部不良思想的抵抗力，需要由中国特色社会主义理论武装起来的中国共产党领导。第一，中国共产党是由马克思主义理论武装起来的政党，具有先进的理论品格，能够带领包括农民在内的全体人民在实现中华民族伟大复兴的“中国梦”，在实现对美好生活追求的同时提升自身的思想修养、道德品质。第二，中国共产党有着丰富的农民思想政治教育经验，积累了丰富的教育资源，善于从农民思想特点出发，将党的路径、方针和政策贯彻到农民思想政治教育实践中。第三，中国共产党具有农民思想政治教育的优良传统，善于将农民思想政治教育与政治、经济等其他方面的工作结合起来，根据农民生活方式、工作环境的变化探索农民思想政治教育的新思想、新规律，在实现经济社会发展变革的同时提升农民思想道德素质。

发挥新乡贤的作用是农民思想政治教育的可资资源。乡贤是指传统乡土社会中德高望重，能力突出，致力于乡村公益事业的贤达之士。新乡贤是相对传统乡贤而言，是现代农村社会中具有学业、德性和技能等专长，生活在特定的农村地域中并从农民群体中产生的、持守着农村社会主流价值观，并以此致力于农村社会发展的社会精英。新乡贤以其特殊专长和致力于农村社会公共事务而享有较高的社会威望，成为农民思想政治教育的可资资源。第一，新乡贤生活具有地域性，能促进农民思想政治教育。新乡贤农民出身，具有与普通农民相同的生活背景，对农村的生活情况、农民的利益诉求有着深入的了解。他们活跃于农村社会，善于与不同的人群打交道，并在交流中累积了丰富的社会资本，在长期的农村交往中与农民有良好的群众基础和信任基础，善于劝告和引导农民，能够获得乡民认同。第二，新乡贤的平民化特征便于开展农民思想政治教育。新乡贤作为乡村精英往往是指各方面的成功人士并且致力于农村公共事务的群体，如老党员、村干部等乡村政治精英，退休教师、乡村长者等文化精英，愿意从事公益活动的成功农民企业家等经济精英等。新乡贤具有获得乡村社会认同的社会资本，在农民中享有崇高的威望，能将农民思想政治教育与其发家致富的利益满足结合起来，推进农民思想政治教育。第三，新乡贤秉承主流价值观积极开展农民思想政治教育。新乡贤能够自觉地在乡村倡导、践行社会主义先进文化，弘扬积极向上的文化风尚，及时把握党和国家政策，宣扬社会主流价值观。如政治乡贤具有精深的政策水平，熟悉党的农民政策，善于在农民群体中传播党的政策主张，使农民有了解党的政策的渠道，避免各种毁损党的形象的各种谣言传播。文化乡贤有丰富的理论功底和文化水平，善于将农民思想政治教育以喜闻乐见的形式展示出来，使农民获得文化享受的同时接受主流意识形态。经济乡贤具有丰富的致富经验，了解农村产业政策，有条件将农民思想政治教育与农民致富奔小康的生活目标联系起来，实现思想教育与经济利益的有机统一，进而提升农民思想政治教育的实效性。

建设农村生活共同体文化为农民思想政治教育提供文化环境。农民思想政治教育总是被置于特定的文化环境中进行，良好的文化环境有利于农民思想政治素质的提升。而文化环境的良好既包括文化形态的多元性，更包括文化本身的渗透性和可塑性。文化的渗透性就是通过无处不在、无时不有的文化因子发挥潜移默化思想政治教育功能，实现农民世界观、人生观和价值观的改造。文化的可塑性亦即文化的进化和完善，是通过在文化的传承和创新中不断融入符合农村社会发展的先进思想来影响农民思想行为，从而实现农民思想政治教育目的。农村生活共同体文化就是在共同体建构中积累起来的与主流价值观相符的传统伦理文化和农村社会发展的现代改革文化。传统忠孝节义等伦理文化经过长期积习，已经深入农民心灵深处，无时无刻不在影响和规范着他们的思想和行为。促进农村社会变革的诸如创新、合作、协商、包容等现代文化在农村现代化推进实践中不断得到丰富和完善，也在现代化推进中因提升农民生活水平而越来越获得农民的认同与支持。这些传统伦理文化和现代改革文化都为农民思想政治教育提供文化因子和伦理氛围。

教育载体是承载农民思想政治教育的中介。任何思想教育总是依托特定的教育中介的作用而获得教育实效。农民思想政治教育也需要借助特定的教育载体的作用加以落实，这种教育载体往往承载着农民思想政治教育的内容和目的，并通过教育载体本身的功能发挥着教育、引导农民的功能。通过教育载体功能的发挥，农民思想政治教育者和教育对象之间发生着间接的交流，教育者通过各种物质形态和活动形式等载体，将教育内容、目标等信息融入教育载体之中，农民在潜移默化中感受到教育的内容，感知教育内容的价值，在获得教育载体提供的各种享受的同时提升思想道德素质。当前，农民思想政治教育载体一方面包括民主管理、民主决策、民主选举和民主监督等活动载体，这些活动载体通过农民民主参与实践发挥着生活教育的功能。另一方面思想政治教育载体还包括大众传媒和现代网络媒介等，这些载体在传递党的政策、宣传先进典型和鞭策落后思想等方面发挥重要作用。

二、农民公共精神培育依托思想政治教育的实践形态

农民公共精神培育作为农民思想政治教育的内容规定性，需要通过农民思想政治教育实践形态得以实现。通过强化党对农民公共精神培育的组织领导，确保公共精神培育的政治方向；同时，将农民公共精神培育的价值导向与党的农村产业结构政策调整和农民致富奔小康的发展目标结合起来。特别是注重农民合理利益满足，克服思想政治教育抽象说教的弊病，将公共精神培育方式与利益满足结合起来，在提升农民公共精神中“公共性”内涵包容性的同时，切实提升农民生活水平，实现农民公共精神的存在方式从观念形态向物质形态转化，为农村全面建成小康社会提供内在动力。注重农村社区文化建设中农民公共精神培育，发挥新乡贤的农民公共精神培育功能。新乡贤既是传统伦理文化的传承者，又是现代改革文化的开创者。发挥新乡贤的农民公共精神培育功能就是既继承传统又开拓创新，将传统与现代结合起来确保农民公共精神培育既扎根传统又适应现代。依托多元载体促进农民公共精神培育，积极利用现代传媒等载体提供的便利条件培育农民公共精神，将多元载体的工具性与公共培育的价值性相融合，丰富农民公共精神培育的手段和方式，确保农民公共精神培育的实效性和可操作性。

第二节 强化党对农民公共精神培育的组织领导

农民思想政治教育是民主革命以来我党的政治优势，它极大地组织动员

广大农民群众参与到民主革命、社会主义改造和建设的实践中，取得丰硕成果。其中，坚持党的领导是农民思想政治工作的一大特色。当前农民公共精神培育的思想政治教育实践路径需要强调党的领导，这既坚持了农民思想政治教育的优良传统，又保证了农民公共精神培育的政治方向。

一、坚持党对农民公共精神培育的领导

农民公共精神培育需要发挥农民思想政治工作的政治优势，坚持党的领导，发挥各级党组织的领导核心作用，确保农民公共精神培育的正确方向。

第一，弘扬党的优良传统，强化党对农民公共精神培育的领导。中国共产党从成立至今，坚持用思想政治教育的方式教育和动员广大农民群众，成为实现自身目标的重要手段。中国共产党在民主革命、社会主义改造和建设实践中，围绕着实现民族独立、人民解放、国家富强和人民的共同富裕的伟大目标，对农民开展思想政治教育，培育农民实现民族复兴的公共目标，将农民小私有者教育、改造成为具有实现中华民族伟大复兴的积极力量。在党的不同历史时期，思想政治教育成为党取得各个时期胜利的重要法宝，而中国共产党对农民思想政治教育的领导又是确保胜利的关键。实践证明，坚持共产党领导，才能围绕党的中心工作开展思想政治教育。当前，农村面临着全面建成小康社会的关键时期，农村公共生活日益扩大，社会分工使农村面临着复杂的社会关系，阶层分化又使农村利益矛盾日益突出。培育农民公共精神成为理顺农村复杂社会关系和处理各阶层社会矛盾的重要思路。这一思路能否实现的关键在于坚持党的领导，特别是发挥党对农民公共精神培育的领导，以公共精神的价值导向统领农村社会各阶层差异化的利益诉求，在实现其利益满足的同时确保农民公共精神培育的有效实施。

第二，积极发挥党的政治优势，提升农民公共精神培育的实效性。中国共产党在长期的农民思想政治教育实践中，积累了丰富的教育经验，形成了良好的政治优势和智力优势。开展农民公共精神培育和提升其实效性，需要发挥党的智力优势。一是坚持马克思主义的意识形态教育，形成科学的世界

观和方法论。马克思主义阶级意识理论涵盖了共产党的性质和任务，决定其与包括广大农民在内的劳动群众具有立场上的一致性，也正是政治立场和经济利益的一致性提供了农民公共精神培育的政治导向和基本内容。二是发挥共产党自身独特的智力优势。由于坚持了正确的世界观和方法论，在革命、建设和改革的历程中中国共产党不仅提出了正确的路线、方针和政策，而且探索出了农民思想政治教育的基本思路。如理论联系实践，将思想政治教育与经济工作结合起来，将思想政治教育与农民的利益满足结合起来等。当前发挥党对农民公共精神培育的智力优势就是要运用党掌握的有关农民思想政治教育客观规律，创新工作思路与方法，如将农民公共精神培育与物质利益满足相结合、农民公共精神培育与党的中心工作相结合等，提升农民公共精神培育的实效性和针对性。三是有效运用共产党教育资源。中国共产党作为执政党，围绕其中心工作开展农民公共精神培育，在教育实践中制定公共精神培育的方针政策，创造良好的教育环境，发展农业生产，提高农民收入，丰富农民文化，提高农民思想道德，倡导农村健康、文明的生活方式，实现农民生活致富奔小康。另外，动员社会力量全方位开展农民公共精神培育，形成农民教育良好的氛围和强大的社会合力，保证农民公共精神培育的雄厚社会力量。

第三，发挥农村基层党组织的核心作用。坚持党对公共精神培育的领导需要通过农村基层党组织发挥作用。农村基层党组织是党联系农民群众的桥梁和纽带，是实现党对农民公共精神培育领导的组织基础。农民公共精神培育，要依靠农村基层党组织去付诸实践。因此一方面农村基层党组织在与农民群众长期直接的、经常性的密切联系中，要注意倾听广大农民群众的呼声，掌握农民群众的思想动向，了解农民群众的实际情况，确保农民公共精神培育的针对性和及时性，并且通过组织渠道形成党的农民公共精神培育工作决策的问题意识，使党的决策更符合农民群众利益。另一方面，强化对中央有关农村政策的正面宣传教育，对农民群众中存在的不健康、不正确的思想观念要更及时、更直接地了解和把握，并根据具体情况能有点有面地加以分别解决，防止错误思想的传播并误导广大农民群众，引起不必要的农村社会秩序混乱。发挥农村基层党组织的核心作用就是发挥其农民公共精神培育的组织者、实践者和推动者的功能，坚持党对农民公共精神培育的领导就是政治领导、思想领导和组织领导，通过农村基层党组织宣传、动员、教育、组织农民群众，培育良好的公共精神，深入认识、理解和落实党关于农村工作的路线、方针、政策。通过基层党组织的教育引导，将农民公共精神培育与党的路线、方针、政策实现和农民的价值取向和现实需要结合起来。既通过党的路线、方针、政策展示整体利益公共性，又以通过公共利益的实现方式去实现农民个体自身利益满足，并在政策落实和利益满足中实现公共精神培育与践行。

二、完善农民公共精神培育的组织架构

科学、合理的组织架构是有效开展农民公共精神培育的基本要求，可以形成农民思想政治教育的社会合力，调动广大农民思想政治教育者的积极性，形成在基层党组织领导下的多元主体参与的组织结构。其中，党的领导是组织架构的核心。

发挥党组织的引领作用。多元主体参与的农民公共精神培育是否高效、科学，关键是要看有没有发挥党组织的引领作用。坚持党委统一领导下开展思想政治教育不仅保证中央政策的有效宣传落实，而且还要组织动员其他社会组织参与农民公共精神培育。首先，引导基层党组织将农民公共精神培育纳入农民思想政治教育重要内容。要坚持中国共产党的优良传统，把农民思想政治教育当作农村经济工作和其他一切工作的生命线，将包括农民公共精神培育在内的农民思想政治教育当作取得农村各项工作顺利推进的重要法宝。强化基层党组织负责人的政治意识、责任意识和大局意识。在规划农村工作中，将农民公共精神培育纳入农民思想政治教育工作整体规划，在组织机构、经费预算、人员编制等方面给予充分保证。要专题性地研究讨论农村工作的新情况、新问题。围绕这些问题，要科学决策并采取切实可行的教育

措施，保证农民公共精神培育的有效推进。其次，建立农民公共精神培育的党组织领导负责制。强调领导干部亲自抓农民公共精神培育，乡、村党组织作为农民公共精神培育的直接领导者和组织者，要从思想上、行动上展现出良好的思想政治工作精神状态，要研究新情况、解决新问题、形成新思路，切实将农民公共精神培育与党的中心工作和乡村具体工作结合起来，做好周到、耐心细致的思想教育。再次，党组织切忌农民公共精神培育的大包大揽。党组织主要从宏观上、战略上对农民公共精神培育的重大问题做出决策，做好动员、组织、监督等工作，确保党的农村工作得到有效落实。地方党委要发挥对农民公共精神培育的规划、决策作用，相关的职能部门要担负起对农民公共精神培育的组织落实工作。

农民公共精神培育应强调行政部门负责。坚持在党委领导下的行政部门负责的农民公共精神培育的组织实施。第一，将农民公共精神培育与行政部门的业务工作结合起来。各行政部门都具有各自的工作性质和业务对象，将业务工作与农民公共精神培育结合起来，夯实农民公共精神培育平台，提升农民公共精神培育的渗透性，将农民公共精神培育纳入农村工作的统一规划和安排中。第二，找准问题开展培育工作。农民在致富奔小康的路上面临着诸多缺陷和不足，基层行政部门在应对这些问题时应改进农村发展思路，如调整产业结构等。将思想政治教育融入农村发展的具体问题上和农村生产经营活动中，解决影响农民生活的各种不良风气、违法犯罪活动等。找准农民公共精神培育的着力点，引导农民深入认识党和国家的各项支农、惠农政策，帮助农民分析形势、掌握政策，增强大局意识、责任意识，提升农民公共精神培育的针对性、吸引力。第三，全方位开展农民公共精神培育。农村工作涉及农民生活的方方面面，各行政部门工作总会涉及农民某一局部问题。这就需要行政部门在总体协调的同时基于各自的职能分层次、有侧重地开展农民思想政治教育。既要照顾农村社会整体发展的全局，又要围绕整体工作协调推进农村各项事业的发展，有序推进农民公共精神培育。第三，增加农民公共精神培育的投入。农民思想政治教育不是仅仅动嘴进行空对空的说教，而是要在相应的基础设施、资源保证的前提下开展工作。既包括公共精神培育所需要的书籍、报刊和网络等各种文化设施，还包括弥补农村各项事业发展中因思想政治教育而造成的时间、劳动力等成本。需要加大对农民公共精神培育的投入。

农民公共精神培育要发挥群团组织的力量。群团组织作为中国共产党领导下的政治、社会组织，既是具有相当代表性的社会群众组织，也能配合党的基层组织开展农民公共精神培育。群团组织参与能实现多元主体相互配合和社会齐抓共管，推进农民公共精神培育。共青团组织是中国共产党培养后备干部的摇篮，教育青年农民是其职责。共青团组织发挥其联系青年群体的优势，与青年农民具有共同的思维方式，能及时了解青年农民思想动态，有针对性地加强对青年农民的教育引导，用科学的理论武装青年农民的头脑，引导他们在创业发展的同时，注重培养他们的责任意识和公共思维。妇联是中国共产党领导下的广泛团结各族各界妇女的群众性组织。妇联通过公共精神培育引导农村妇女发挥传统妇女无私奉献、传承家风的优秀品质，形成良好的家风家规。社会力量是农民公共精神培育的重要力量。村民自治组织、农民培训学校，甚至乡镇企业和家庭都可以开展不同程度的农民公共精神培育。这些社会力量是党和政府不具有的特殊条件和资源。企业与农民职工的利益紧密联系在一起，开展农民思想政治工作可以与农民利益需求相联系，提升农民公共精神培育的动力。家庭作为特殊的社会力量，具有血缘、情感等特殊的资源优势，可以传承家风家规和情感感化等，促进农民公共精神培育。

三、强化党对农民公共精神培育的统筹协调

农民公共精神培育是在党组织统一领导下，行政职能部门负责实施，社会组织配合和社会力量参与而形成的多元主体教育格局。各个主体尽管都具有各自不同的职能和工作性质，相应地承担农民公共精神培育也具有不同的侧重和方式，但这些主体之间是相互联系的整体，彼此相互配合、协调运

转。加强农民公共精神培育需要加强各主体之间的沟通和协调，既实现分工负责又保证相互兼顾，推进农民公共精神培育的顺利进行。

首先，理顺职责关系。多元主体承担农民公共精神培育具有各自的内容和责任，特别是农村基层党政部门分别承担着领导和管理的责任，需要党组织加强农民公共精神培育的统筹协调，按照各自的职责和任务强化思想工作。党组织要统筹安排农民公共精神培育，领导、组织、协调各部门和社会组织利用各自的资源优势，将业务工作与思想工作结合起来，将利益满足与思想教育结合起来，实现农民思想教育的全方位、全过程和全覆盖。各行政职能部门、社会组织和社会力量在实施农民公共精神培育时要分析掌握农民思想动态，及时发现农民生产、生活中出现的各种问题。在有针对性地解决这些问题的同时，及时向上级党组织汇报工作情况，帮助上级党组织决策提供现实依据。同时结合各自的具体情况，统筹安排好农民公共精神培育的时间、投入和资源利用等，以最科学、最合理的方式实现农民公共意识和思想观念的提升。其次，注重协调配合。如果说农民公共精神培育是一个大系统的话，那么各承担教育的部门和社会组织就是该系统的子系统，各系统的教育活动既受到整个系统的统摄，又相对独立开展工作。在理顺各自相关职责基础上，要合理处理各部门作为系统要素的相互关系，加强各要素的协调与配合，调动系统内部的各种力量来参与农民公共精神培育，发挥整体功能，全面支持农民公共精神培育。如党组织可以开展理论学习、政策咨询、交流座谈等方式提高各职能部门和社会组织的教育水平，引导他们合理有效开展农民公共精神培育。各行政职能部门和社会组织收集各自有关农民的思想教育信息，加强农民问题的调查和分析，积累解决问题的基本经验并分享这些经验。通过各部门的协调配合，完善农民公共精神培育的协调机制，提高教育实效性和针对性。再次，营造资源合力。良好的环境因素是形成农民公共精神培育合力的必要条件，需要优化农民公共精神培育的政治、经济、文化和社会环境，将农民公共精神培育与环境因素结合起来，形成良好的育人环境。如将农民公共精神培育与经济利益相协调，引导农民在实现自身利益满足的同时，获得公共理性的体验，通过公共利益的实现满足自身利益的利益实现方式，从而促成公共精神培育。

第三节　发挥新乡贤道德引领作用

乡贤顾名思义即为乡中贤德之人，是指乡村社会中的有学问、德行高尚的贤达人士。现代意义上的农村新乡贤除了崇尚传统品德高尚外，还具有包括学识、致富本领和各种政治资本等特殊才能。由此，新乡贤的构成就相当复杂，既包括因文化学识受人称道的本土精英，也包括因学业、经商成功而进入城市生活的外出精英，还包括外来人员在乡村投资创业的外来精英。新乡贤不论是扎根乡村的本土乡贤还是在外奋斗的社会精英，其共同特点：一是具有良好的道德人格，二是具有为人称道的公共行为，三是能营造和谐的乡土伦理氛围。发挥新乡贤农民公共精神培育的道德引领作用需要通过新乡贤的道德人格、公共行为和伦理氛围营造得以实现。

一、以新乡贤道德人格感化培育农民公共精神

新乡贤在道德人格上区别于普通农民就在于其贤德，即新乡贤往往借助其公益活动和致力于乡村公共事务而获得了一般村民不具有条件生成的道德成就，进而体现其高尚的道德人格，以此为基础通过道德感化培育农民公共精神。新乡贤通过其独特的道德行为向村民展示其道德人格，昭示着社会生活的理想范例。这种道德人格不仅促成其事业的成功，而且本身也是在不断努力成就事业的过程中形成的。这使普通村民不仅认同其道德人格，更因佩服其努力成就事业的拼搏精神的而强化对其道德人格的认同，使村民在实现致富奔小康的道路上借鉴其事业成功之道时会不自觉地接受新乡贤道德情操的感化。换言之，新乡贤的道德人格是在精神上体现出来的道德理想主义并借助实践上的努力而累积的。理想作为思想意识中最核心层级，直接影响着

人的个体价值和事业成功。作为动力之源的理想又具有个人理想和公共理想，新乡贤是将个人事业的发展与公共事业有机结合，或者公共事业就是其个人理想的重要内容。毕竟，个人成就只能体现出个体的某种素质或能力而不具有“贤”的内涵，而发挥个体特殊的技能并泽被乡里，将成功事业与道德素质相统一才真正成为“贤”德之人，并因此而彰显其道德人格。这种道德人格是先进思想与先进文化的代表，是鼓舞民心推动乡土社会生活共同体化的重要力量。其次，新乡贤充满历史使命感及时代感。任何时代的乡贤都是特定乡村社会中的某方面的杰出精英，但由于时代的不同，人们基于自身利益追求而对乡贤提出除道德人格上的要求之外，还提出了满足其利益要求的技能方面的要求。这使得不同时代的乡贤具有较大的差异，也正是这种差异体现乡贤的时代性。如传统乡贤作为地域性道德文化的掌握者，以及乡村社会资源的掌控者，往往能够运用自身优越的话语权和儒家道德思想来灌输乡民，以传统儒家价值观教化村民进而实现稳定乡村、民心、人心。革命年代的乡贤以对乡民、民族负责的态度带领村民参与革命，并以其卓越革命成就彰显其道德人格。当代新乡贤不再指向传统科举制下成就功名身份的士绅阶层，而是凭着事业成功、学业致士等渠道而享誉乡村的精英人士。不论是凭着拥有农村发展变革所需要的技艺、管理和开拓精神而取得事业成功的经济精英，还是造福乡里，始终如一地为乡村社会发展做贡献的乡土政治精英，新乡贤都自觉将生于斯长于斯的乡村当作自身精神归属，形成与乡村之间无法割舍情感联系。即使他们不再生活在乡村，但这份对乡村情感的炽爱使他们愿意将自身的优势和专业运用于乡村、反哺桑梓，并以此获得村民广泛赞誉。虽然乡贤涌现的领域行业不尽相同，但他们为实现农村全面建成小康社会，改变农村社会面貌，提升村民的生活水平而顽强奋斗的精神却是相同的。乡贤的道德人格诠释着公共精神的深刻内涵，并以其道德人格感化着乡土村民。乡贤的道德人格获得高度认同和广泛赞扬不仅具有理性的道德认知，更是对其道德人格因情感共鸣而产生道德认同，并将这种道德认同内化为农民自身的价值选择和行为取向。

二、以新乡贤公共行为示范培育农民公共精神

行为示范通过榜样行为发挥社会导向功能，对社会成员公共行为产生积极影响。荀子说："得贤师而事之，则所闻者尧舜禹汤之道也；得良友而有之，则所见者忠信敬让之行也，身日进于仁义而不自知也者，靡使然也。"①农民公共精神培育需要在强化道德认知教育的同时发挥道德模范的行为示范功能，引导普通农民在公共事务中学习、借鉴和模仿，实现公共精神的泛化。农村新乡贤既生活在农民中间，又具有公共精神的道德行为，可以在农村公共生活中通过自身的德性生活引导农村道德风尚，激起农民的道德情感共鸣，将公共精神的道德内涵通过生活化的道德示范得到推广和泛化。

新乡贤公共行为培育农民公共精神的示范作用表现在两个方面。一是激励作用。社会道德榜样因模范践履了特定社会的道德规范而获得社会的认肯与推崇，会激励其他农民的效仿。新乡贤作为当前农村社会中具有较高的社会威望且具贤德之人，在农村公共生活中所表现出的公共精神不仅实现农村公共生活的良性运行，而且还获得广大农民的推崇，农民进而将其行为的道德内涵当作自身公共行为的道德标准和追求目标，在农村公共生活中自觉按照公共至上的道德标准来评价自我和他人的行为，对背离公共至上的不道德行为给予批评。二是辐射、感染作用。道德榜样的教育功能排除了知识教育中抽象的说教，还将社会道德规范人格化，展现在受教育者面前的是直观、形象和生动立体画面，在道德教化中会表现出更强的感染力和吸引力。新乡贤作为生活在农民中间的有追求、有情感的现实的人，在公共生活中的思想和行为可以人格化、直观性和形象化地展现出公共理性、公共至上的思维模式和价值观念。一方面这种人格化的公共道德行为整合了农村多元道德的文化样态，另一方面乡贤与农民在生活中频繁交往，没有距离感，没有任何文化差异，容易相互接受，并在相互交流中产生道德共鸣，使公共精神从人格

① 《荀子·性恶》

化的个体身上不断向外辐射，扩大影响范围：从个人到群体，从村内到村外。新乡贤通过道德示范进行公共精神培育具有成本低、教育实效性强、说服力强的特点，农民从生活中感知乡贤的人格力量，亲身感受到道德生活带来的便利并获得公共精神的生活价值，进而产生道德共鸣，促成农民在公共生活实践中效仿之、实践之。

具有公共行为道德示范效应的乡贤构成较为复杂，就其工作领域差异可分为经济、政治和文化乡贤等。他们从事不同的行业并取得事业上的成功，但并不满足于自身事业的做大做强，而是将自己的成就与乡村发展、村民致富联系起来，展现出良好的公共形象和道德风尚。这些乡贤在他们从事的工作领域中都从不同角度展现出公共理性和公共至上的思维方式和价值观。其中政治乡贤作为农村社会治理中的实际执行者，一方面掌握着大量的农村社会资源，具有良好的乡村社会控制能力，其推崇和倡导的道德权威可直接影响农民生活的公共价值导向。另一方面政治精英又生活在农民中间，与农民有着广泛的联系，为农民生产生活提供帮助，解决农村纠纷，化解农村矛盾，从而形成了良好的群众威信。其良好的道德形象在公共生活中发挥着道德引领作用。特别是农村基层党员干部，其公共生活中展现出来的良好党风、政风在推进农民公共精神培育中具有直接示范和导向作用。“政治伦理和官员道德在中国特有的文化背景下永远成为左右社会道德乃至道德精神的一支重要力量，官风好，则民风正。因此，官员在扮演道德权威方面，可发挥积极的作用。”① 此外，农民工作为一群出生在农村的特殊群体，他们在城乡之间流动中自觉践行公共精神，在获得城市文明所提供的资本、技术等资源后，并未满足于既有的自我利益，而是带着娴熟的技术、先进的管理经验、丰富的资本，回到家乡反哺桑梓，带领家乡农民共同创业共同致富。在致富的道路上将自身的公共行为与农民经济利益满足联系在一起，使农民实现利益满足的同时，体验、感知到返乡带领乡民致富的公共行为的价值，进

① 旧鲁芳．道德精神的社会资源支持［J］．伦理学研究，2010（3）：69.

而在实践中学习、模仿。同时，农民致富路上因利益矛盾与冲突而相互博弈时，乡贤的公共道德行为和思维方式也会为农民处理矛盾与冲突提供示范效应，形成包容、妥协的公共思维和行为。

三、以新乡贤“道德场”濡化培育农民公共精神

人们的思想观念、价值取向不具有天然的自我生长功能，需要在社会教化的同时接受生活实践的社会濡化。特定社会生活中良好的道德生活形成的“道德场”对人的道德观念、价值取向和行为方式具有强大的道德引领和生活濡化作用。所谓“道德场”是在特定生活环境中形成的由人们的思想意识和行为方式表现出来的道德环境与氛围。该理论源于“破窗理论”①，通过环境的营造影响人的道德观念的养成和道德行为的选择。“道德场”具有“场”的空间感，凡是生活于“场”中的人们，其思想观念和行为方式发生在特定的“场”中，自然也会受到“场”的强大影响。“道德场”的道德教化是通过道德生活的濡化而发挥作用。濡化作为一种文化传播机制最早由美国学者赫斯科维茨提出，他在《人及其工作》中将濡化界定为人特有的文化习得和传承机制。在英语世界里，濡化的文化习得表现为“文化进入”或“在文化里”。从发生学意义上看，“进入文化”不是简单地接触或适应某一种特定文化，而是通过老一辈的文化引导和传递而习得文化。濡化就是这种文化传递中的文化习得过程。它具有两重规定性：一是同一文化意义上表

① 美国斯坦福大学心理学家詹巴斗进行了一项试验，他找了两辆一模一样的汽车，把其中的一辆摆在帕罗阿尔托的中产阶级社区，而另一辆停在相对杂乱的布朗克斯街区。停在布朗克斯的那一辆，他把车牌摘掉了，并且把顶棚打开，结果这辆车一天之内就被人偷走了。而放在帕罗阿尔托的那一辆，摆了一个星期也无人问津。后来，詹巴斗用锤子把那辆车的玻璃敲了个大洞，结果呢，仅仅过了几个小时，它就不见了。以这项实验为基础，政治学家威尔逊和犯罪学家凯琳提出了一个“破窗理论”理论，认为：如果有人打坏了一个建筑物的窗户玻璃，而这扇窗户又得不到及时的维修，别人就可能受到某些暗示性的纵容去打烂更多的窗户玻璃。久而久之这些破窗户就给人造成一种无序的感觉。结果在这种公众麻木不仁的氛围中，犯罪就会滋生、蔓延。

达，二是文化的传递和延续方式。传统伦理社会中，伦理规范作为文化的核心内涵往往通过长辈对晚辈引导、示范或强制的方式传递和延续，人们在长期的文化熏陶下有意无意地接受其伦理思想。正如中国儿童使用筷子，而不使用刀叉，讲汉语，不善食牛奶，原因在于他们濡化的是中国文化而不是美国文化。① 公共精神作为公共生活中的思想文化，其培育方式也需要遵循"濡化"这一文化传播机制。濡化过程需要特定的环境和氛围，环境既可以通过有意的人为营造，也可能在农村公共生活中通过生活实践来实现潜移默化的生活濡化。在农村公共生活中，农民通过生活濡化培育公共精神，农民基于社会主流价值观，结合农村公共生活良性运行所需要的公共伦理规范，自觉筛选正确价值观念、理性开展道德评价，积极营造农村良好的公共生活道德氛围。需要强调的是，农民公共精神培育的道德濡化需要良好的道德生活为基础，否则就会因生活的丰富性而使生活濡化偏离公共精神的基本导向。因此，需要形成良好的道德舆论发挥其监督功能。"一种强大的社会舆论，能对社会的一些重大问题产生极其重要的影响。它能够在潜移默化中改变人的性情，影响人的气质和社会的风气，形成某种道德的氛围。"② 以生活濡化培育农民公共精神需要引导正确的道德舆论，而道德舆论的营造具有两方面的规定性：一是什么是良好的道德舆论，二是如何实现道德舆论的引领功能。前者决定道德舆论的内涵，后者决定道德舆论的作用方式。普通农民作为公共精神培育的接受者，不具有强烈的舆论话语权和影响力，显然不可能主导道德舆论，而农村基层政权具有强烈的舆论话语权，但因国家政权的意识形态教化又容易使农民产生抵触心理。既具有话语权又具有影响力而发挥道德舆论引导功能的莫过于新乡贤。他们既熟悉社会主流意识形态的价值导向，又了解农民的思想意识，特别是他们因成功的事业而具有广泛的社会影响力，自身在实践中践履公共精神而展现出良好的道德形象，因而他们

① 〔美〕马维·哈里斯．人·文化·生境［M］．许苏明，编译．太原：山西人民出版社，1989：7.

② 龚群．以德治国论［M］．沈阳：辽宁人民出版社，2002：8.

有资格、有条件引导社会道德舆论。

首先，新乡贤坚持正确的舆论导向促进农民公共精神培育。“社会舆论”所崇尚的公共伦理凭其强烈的渗透性对农村公共生活形成强大的伦理氛围，进而使农民个体在公共生活中的思想意识和行为方式受到社会舆论的监督和约束。社会舆论的监督、约束机制既来自因公共行为的道德评价所引起的广泛的社会关注度，也因为社会关注使行为主体内心具有特殊的心理机制——荣辱心而起作用。良好社会评价所引起的社会关注能使行为主体产生荣誉感，而相反的社会评价会引发行为主体的耻辱感。荣誉感和耻辱感在作为社会性存在的农民心理会产生截然不同的心理反映和社会效应。农村公共生活的开放性使农民个体之间具有相互依存、互惠互助的关系，再加上农村生活的地域性使得传统“熟人社会”的生活形态并没有完全改变。这种生活形态决定农民个体一方面需要交往，需要他人的赞誉和尊重，这使农民个体在程度不同地受社会舆论的支配和制约。① 另一方面农民公共生活交往中良好的社会评价会降低交往成本，反之则会增加社会交往成本，使农民会在意社会交往中的公共舆论的评价，并因舆论评价的高低而引发行为主体内心的荣辱感。一方面道德舆论引发农民内在的荣辱感，使农民个体在思想观念和行为习惯上朝着社会大众认可的道德标准和价值观念做选择。其中公共理性、公共价值等公共精神以符合多数农民的价值选择而获得道德上的褒扬进而成为农民的价值选择。另一方面舆论的力量建立在每一个社会成员对公共理性和公共价值选择等公共精神的科学认识和正确评价的基础之上，相应地道德舆论作用是基于舆论本身的正当性和执行力。当前农村社会，因市场经济的逐利性和交易原则影响，农民利益至上的价值观和等价交换的泛化使农民公共意识遭到颠覆。他们在价值观多元的存在“合理”下理所当然地抛弃主流价值观，是非观念不清，价值观缺乏一致的标准，利益追求缺乏底线伦理，社会舆论的监督功能遭到蔑视。这些问题迫切需要重塑社会舆论以强化其监督

① 魏英敏．新伦理学教程［M］．北京：北京大学出版社，2003：218.

和调适功能。新乡贤是在现有的制度环境中获得其地位和自我价值，他们对现有的主流价值观和公共性价值规范持肯定态度，以自己的道德行为诠释着农村公共精神的内涵。带领农民致富之路的经济乡贤，他们有的将自身的事业发展与农民致富之路联系在一起，用自己的学识、专业和创业经验帮助农民做规划、找项目、供贷款等，帮助农民走向致富之路。有的热衷于家乡基础设施建设，为改变家乡面貌做出贡献。乡贤们长期与农民生活在一起，享有共同的乡村文化、风俗习惯和生活方式，具有行为心理价值取向的地域共识。① 文化的同源性、生活的同根性，使他们倡导和践行的公共文化和公共精神易于获得农民的认可和尊重，通过他们的身体力行将公共精神的伦理价值内化于普通农民的心理之中。富含公共精神的道德行为为乡村“道德场”的营造提供了价值标杆和舆论导向。新乡贤凭其所积累道德资源成为维护道德舆论的中坚和营造道德场的社会力量，其持守的主流价值观为农民公共精神培育提供了价值导向，其公共至上的道德行为为农民公共精神提供了伦理资源和生存空间。在新乡贤的引导下，农民在农村道德场生活中获得公共精神的道德濡化，进而实现农民公共精神培育。

其次，新乡贤引导良好的舆论监督促进农民公共精神培育。“道德场”中的正确舆论导向关涉农民公共精神培育的方向性问题，而正确道德舆论有效作用才是农民公共精神培育的实践性问题。农民消极的祛公共性行为受到道德舆论的批判，积极的公共行为获得道德舆论的褒扬是农村“道德场”应有的运行机制。新乡贤通过其德业和善行而广泛积累起了社会交往资本，并以此为基础在农村“道德场”中具有了相当的话语权和舆论监督的主导权。一方面新乡贤以其道德权威掌控着农民公共行为价值评价，直接影响着农民公共精神养成的内在动力。农民公共精神培育虽然外在因素不可或缺，但决定性因素来自农民自身的主观自觉。当农民合理的公共行为获得由新乡贤主导的社会舆论的肯定，并获得道德上的褒扬和经济利益上的实惠，会激发出

① 王泉根．中国乡贤文化研究的当代形态［J］．人民文摘，2014（10）：29－31.

农民内在的对公共行为的价值认同。这不仅使农民公共行为具有延续性，而且还会给其他农民产生示范效应，引导农民群体模仿。另一方面新乡贤在对农民祛公共行为的纠偏中促进其公共精神培育。农村社会受市场经济交易原则和等价交换思想的影响，市场领域的交易原则被泛化到日常生活中，引发了日常生活的祛公共性、利益最大化等价值观偏离。且这种偏离在事实上使农民个体获得经济上的满足，并因此具有“能人”的价值评价，普通村民也对先富“能人”持积极认同的态度。在这种认同中农民公共精神培育失去其赖以生存的社会氛围。更为严重的是面对农村社会普遍存在的“道德滑坡”，农民公共精神培育所需要的“道德场”和道德舆论也难以发挥导向和监督作用。没有人框正道德舆论，更没有人对祛公共行为发出舆论谴责。出现这种道德舆论失灵的原因，一是农民可以通过祛公共行为致富，因而他们不愿意通过舆论监督阻塞自己的致富之路；二是自身缺乏道德舆论监督的内在资本，“打铁还需自身硬”。而新乡贤却同时具备了道德舆论监督的内在条件，不需要通过祛公共行为获得致富门道，具有良好的道德形象。对农民祛公共行为可以发出舆论的批判，并具有更强的说服力，且不会引发当事农民个体的不满，他们会心悦诚服地接受批判和教育。舆论监督不仅是对农民个体祛公共行为的纠偏，更主要是伸张了公共行为的正当性和道德合理性。农民也在这种道德场中获得道德濡化，进而实现其公共精神培育。

第四节　推进农村生活共同体文化建设

农村社会生活共同体文化是农村特定地域内的居民共同创造的精神财富，包括文化观念、价值观念、共同体精神、道德规范、行为准则、公众制度、文化环境等。文化认同是农村社会生活共同体存的文化纽带和精神联系，“是涂尔干称之为‘集体良知’的东西，是将一个共同体中不同的个人团结起来的内在凝聚力”①。农村共同体文化认同不仅是农民公共精神赖以存在的载体，而且在文化传承中不断滋养农民公共精神。因此，农民公共精神培育需要置于农村公共文化建设之中。

一、扬弃传统乡村文化中培育农民公共精神

中国传统社会并不缺公共文化，但传统乡村社会以宗族为单位的社会结构，经过长达数千年封闭的“内卷化”发展，使传统“公”的文化带有强烈的地域、血缘性。这种封闭性的社会结构并没有衍生出现代开放性社会所需要的公德思想，甚至传统伦理社会依附性人格与现代社会生活共同体的独立性人格要求还相抵牾。当前农民公共精神培育并非抛弃、否定传统，而是要依循于传统文化的母体，在适度扬弃基础上将其作为农民公共精神的文化根源和思想内涵。随着农村社会变革，传统伦理文化因缺乏宗族组织的社会结构而逐渐被解构，但深入每个农民血液的忠、孝、仁、爱、礼、义、廉、耻等八德却保持着其连续性。固然这些具有私德属性的文化传统在农村社会生活共同体的公共平台上是否具有公共生活所要求的价值属性值得讨论，但在农村社会整体转型的大背景下，将这些私德内涵赋予公共属性，从而实现传统向现代转型，成为在公德建设中继承传统的有效路径和培育农民公共精神的可用资源，这也是社会主义核心价值观所推崇的价值导向。如“忠”可从忠于封建王朝而具有依附性人格的封建私域伦理向现代具有独立性的爱国主义的公共生活伦理转化。通过挖掘传统文化资源，可以汲取农民公共精神培育所需要的公共美德，为公共精神培育提供文化基因。在保持中国传统文化连续性的同时，又为现代公共生活所认同接受。培育兼具传统文化和现代价值的公共精神就具有了历史感和时代感，从而更能为民众所认可接受。

二、繁荣乡村文化中培育农民公共精神

乡村文化是农民在日常的生产、生活过程中形成的一定价值观念、风俗

① 张汝伦．经济全球化和文化认同［J］．哲学研究，2001（2）：86.

习惯、生活方式等的总和。农民公共精神培育可以依托多元文化产品，将农民公共精神培育信息融于其中，达到对农民进行思想政治教育和提升农民公共精神的目的。乡村文化具有多样性、渗透性、可塑性的特点，在繁荣乡村文化过程中培育农民公共精神，要把握文化的纵向传承与横向流动所形成文化稳定性、流动性特点，将公共精神的内涵注入乡村文化之中，在文化的传承与流动中培育农民公共精神。

首先，利用多样化的文化形式培育农民公共精神。农民公共精神培育的乡村文化具有多样性形式和多元化表达，既包括有形的物质文化，还包括无形的精神文化。就农民公共精神培育的角度论，既涉及利于公共精神认知的文化环境，又包括利于公共精神传承的文化方式。如家庭文化，既传承传统宗族文化中的伦理规范，也可利用开明的家庭氛围进行农民公共精神的教化。文化形式的多样性，有助于针对不同层次的教育对象开展形式多样的农民公共精神培育，增强教育的实效性。同时，文化作为人类的创造物，存在于社会生活的各个领域。在农民公共精神培育过程中，有意识地将教育内容渗透到乡村文化产品之中，在文化的传递中促进农民价值观念和公共意识的养成。其次，在文化创新中培育农民公共精神。任何文化都不是封闭的，而是随社会发展而不断丰富和发展，文化的发展既具有因社会环境变化而自发进化和发展的客观必然，也具有人为的可选择性和导向性，可以根据社会发展的要求进行文化的理性选择与设计，可以在尊重农村文化的传承性和社会发展现实的客观需要来建构新文化，将农民公共精神培育的内容融入其中，利用乡村文化开展农民思想政治教育。再次，在乡村文化的生活教化中培育农民公共精神。文化对人的影响是巨大的，这种巨大的作用和影响是通过乡村文化极强的渗透性而在潜移默化、毫无察觉中实现农民思想政治教育。通过繁荣乡村文化，将农民公共精神培育的内容融入乡村文化之中，这些内容默默地影响和改造着农民的价值观、人生观和世界观，进而促进农民公共精神培育。

三、增强邻里意识中培育农民公共精神

邻里意识是以地缘为基础形成的互助睦邻关系的意识和习惯，是农民因地缘、血缘、居缘等客观条件决定的交往关系中形成的乡土情感与美德。“以亲仁善邻为道德态度；以乡邻和睦为价值目标；以相容相让为基本道德；以相扶相助为伦理义务。”① 农村实行联产承包责任制后，农村生活的原子化和人员流动性，使得农村传统首望相闻的乡情不复存在，农民之间失去这种邻里意识，邻里之间因经济的独立性使相互交往失去平台。而市场经济的利益最大原则泛化到农民日常生活，使得邻里之间的传统情感联系消失在相互间的利益博弈之中。再加上人员流动而形成的邻里之间的情感淡漠，不仅因缺乏交往而失去传统的关系型社会资本，而且失去利益相关性使农民公共精神失去存在空间和价值。农村社会生活共同体作为共同体生活形态更多强调被现代社会经济理性日渐疏远的情感交流。培育邻里意识，就是要通过共同体生活中的生活交往、情感交流提升农民对乡村的认同感和归属感，使原子化的农民个体因共同体生活的互助交往而形成相互关爱、情感融通的邻里关系。这不仅增强农民的认同感和归属感，而且使农民公共精神培育具有文化依托。培育邻里意识，一方面传承中华传统社会公德、家庭美德等。邻里之间关系不因经济理性的泛化而处于绝对的利益博弈之中，而是在传统乡村社会“利他”的交往伦理中找到实现利益交往中的共识性意见和处理矛盾与冲突的伦理基础，以求得邻里交往的经济和谐。同时，发挥传统家庭美德所蕴含的伦理规范在处理邻里关系中的导向作用。另一方面开展睦邻行动，提高共同体生活服务能力，增加归属感。如开展关爱老人活动，举办体现邻里关系的文艺表演等文化活动，开展这些活动拉近邻里之间的心理距离，提升邻里包容理解的意识，强化邻里互助合作的能力，在互助、交流与合作中达到邻里之间的情感交流，积累邻里之间的关系型社会资本。在邻里交流中，

① 肖群忠．论中国古代邻里关系及其道德调节传统［J］．孔子研究，2009（4）：18－23.

农民公共精神培育不仅得到广泛的开展，而且公共精神已然融进了邻里生活实践中。

第五节　依托多元载体培育农民公共精神

农民公共精神培育需要依托农村思想政治教育多元载体，将公共精神的内涵、价值和教育实施等加以感性呈现，以提高农民公共精神培育的实效性和可操作性。思想政治教育载体是指在思想政治教育过程中承载教育因素的工具性事物。① 其中工具性事物是教育主体用以开展思想政治教育的物质形态或活动方式。农民思想政治教育载体可以是新闻媒介的传媒载体，也可以是农村文化的活动载体，这些载体在进行思想政治教育中或者直接传递农民公共精神的内容，或者将教育内容与农民喜闻乐见的教育形式相结合，提高农民思想政治教育的吸引力和实效性。而新兴的网络媒介则以其简便、快捷、覆盖面广等特性而发挥着思想政治教育的强大功能。

一、丰富农村活动中培育农民公共精神

在农村各项活动中培育农民公共精神是思想政治教育的重要形式。将农民公共精神培育的内容渗透到农村社会各种活动，使农民在活动中潜移默化地接受教育和熏陶。教育主体还可以通过实践活动有意识对农民施加影响，使农民在接受思想政治教育的同时，通过直接参与活动的方式践行着公共精神的要求，把公共精神的内涵落实到农民实际生活中，提高思想政治教育的吸引力、感染力。

思想政治教育活动载体的特点如下。一是活动的渗透性。活动教育不是直接向农民传递公共精神的内涵、价值，而是以活动方式来营造一种公共至

① 陈秉公. 21 世纪思想政治教育创新理论体系［M］. 长春：吉林教育出版社，2000：459.

上、公共理性的伦理氛围，使农民在活动参与中潜移默化地受到教育。这种教育方式使农民公共精神培育目的具有隐蔽性，所运用的方法也是间接的，农民不会因道德说教而产生逆反和抵触情绪。并且活动的大众化使教育者和受教育者之间没有直接的主客不平等关系，相互以活动为载体进行互动，农民公共精神的内涵、价值都通过活动展现出来，农民也从活动中感受到公共精神养成的必要性，产生“润物细无声”的效果。二是活动的目的性。任何活动都具有其功能性价值，但公共精神培育的目的并不一定直接向农民表明，但教育者却可以将农民公共精神的思想政治教育目的有意识地融入具体活动之中，通过丰富多样的活动形式彰显公共精神培育的目的，使活动的功能性和教育目的性高度统一。三是具有广泛的参与性。农村活动的参与主体是广大农民，农民广泛参与既是保证活动顺利进行的前提和实现农民以活动为载体的公共精神培育的保证，还使更多的农民通过参与活动获得公共理性的运用、公共价值感悟和公共利益满足的实践机会。农民作为活动参与者具有其特定的角色，并且因角色而确定其相应的道德责任与义务，完成活动角色就要求其承担相应的道德责任与义务，从而实现在不同境遇下的角色扮演来达到公共精神的价值认同与体验。

农民在参与活动中获得公共精神培育的主要方式如下。第一，在活动中获得公共精神的道德责任体认。农民通过活动参与一方面直接感知活动本身的教育价值。虽然有些活动本身不是基于教育而设计，但活动本身却切实为农民带来某种满足，这种满足具有公共性。农民的活动参与就意味着获得活动带来的满足感以及因满足感而形成公共精神的正向评价。另一方面农民基于对活动的正向评价而产生对活动本身的责任意识。如活动如何设计更为完善，活动中不同的角色应当承担什么责任，如何进行配合才使活动开展得更为流畅等。通过这些思考可以获得对活动参与中道德责任的体认。第二，在活动中实现公共精神的基本知识、价值体验和道德联想有机结合。好的思想政治教育活动抑或不是基于教育目的的活动都具有其活动的特定主题，且这些主题不会背离社会主流价值观。农民在活动参与中会因活动的展开不断深化对活动主题的体会。一方面活动主题所承载的公共伦理会因农民对主题认知加深而不断深化，另一方面农民也会在活动参与中体会到公共理性、公共价值、公共参与等产生的效果，加深对公共精神的认同，使农民在真实的、鲜活的活动中产生道德生活的意愿和情感共鸣，避免对农民公共精神培育进行纯粹的道德理论规范的灌输、说教。第三，在活动中促成公共意识与公共行为的有机统一。农民公共精神培育的问题在于知行不一，活动载体的公共精神培育的价值就在于其将知和行有机统一起来。农民参与活动具有其特定的角色，这一角色对整个活动的顺利开展具有重要意义。农民基于活动的顺利进行会意识到自身的角色责任，形成活动共同体的道德身份感和相应的道德情感，并在理性思考基础上形成稳定的道德意识，并外化为相应的道德行为。如农村广泛开展的“文明村镇”建设活动，不仅通过活动向农民讲清文明的公共内涵，而且增强农民对农村公共生活的责任意识，形成乡村社会发展的使命感和责任感，并在持续的活动及生活实践中反复体验，使农民公共精神成为其生活不可或缺的道德习惯。

二、落实乡村管理中培育农民公共精神

“管理是一定的人或组织依据所拥有的权力，通过实施既定措施，对人力、物力、财力及其他资源进行协调或处理，以达到预期目标的活动过程。”① 农民思想政治教育的乡村管理载体，是通过管理的途径培育农民公共精神的方式，如农村基层民主自治活动等。乡村管理载体在农民公共精神培育中具有独特的价值。农村基层党组织作为农民公共精神培育的组织者、实施者，在对农村党员的教育管理中，用党的理论武装党员干部，要求他们遵守党的相关纪律制度，按照党章的要求严格要求自己，引导党员发挥先锋模范作用，成为农民公共精神培育的引领者、践行者和组织者。村民大会是农民管理本村事务，参与农村公共事务的主要方式，是农民领悟、践行公共

① 刘熙瑞，张康之. 现代管理学［M］. 北京：高等教育出版社，2000：3.

精神的平台。农民在村民大会的公共平台上进行民主管理、民主决策，将自身的利益诉求与他者、集体诉求有机结合起来，形成合理的利益观和价值观。农村各基层组织在带动农村经济的发展、促进农民致富同时，传递、展示农民公共精神的实践状态，也以此为基础有针对性地进行农民公共精神培育。

乡村管理载体发挥着利益协调、道德激励和公共参与等功能，相应地落实乡村管理中的农民公共精神培育，也通过利益协调、道德激励和参与实践得以实现。第一，利益协调中实现农民公共精神培育。乡村管理具有协调利益矛盾的功能，可以调节管理系统内部，系统内部与外部之间的各种矛盾与冲突，使农村社会资源得到充分利用，发挥最大效益。管理过程其实就是协调的过程，通过协调干群关系、农民关系，以实现共识性意见而培育各利益主体的包容意识、妥协意识与合作精神。发挥农民公共精神培育的乡村管理协调功能，就是要采取说理引导的方式，使农民出现利益冲突、人际矛盾的时候，通过达成共识意见，平衡利益差异，形成互惠合作，实现包容增长的公共精神养成。第二，道德激励中实现农民公共精神培育。乡村管理载体具有激励功能，农民在乡村管理平台上的利他、公共致上的道德行为往往会获得更多的褒奖，从而激发出农民公共精神养成的内在驱动，通过制度化奖罚机制、道德舆论的压力机制实现农民公共精神问题的纠偏。第三，公共管理实践中实现农民公共精神培育。村民自治的民主管理为农民提供了参与政治的机会和平台，激发农民当家做主的积极性、创造性和责任感，通过最广泛的、最直接的方式参与管理自己的事情，养成公民应有的独立意识、责任意识、公共意识。村干部的村务管理增强其执政为民的服务意识，因为民主选举的干部产生机制扭转了村干部对上级负责多、对下级负责少的现象，增强其执政为民的意识和服务意识。因此，完善以村民自治为核心的民主管理制度、机制，多渠道引导农民参与村务管理成为农民公共精神培育的有效载体。

三、发挥大众传媒的农民公共精神培育功能

大众传媒是传递新闻信息的各种大众化媒介，包括报刊、书籍、广播、电视、网络等。大众传媒具有媒介新闻传播功能并以此为基础发挥思想政治教育的功能，教育者通过各种传播媒介向受教育者传递思想政治教育内容，引导受教育者接受社会主流意识。农民公共精神培育也可通过思想政治教育的渠道得以落实。

大众传媒之所以有农民公共精神培育功能，是因为传媒具有其独特的信息传播特点。其一，信息传播的时效性。大众媒介向农民传递各种信息，信息从发生到接收需要经由一个复杂的流动过程。信息流动因通信网络和技术设备提升而加快，从而大大降低了信息的时空限制。农民不仅在第一时间获得信息，而且方便、快捷的信息传递为农民公共精神培育提供了条件。因为新闻媒介除了将大量的社会新闻事实准确传播外，还会对社会新闻本身做价值分析。特别是具有公共性价值导向的新闻会表达出倡导、支持和鼓励的价值立场，而祛公共性行为则会通过新闻传播的方式做否定、批评和抵制性的价值批判。这种媒介的价值立场在持续的传递过程中会给作为接收者的农民提供价值导向，并使他们在公共生活实践中以新闻媒介所提供的价值导向来检视自身的行为或做行为预期。其二，信息传递的广泛性。传媒的价值导向需要广泛的覆盖面和广泛的社会影响来发挥作用。大众传媒多样化的传播形态和渠道可以覆盖到农村的每一角落。当前新兴的电子传媒和网络传媒的出现和普及，使农民获得信息方式更加简便，成本更加低廉。再加上媒介语言通俗易懂，农民各个阶层、年龄都可以无障碍地获得新闻信息。透过媒介传递的社会公共性价值观念可以更为广泛、便捷和经济地实现对几乎所有农民价值引导，也因为媒介的多元信息传递使农民生活的方方面面都受到媒介的引导。其三，信息价值的权威性。农民通过大众媒介了解党的路线、方针、政策以及国家的法令，在获得权威性政策的同时，也逐渐形成对传媒的权威性认可。如《人民日报》《光明日报》《中央电视台》等主流国家媒体在农

民中具有权威性和影响力。农民将这些媒介作为了解中央政策的重要渠道。相应地，这些媒介发出的声音对农民就具有了影响力，其所倡导的社会价值对农民公共精神培育而言就具有更强的说服力。

利用大众传媒影响力开展农民公共精神培育。

第一，通过大众传媒引导农民公共价值导向。大众传媒的公共价值引导一方面是直接向农民传递正向的社会价值观念，另一方面通过新闻内容传递向农民间接发出价值导向，帮助农民强化具有公共性导向的价值观。大众传媒的价值引导需要做好四方面的工作。一是注意信息内容的选择。社会新闻内容复杂、价值多元，不是所有社会信息都具有正向的社会价值导向功能，需要大众媒介在传递社会信息的同时注重对信息的筛选，去除有害信息，强调正确的公共价值导向。二是注意对思想动态信息的关注，通过个案等新闻信息方式传递农民思想状况，引发社会讨论与思考的同时引发教育部门的关注。三是注意传递社会主流价值观。社会主义核心价值观作为当前引领农民思想意识的核心价值观，需要通过传播媒介的强大社会影响力广泛传播社会主义核心价值观所强调的国家观、民族观和公民观等公共价值，引导广大农民自觉践行社会主义核心价值观，主动用社会主流价值观来对照自己的思想和行为，在思想和行动上实现公共精神养成和践行。四是注重发挥社会典型形象的示范效应。公共精神作为农民公共生活中所倡导的社会意识，需要通过具体的人物和事例来体现和彰显，使农民从个案中获得公共精神的内涵、价值的正当性与合理性，进而在公共生活实践中学习、借鉴和模仿公共行为。通过大众传媒持续性的社会典型人物和事件的传递，农民获得了农村社会生活的整体形象，建立起公共生活中个体之间相互合作、互惠互助的关系，进而使农民从现实生活中切身感受到公共理性、公共价值的存在合理性，并在这种合理的价值判断中形成公共理性、公共价值的整体认知，并用其解析现实公共生活的问题，逐渐改变自己狭隘的观念、态度，形成具有公共价值导向的公共思维和公共意识。

第二，通过大众传媒灌输公共理念。大众传媒进行持续正确、健康的道德引导、传播公共至上的主流价值观，弘扬善德舆论导向、布习道德知识、引导农民抵制狭隘的利益观和价值观，宣传反映农民道德生活诉求和传播农村道德文明建设成果有关的政策法规、工作动态，转载道德文明示范村的经验做法等。这些正面的道德宣传，向农民直接灌输正确的价值观，规范农民良好的道德生活，引导农民将利益满足与道德生活结合起来，既提升了道德认知，也实践了公共理性和公共参与，促成公共意识养成。

第三，通过大众传媒监督公共精神的践行。大众传媒除了具有社会舆论的价值导向功能，还具有舆论的监督功能。大众传媒曝光背离公共价值的行为，批判与谴责损害集体和他人利益的人和事，批评农村社会中不道德现象，促使农民的社会行为符合公共性道德规范。一方面大众传媒揭露少数社会成员的不良行为、违法行为及违纪行为，引导社会舆论批判、谴责和制止这一祛公共性行为，形成强大的社会舆论压力，使其终止其祛公共性行为。另一方面大众传媒要加强对农村基层干部的舆论监督，引导基层干部注重自身的公共形象，给广大农民提供道德规范的经验材料，提升农民对公共事务的信任度、参与度，进而在参与中积累起农村社会资本，改善农民公共精神养成的生态环境。

第六节　注重农民合理利益满足

农民作为社会性存在物，在农村市场经济日益完善和社会日益开放的环境下越来越多地发生相互联系。这种联系不完全是传统社会中熟人之间的情感交流，其本质而言就是利益联系。其中物质利益带有根本性因素，物质决定精神，物质利益是人类生存的基础，是人们进行各种社会交往的前提。“人们为之奋斗所争取的一切，都同他们的利益有关。”① 相应地，物质利益

① 马克思，恩格斯．马克思恩格斯选集：第1卷［M］．北京：人民出版社，1995：187.

成为人们行为的内在驱动，农民思想政治教育也需要通过合理利益满足来激发其内在动力。因为在思想政治教育系统中，作为受教育者的农民不是被动接受教育，而是具有能动作用的主体。农民思想政治教育需要发挥农民的能动作用，调动农民的积极性，才能得到农民理解、支持，形成良好的思想政治教育的良好氛围。中国共产党在长期的革命、建设实践中所进行的农民思想政治教育成功经验之一就是将农民利益满足与思想政治教育结合起来，教育农民在解决自身利益诉求的同时实现自我解放。当前，农村社会生活共同体建设依赖农民思想政治教育，也需要将农民利益满足与思想政治教育结合起来，使农民公共精神培育与其利益实现形成正相关性，提升农民思想政治教育的实效性。

第一，将农民利益诉求与农民公共精神培育相结合。农民作为思想政治教育的接受者，对思想政治教育内容和信息有其自身的选择与判断，按照自己的兴趣需要、价值标准选择接受教育内容。教育者需要尊重农民思想政治教育的主体地位，按照农民愿意接受的方式和尊重农民内在需要去培育农民公共精神。其中最核心的是要了解农民思想状况和实际需要，特别是当前农民在致富奔小康的发展阶段，物质利益追求成为超越其他利益的最根本性诉求，农民公共精神培育需要将农民物质利益诉求纳入其视野中，在实现两者结合的同时提升农民对包容、妥协、责任和公共理性等公共精神的认同感。

第二，将实现农民利益满足方式与农民公共精神培育相结合。农民公共精神培育在确立农民利益诉求的基本价值导向后，需要将实现农民物质利益满足方式与农民公共精神培育结合起来，从现实生活中挖掘生动事例，使农民公共精神培育富有时代感和现实感。农民利益满足方式具有多元化，既有直接利益供给，也有间接利益满足；既有当前利益关照，也有长远利益考虑；既在整体利益把握，也有局部利益顾及。农民公共精神培育需要通过现代生活中的生动事例教育引导农民正确处理好当前与长远、整体与局部、直接与间接利益的关系，教育农民深刻认识到实现自身直接、当前和局部利益需要通过间接、长远和整体利益的实现为基础。同时不论何种利益的满足，即使是实现他者利益满足也在为未来自身利益的满足打下基础。因为他者利益满足是基于自身利益的让步、妥协而实现，并以此为基础建立起相互间互惠合作和相互信任的基础。

第三，将改善农民利益满足的条件与农民公共精神培育结合起来。改善农民利益满足的条件包括提高生产技能的能力条件和平衡农民利益关系的农村政策条件。就提高生产技能的能力而言，农民致富奔小康最重要的条件是发展经济，最需要的是市场信息、农业科学技术、法律咨询和致富途径引导等。农民思想政治教育要将农民公共精神培育与其对提高生产技能的需求结合起来，让农民获得更多技能的同时，增强思想政治教育的说服力。就平衡农民利益关系的农村政策而言，大量的农村基层政策除了国家和地方政府提供整齐划一的供给外，还需要各村因地制宜地创制相应的农村政策，这些政策要求在村民自治的民主机制下进行民主决策。一方面通过民主协商机制进行广泛讨论和意见表达，另一方面在意见表达基础上达成关照各方利益的共识性意见，以此为基础形成农村政策。在利益多元化的情况下，单一的农村政策是难以满足所有农民的利益诉求的。农民思想政治教育一方面教育引导农民在民主协商时既要承担聆听别人意见的责任，又要承担说服而不是强制服从意见的责任。另一方面教育农民在决策过程中形成妥协、包容意识，单纯的排他性的利益博弈是难以形成共识性意见的，只有各利益主体具有包容、妥协意识才能求得意见一致。在决策、执行农村公共政策中既实现各方利益的关照，又养成互惠互助、包容、妥协等公共精神。

第四，将农民利益满足的“度”与农民公共精神培育结合起来。物质利益的满足可以提高农民思想政治教育和公共精神培育的说服力，但过分强调物质利益满足也不行。因为物质利益满足本身具有不稳定性和两重性。就不稳定性而言，通过物质利益满足的手段实现农民公共精神培育，当两者实现协调一致时，似乎达到了公共精神培育的目的，而事实上农民追求的是物质利益而非公共精神。因为当两者出现不协调时，农民公共精神因得不到物质利益满足而被否定，物质利益满足的手段培育农民公共精神的方式不具有可持续性。就两重性而言，物质利益的确可以调动农民接受思想政治教育的主动性和积极性，增强对公共精神的认同感，但与此同时又会拉大农民之间的差距，加剧相互之间的利益矛盾与冲突，特别是诱发一些人的投机心理，使他们在满足自身的物质利益的同时忘掉社会职责和人格良心，不择手段地追求金钱，导致拜金主义思想滋生、贪污腐化横行、假冒伪劣现象泛滥。因此农民公共精神培育要把握物质利益满足的“度”。一方面要将物质利益满足要求置于合理范围内，另一方面物质利益满足是通过妥协、宽容甚至是牺牲自身利益的方式换来的。农民物质利益满足的“度”要求将公共精神培育与利益要求结合起来，“既要讲革命精神，又要讲物质利益，要把二者有机地结合起来。”① 一方面支持农民物质利益的合理追求，可以调动农民接受思想政治教育的主动性和积极性，增强对公共精神培育的认同感。另一方面又约束农民“唯物质利益”倾向，引导农民认识到金钱不是唯一的追求，良好的人际合作、互惠包容所带来的身心愉悦和丰富的社会资本亦应成为农民的价值追求。

① 邓小平．邓小平文选：第2卷［M］．北京：人民出版社，1994：102.

结语

农民公共精神培育的路径选择

人民公社解体后，国家通过自上而下的理性设计和制度供给，实现农村基层民主自治。村民自治制度的设计理念是实现人民当家做主。村民自治实践为广大农民提供了参与农村公共事务、切身体验和感受民主的机会，满足了农民政治上要求，激发了农民投身农村社会主义民主政治建设的积极性。然而，村民自治实践中，基层民主发展并没有真正实现民主的发展理念，反而出现民主选举形式化、民主决策表面化、民主管理不规范和民主监督空置化等现象，极大地抑制了农村基层民主的发展。农村基层民主发展，制度的完善和机制的优化无疑是重要内容，但农民公共精神和公共意识也不可或缺。英格尔斯说："如果一个国家的人民缺乏一种赋予这些制度以真实生命力的广泛的现代心理基础，如果执行和运用着这些现代制度的人，自身还没有从心理、思想、态度和行为方式上都经历一个向现代化的转变，失败和畸形发展的悲剧结局是不可避免的。"① 因此，农村基层民主建设和村民自治制度良性运行需要加强农民公共精神培育。

农民公共精神培育为村民自治良性运行提供内在支撑。中西方尽管存在着文化渊源和历史发展的差异，但在乡村自治和基层民主发展依赖于农民公共精神的基本发展逻辑上却具有共通性。梁漱溟强调乡村建设是"创造新文化，救活旧农村"。他将近代中国的问题归结为文化问题，强调在继承传统

① 〔美〕英格尔斯. 人的现代化［M］. 殷陆君，译. 成都：四川人民出版社，1985：4.

文化的基础上，吸收西方公共性思想，解决农民“精神破产”问题，实现乡村社会的重建。晏阳初、卢作孚也提出应通过团体生活培育农民公共精神，促进乡村建设。费孝通分析中国传统国家与地方“双轨政治”的运行逻辑，强调了“自下而上”政治轨道具有民主治理的意蕴。但乡绅的祛公共性没能始终保持“自下而上”的政治轨道畅通，将地方自治的前途寄托在制度创新的同时，还应强调乡民的公共责任和公共意识。在西方，托克维尔关于新英格兰乡镇自治的原因分析中强调民情之于地理环境、法制因素的优先性；帕特南富有历史感地将意大利南北制度绩效差异归结于社会资本。中西方学者极富说服力地证成了公共精神之于农村基层民主自治的支撑作用。

思想政治教育为农民公共精神培育提供了可行性路径。农民思想政治教育是中国共产党的优良传统和政治优势，是实现党的领导、完成各项工作任务的重要保证。在革命、建设和改革的各个时期，中国共产党加强对农民思想政治教育和改造，积累了丰富的教育经验，形成了农民思想政治教育的理论体系，如将农民思想政治教育与党的中心工作结合起来，将思想政治工作融入具体业务工作中，将教育与利益满足结合等。成功地动员农民参与民主革命并取得革命胜利，成功实现农民思想意识与党的政策接轨，摆脱宗法观念，塑造了新型农民的形象，确保了党在农村的各项方针政策得以顺利推进，推动了民主革命、社会主义改造完成，农民思想政治教育发挥了其“经济工作和其他一切工作的生命线”的功能。这些成功经验既为农民公共精神培育的思想政治教育路径提供了可行性证明，也证成了农民思想政治教育通过公共精神培育促进农村各项制度的有效实施。

农民思想政治教育缺乏有效性以及与此相关的农民公共精神不足抑制了村民自治的良性运行。当前，各地在推进村民自治中都不同程度地强化了制度供给，但片面的制度供给缺乏与之相适应的“乡村习俗”的问题指向，导致制度规范技能化，村民自治运行出现仪式性、功利性、盲目性和非理性的形式民主。究其原因在于农民公共意识不强：传统宗族观念仍然存在，集体意识淡薄，公共理性不足等。公共意识不强一方面抑制了村民自治制度的有效运行，另一方面使村民自治陷入利益博弈之中，降低了自治制度绩效，增加了集体行动困境。而培育农民公共精神的农民思想政治教育又缺乏有效教育机制，生活教育难以应对生活的丰富性，知性教育难以契合行为的功利性，实践经验难以形成机制化的思想政治教育模式等，致使农民思想政治教育有效性不足，强化农民公共精神培育的思想政治教育就成为应对困境的必然逻辑。

农民思想政治教育路径下培育农民公共精神需要在理论和实践两个维度上进行。理论路径遵循马克思主义共同体理论及其促进人的自由全面发展的理论逻辑，提出了农村社会生活共同体建构的中国实践。社会生活共同体强调人民当家做主为核心价值。人民当家做主的核心价值是通过党的领导、广泛公共参与和共同体的认同、归属感体现，并以此形成社会生活共同体的中国特色。中国特色的社会生活共同体诸要素的实现需要农民公共精神为支撑。农民公共精神培育坚持农民思想政治教育的路径。思想政治教育路径下农民公共精神培育的实践方式需要做好四方面工作：一是坚持党对农民公共精神培育的领导，二是发挥新乡贤的农民公共精神培育功能，三是在社区文化建设中培育农民公共精神，四是利用农村多元载体培育农民公共精神。

最后，需要强调的是公共精神以彰显人的主体性和公共性而成为现代社会进步的标志，而现代社会进步和发展并非单向的个别推进，而是一个系统化的推进过程。从这一角度而言，村民自治制度完善、公共精神培育和农民思想政治教育的互动无疑是具有现代性指向和符合社会发展规律，探究农民公共精神培育的思想政治教育路径也具有顺应潮流的现实意义。反思中西方乡村治理与农民公共精神培育的关系，以及梳理中国共产党在革命、建设和改造时期的农民思想政治教育的经验等方面都已取得了一些有价值的成果。从农民公共意识和思想政治教育的视角分析当前农村基层民主建设的制度供给出现的问题，从农民思想政治教育的理论和实践两方面提供了路径建设思路，具有了现实关照。但也不得不坦承村民自治所关涉的内容非制度供给所能囊括，而公共精神培育虽然具有明确的问题指向，但面临着复杂的思想观念问题，涉及习俗、传统和地方性知识等诸多因素的合力。因此论文本身只涉及其中极少的部分内容。再加上对已论及内容的知识储备、方法应用和学术能力都有待提高，使论文的研究还处于初步的探索与尝试阶段。有关村民自治制度与农民公共精神的关系还需要在今后的学术生涯中做系统的、精细化的研究。

参考文献

一、经典著作类

[1] 马克思，恩格斯．马克思恩格斯选集：第1—4卷［M］．北京：人民出版社，1995.

[2] 马克思，恩格斯．马克思恩格斯文集：第1、2、4、7、8卷［M］．北京：人民出版社，2009.

[3] 马克思，恩格斯．马克思恩格斯全集：第23、42、46卷［M］．北京：人民出版社，1979.

[4] 马克思，恩格斯．马克思恩格斯全集：第3卷［M］．北京：人民出版社，2002.

[5] 马克思，恩格斯．马克思恩格斯全集：第30卷［M］．北京：人民出版社，1995.

[6] 马克思，恩格斯．马克思恩格斯全集：第44卷［M］．北京：人民出版社，2001.

[7] 马克思，恩格斯．马克思恩格斯全集：第21卷［M］．北京：人民出版社，2003.

[8] 列宁．列宁选集：第1-4卷［M］．北京：人民出版社，2012.

[9] 列宁．列宁全集：第55卷［M］．北京：人民出版社，1990.

二、党的文献类

[10] 毛泽东．毛泽东选集：第1、2卷［M］．北京：人民出版

社，1991.

［11］中共中央文献研究室．毛泽东文集：第1卷［M］．北京：人民出版社，1993.

［12］中共中央文献研究室．毛泽东文集：第6、7卷［M］．北京：人民出版社，1999.

［13］邓小平．邓小平文选：第1、2卷［M］．北京：人民出版社，1994.

［14］邓小平．邓小平文选：第3卷［M］．北京：人民出版社，1993.

［15］江泽民．江泽民文选：第3卷［M］．北京：人民出版社，2006.

［16］胡锦涛．胡锦涛文选：第3卷［M］．北京：人民出版社，2016.

［17］习近平．习近平谈治国理政［M］．北京：外文出版社，2014.

［18］党的十七大报告辅导读本［M］．北京：人民出版社，2007.

［19］党的十八大报告辅导读本［M］．北京：人民出版社，2012.

［20］中共中央文献研究室．十六大以来重要文献选编［M］．北京：中央文献出版社，2008.

［21］中共中央文献研究室．十七大以来重要文献选编：上［M］．北京：中央文献出版社，2009.

三、重要著作类

［22］蒋永福，吴可，岳长龄．东西方哲学大辞典［M］．南昌：江西人民出版社，2000.

［23］樊浩．伦理精神的价值生态［M］．北京：中国社会科学出版社，2001.

［24］徐勇．乡村治理与中国政治［M］．北京：中国社会科学出版社，2003.

［25］毛丹，任强．中国农村公共领域的生长［M］．北京：中国社会科学出版社，2006.

［26］李德瑞．学术与时势［M］．北京：社会科学文献出版社，2012.

[27] 王南湜. 从领域合一到领域分离 [M]. 太原: 山西教育出版社, 1998.

[28] 梁启超. 新民论 [M]. 郑州: 中州古籍出版社, 1998.

[29] 费孝通. 乡土中国 [M]. 北京: 北京大学出版社, 1998.

[30] 许纪霖. 公共性与公民观 [M]. 南京: 凤凰出版传媒集团、江苏人民出版社, 2006.

[31] 徐勇. 中国农村村民自治 [M]. 北京: 华中师范大学出版社, 1997.

[32] 周国文. 公民伦理观的历史源流 [M]. 北京: 中央编译出版社, 2008.

[33] 梁漱溟. 中国文化要义 [M]. 北京: 世纪出版集团 2005.

[34] 卢福营. 农民分化过程中的村治 [M]. 海口: 南方出版社, 2000.

[35] 景跃进. 政治空间的转换 [M]. 北京: 中国社会科学出版社, 2004.

[36] 应奇, 刘训练. 公民共和主义 [M]. 北京: 东方出版社, 2006.

[37] 王惠岩. 当代政治学基础 [M]. 北京: 高等教育出版社, 2003.

[38] 王圣诵. 中国自治法研究 [M]. 北京: 中国法制出版社, 2003.

[39] 郑杭生. 当代中国农村社会转型的实证研究 [M]. 北京: 中国人民大学出版社, 1996.

[40] 浦兴祖, 洪涛. 西方政治学说史 [M]. 上海: 复旦大学出版社, 2004.

[41] 高旭东, 吴忠民. 孔子精神与基督精神 [M]. 石家庄: 河北人民出版社, 1989.

[42] 高洪涛. 政治文化论 [M]. 北京: 中国广播电视出版社, 1990.

[43] 白钢, 赵寿星. 选举与治理 [M]. 北京: 中国社会科学出版社, 2001.

[44] 殷啸虎, 王月明. 宪法学 [M]. 北京: 中国法制出版社, 2001.

[45] 郭于华. 仪式与社会变迁 [M]. 北京: 社会科学文献出版

社，2000.

[46] 吕思勉．中国制度史［M］．上海：上海教育出版社，1985.

[47] 王平．宗法宗族思想观念与中国私营企业管理［M］．北京：中国评论学术出版社，2011.

[48] 周洪宇．陶行知生活教育学说［M］．武汉：湖北长江出版集团 2011.

[49] 罗国杰．罗国杰自选集［M］．北京：学习出版社，2003.

[50] 房宁．民主政治十论［M］．北京：中华书局 2009.

[51] 秦树理．公民学概论［M］．河南：郑州大学出版社，2009.

[52] 李伟言．重塑我们的道德生活［M］．北京：北京师范大学出版社，2012.

[53] 李卫东．法治秩序的建构［M］．北京：中国政法大学出版社，1999.

[54] 杨念群，黄兴涛，毛丹．新史学：多学科对话的图景：下［M］．北京：中国人民大学出版社，2003.

[55] 许国贤．个人自由的政治理论［M］．北京：法律出版社，2008.

[56] 陈家刚．协商民主［M］．北京：生活·读书·新知三联书店 2004.

[57] 胡伟．政府过程［M］．北京：杭州：浙江人民出版社，1998.

[58] 吴忠民．社会公正论［M］．济南：山东人民出版社，2004.

[59] 詹世友．道德教化与经济技术时代［M］．南昌：江西人民出版社，2002.

[60] 龚群．以德治国论［M］．沈阳：辽宁人民出版社，2002.

[61] 崔效辉．现代化视野中的梁漱溟乡村建设理论［M］．杭州：浙江大学出版社，2013.

[62] 吴星云．乡村建设思潮与民国社会改造［M］．天津：南开大学出版社，2013.

[63] 顾成敏．公民社会与公民教育［M］．北京：知识产权出版社，2007.

[64] 张继军．先秦道德生活研究［M］．北京：人民出版社，2011.

[65] 胡虹霞．公民道德建设模式研究［M］．北京：社会科学文献出版

社，2013.

[66] 何怀宏．底线伦理［M］．沈阳：辽宁人民出版社，1998.

[67] 周昌忠．中国传统文化的现代性转型［M］．北京：三联书店2002.

[68] 任剑涛．道德理想主义和伦理中心主义［M］．北京：东方出版社，2003.

[69] 晏阳初．晏阳初全集·十年来的中国乡村建设［M］．长沙：湖南教育出版社，1989.

[70] 卢作孚．卢作孚文集·建设中国的困难及其必循的道路［M］．北京：北京大学出版社，1999.

[71] 冯尔康．中国宗族社会［M］．杭州：浙江人民出版社，1994.

[72] 张凤阳．现代性的谱系［M］．江苏：南京大学出版社，2004.

[73] 郑也夫．信任论［M］．北京：中国广播电视出版社，2001.

[74] 黄志成．西方教育思想的轨迹［M］．上海：华东师范大学出版社，2008.

[75] 张耀灿，陈万柏．思想政治教育学原理［M］．北京：高等教育出版社，2001.

[76] 张耀灿．中国共产党思想政治教育史论［M］．北京：高等教育出版社，2006.

[77] 陈秉公．21世纪思想政治教育创新理论体系［M］．长春：吉林教育出版社，2000.

[78] 许启贤．中国共产党思想政治教育史［M］．北京：中国人民大学出版社，2004.

[79] 李德芳，杨素稳．中国共产党农村思想政治教育史［M］．北京：中国社会科学出版社，2007.

[80] 冯治．中国农村现代化道路与规律［M］．北京：人民出版社，2004.

[81] 王伟光．建设社会主义新农村的理论与实践［M］．北京：中共中央党校出版社，2006.

[82] 方江山．非制度政治参与——以转型期中国农民为对象分析[M]．北京：人民出版社，2000.

[83] 沈壮海．思想政治教育有效性研究 [M]．湖北：武汉大学出版社，2001.

[84] 吴敏先．中国共产党与中国农民 [M]．吉林：东北师范大学出版社，2000.

[85] 南俊英．农村思想政治教育 [M]．北京：北京经济学院出版社，1991.

[86] 韩长钢．农村社会主义思想教育 [M]．北京：中国商业出版社，1991.

[87] 项久雨．思想政治教育价值论 [M]．北京：中国社会科学出版社，2003.

[88] 何俊志，任军锋．新制度主义政治学译文精选 [M]．天津：天津人民出版社，2007.

[89] 郭广银，杨明．当代中国道德建设 [M]．南京：江苏人民出版社，2000.

[90] 孙立平．转型社会的秩序再造 [M]．北京：社会科学出版社，2009.

[91] 袁洪亮．人的现代化：中国近代国民性改造思想研究 [M]．北京：人民出版社，2005.

[92] 邓正来．市民社会理论的研究 [M]．北京：中国政法大学出版社，2002.

[93] 彭继红．公共精神生活管理引论 [M]．北京：中国社会科学出版社，2004.

[94] 王振耀．白益华．乡镇政权与村委会建设 [M]．北京：中国社会出版社，1996.

[95] 王振耀．中国村民自治理论与实践探索 [M]．北京：宗教文化出版社，2000.

[96] 俞可平．中国公民社会的制度环境［M］．北京：北京大学出版社，2006.

[97] 俞可平．社群主义［M］．北京：中国社会科学出版社，1998.

[98] 刘鑫淼．当代中国公共精神培育研究［M］．北京：人民出版社，2010.

[99] 张英洪．农民权利论［M］．北京：中国经济出版社，2007.

[100] 林语堂．吾国与吾民［M］．北京：宝文堂书店，1988.

[101] 何信全．儒学与现代民主［M］．北京：中国社会科学出版社，2001.

[102] 唐凯麟．伦理大思路［M］．长沙：湖南人民出版社，2001.

[103] 郑永年，等．社会主义意识形态研究［M］．中山大学出版社，1999.

[104] 郭中华，刘训练．公民身份与社会阶级［M］．南京：江苏人民出版社，2007.

[105] 李学举．中国城乡基层政权建设工作研究［M］．北京：中国社会科学出版社，1994.

[106]〔美〕理查德·C. 博克斯．公民治理：引导21世纪的美国社区［M］．孙柏瑛，等，译．人民大学出版社，2013.

[107]〔美〕W. 古德．家庭［M］．北京：社会科学文献出版社，1986.

[108]〔美〕吉尔伯特·罗兹曼．中国的现代化［M］．南京：江苏人民出版社，2010.

[109]〔英〕恩靳·伊辛，布雷恩·特纳．公民权研究手册［M］．王小章，译，杭州：浙江人民出版社，2007.

[110]〔美〕麦金太尔．德性之后［M］．龚群，等，译．中国社会科学出版社，1995.

[111]〔美〕本杰明·巴伯．强势民主［M］．彭斌，等，译，长春：吉林人民出版社，2006.

[112]〔美〕施坚雅．中国农村的市场和社会结构［M］．中国社会科学

出版社，1998.

[113]〔德〕斐迪南·滕尼斯. 共同体与社会［M］. 林荣远，译. 北京：商务印书馆，1999.

[114]〔法〕罗桑瓦龙. 公民的加冕礼［M］. 吕一民，译. 上海：上海人民出版社，2005.

[115]〔美〕乔治·萨拜因. 政治学说史［M］. 邓正来，译. 上海：上海人民出版社，2015.

[116]〔美〕罗伯特·N. 贝拉，等. 心灵的习性［M］. 翟宏彪，等，译. 上海：三联书店，1991.

[117]〔法〕雷蒙·阿隆. 社会学主要思潮［M］. 葛智强，等，译. 北京：华夏出版社，2000.

[118]〔美〕詹姆斯·科尔曼. 社会理论的基础：上［M］. 邓方，译. 社会科学文献出版社，1990.

[119]〔美〕李普赛特. 政治人——政治的社会基础［M］. 张绍宗，译. 上海：上海人民出版社，1997.

[120]〔法〕埃米尔·涂尔干. 社会分工论［M］. 渠东，译. 上海：三联书店，2000.

[121]〔英〕恩靳·伊辛、布雷恩·特纳. 公民权研究手册［M］. 王小章，译. 杭州：浙江人民出版社，2007.

[122]〔英〕亚当·斯密. 道德情操论［M］. 蒋自强，钦北愚，等，译. 北京：商务印书馆，1997.

[123]〔法〕路易·诺斯兰. 权利相对论［M］. 王伯琦，译. 北京：中国法制出版社，2006.

[124]〔英〕休谟. 人性论［M］. 关文运，译. 北京：商务印书馆，1980.

[125]〔美〕杜赞奇. 从民族国家拯救历史［M］. 王宪明，等，译. 北京：社会科学文献出版社，2003.

[126]〔美〕埃莉诺·奥斯特罗姆. 公共事物的治理之道——集体行动

制度的演进［M］. 余逊达，等，译. 上海：三联书店，2000.

［127］〔德〕康德. 历史理性批判文集［M］. 何兆武，译. 北京：商务印书馆，1997.

［128］〔美〕伯尔曼. 法律与宗教［M］. 梁治平，译. 北京：中国政法大学出版社，2003.

［129］〔美〕科恩. 论民主［M］. 北京：商务印书馆，1988.

［130］〔美〕约翰·托马斯. 公共决策中的公民参与［M］. 孙伯瑛，等，译. 北京：中国人民大学出版，2005.

［131］〔美〕盖伊·彼得斯. 政府未来的治理模式［M］. 吴爱明，等，译. 北京：中国人民大学出版社，2001.

［132］〔美〕米勒. 后现代公共行政［M］. 楚艳红，等，译. 北京：中国人民大学出版社，2003.

［133］〔日〕蒲岛郁夫. 政治参与［M］. 解莉莉，译. 北京：经济日报出版社，1989.

［134］〔美〕约翰·杜威. 人的问题［M］. 傅统先，等，译. 上海：上海人民出版社，1987.

［135］〔英〕冯·哈耶克. 法律、立法与自由：第1卷［M］. 邓正来，译. 北京：中国大百科全书出版社，2000.

［136］〔美〕斯蒂文·R·史密斯. 新公共政策——民主制度下的公共政策［M］. 钟振明，朱涛，译. 上海：上海交通大学出版社，2005.

［137］〔美〕詹姆斯·博曼，威廉·雷吉. 协商民主：论理性与政治［M］. 陈家刚，译. 北京：中央编译出版社，2006.

［138］〔美〕迈克尔·豪利特，M·拉米尔. 公共政策研究［M］. 庞诗，等，译. 上海：三联书店，2006.

［139］〔美〕麦金太尔. 追寻美德［M］. 宋继杰，译. 北京：译林出版社，2003.

［140］〔美〕亨廷顿. 变化社会中的政治秩序［M］. 王冠华，等，译. 上海：上海世纪出版集团，2008.

[141]〔日〕福泽谕吉．文明论概论［M］．北京：商务印书馆，1982.

[142]〔英〕休谟．道德原则研究［M］．曾小平，译．北京：商务印书馆，2012.

[143]〔美〕英格尔斯．人的现代化［M］．殷陆君，译．成都：四川人民出版社，1985：4.

[144]〔美〕汉娜·阿伦特．人的条件［M］．竺乾威，译．上海：上海人民出版社，1999.

[145]〔美〕汉娜·阿伦特．论革命［M］．陈周汪，译．北京：译林出版社，2007.

[146]〔美〕汉娜·阿伦特．精神生活·思维［M］．姜志辉，译．南京：江苏教育出版社，2006.

[147]〔德〕哈贝马斯．公共领域的结构转型［M］．曹卫东，等，译．北京：学林出版社，1999.

[148]〔德〕哈贝马斯．哈贝马斯在华讲演集［M］．北京：人民出版社，2002.

[149]〔德〕哈贝马斯．在事实与规范之间［M］．童世骏，译．上海：三联书店，2003.

[150]〔美〕珍妮特·登哈特，罗伯特·登哈特．新公共服务：服务而不是掌舵［M］．丁煌．译，北京：中国人民大学出版社，2004.

[151]〔荷〕曼德维尔．蜜蜂的寓言［M］．肖聿，译．北京：中国社会科学出版社，2002.

[152]〔加〕查尔斯·泰勒．现代性之隐忧［M］．程炼，译．北京：中央编译出版社，2001.

[153]〔美〕萨托利．民主新论［M］．北京：东方出版社，1998.

[154]〔美〕R. 尼布尔．道德的人与不道德的社会［M］．蒋庆，等，译．贵阳：贵州人民出版社，1998.

[155]〔美〕罗伯特·D. 帕特南．使民主运转起来［M］．南昌：江西人民出版社，2001.

[156]〔德〕托马斯·海贝勒，等．从群众到公民［M］. 张文红，译．北京：中央编译局出版社，2009.

[157]〔英〕安东尼·吉登斯．现代性与自我认同［M］. 赵旭东，等，译. 上海：三联书店，1998.

[158]〔德〕康德．历史理性批判［M］. 何兆武，译．北京：商务印书馆，1990.

[159]〔德〕康德．道德形而上学原理［M］. 苗力田，译．上海：上海人民出版社，2002.

[160]〔英〕希特．何谓公民身份［M］. 郭忠华，译．吉林出版集团有限责任公司，2000.

[161]〔美〕德沃金．至上的美德［M］. 冯克利，译．南京：江苏人民出版，2003.

[162]〔意〕马基雅维利．论李维［M］. 冯克利，译．上海：上海人民出版社，2005.

[163]〔澳〕佩迪特．共和主义［M］. 刘训练，译．南京：江苏人民出版社，2006.

[164]〔美〕罗尔斯．作为公平的正义［M］. 姚大志，译．北京：中国社会科学出版社，2014.

[165]〔美〕罗尔斯．政治自由主义［M］.. 万俊人，译．南京：译林出版社，2000.

[166]〔英〕齐格蒙特·鲍曼．共同体［M］. 欧阳景根，译．南京：江苏人民出版社，2003.

[167]〔古希腊〕亚里士多德．政治学［M］. 颜一，等，译．北京：中国人民大学出版社，2003.

[168]〔古希腊〕亚里士多德．尼各马科伦理学［M］. 苗力田，译．北京：中国社会科学出版社，1999.

[169]〔美〕马尔库塞．单向度的人［M］. 张峰，吕世平，译．重庆：重庆出版社，1988.

[170]〔法〕卢梭. 爱弥尔：上 [M]. 李平沤，译. 北京：商务印书馆，1982.

[171]〔法〕卢梭. 社会契约论 [M]. 何兆武，译. 北京：商务印书馆，1980.

[172]〔古罗马〕西塞罗. 论共和国论法律 [M]. 王焕生，译. 北京：中国政法大学出版社，1997.

[173]〔古罗马〕西塞罗. 国家篇法律篇 [M]. 沈叔平，苏力，译. 北京：商务印书馆，1999.

[174]〔英〕J. S. 密尔. 代议制政府 [M]. 汪煊，译. 北京：商务印书馆，1982.

[175]〔法〕托克维尔. 论美国的民主：上、下 [M]. 董果良，译. 北京：商务印书馆，1988.

[176]〔英〕莫里斯·罗齐. 重新思考公民身份 [M]. 郭忠华，等，译. 长春：吉林出版集团，2010.

[177]〔意〕马基雅维利. 论李维 [M]. 冯克利，译. 上海：上海人民出版社，2005.

[178]〔加〕威尔·金里卡. 当代政治哲学：上、下 [M]. 刘莘，译. 上海：三联书店，2004.

[179]〔英〕戴维·米勒，韦农·波格丹诺. 布莱克维尔政治学百科全书 [M]. 邓正来，译. 北京：中国政法大学出版社，1992.

[180]〔美〕罗伯特. A. 达尔. 多元主义民主的困境 [M]. 尤正明，译. 北京：求实出版报社，1989.

[181]〔德〕黑格尔. 历史哲学 [M]. 王造时，译. 北京：生活·读书·新知三联书店，1956：65.

[182]〔法〕孟德斯鸠. 论法的精神：上 [M]. 张雁深，译. 北京：商务印书馆，1961.

[183]〔德〕马克斯·韦伯. 经济与社会：上、下 [M]. 林荣远，译. 北京：商务印书馆，1997.

[184]〔德〕马克斯·韦伯．儒教与道教［M］．北京：人民出版社，1993.

[185]〔美〕加里·沃塞曼．美国政治基础［M］．陆震纶，等，译．北京：中国社会科学出版社，1994.

[186] Welch. The Cambridge Companion to Tocqueville［M］. NewYork: Cambridge University Press, 2006.

[187] Frohnen, Bruce. Virtue and the promise of conservatism: the legacy of Burke and Tocqueville. Lawrence［M］. Kan: University Press of Kansas, 1993.

[188] Amy Gutmann, Dennis Thompson. Why Deliberative Democracy? [M]. Princeton: Princeton University Press, 2004.

[189] James Bohman, WilliamRehg (ed.). Deliberative Democracy [M]. Cambridge, Massachusetts: MIT Press, 1997.

[190] Robert D. Heslep. Moral Education For Americans［M］. Westport: Praeger Publishers, 1995.

[191] Olson M. The Logic of Collective Action: Public Goods and the Theory of Groups［M］. Cambridge, Mass.: Harvard University Press, 1965.

[192] John Fortescue. On the laws and government of England [M]. London: Cambridge university press, 1997.

[193] Bryan S. Turner, Peter Hamilton. Citizenship: Critical Concepts, VollumeI, ed [M]. London: Roultedge. 1994.

[194] seyla Benhabib. Democracy and difference［M］. Princeton: Princeton University Press, 1996.

[195] Collins, Susan D.. Aristotle and the Rediscovery of Citizenship [M]. Cambridge: Cambridge University Press, 2006.

[196] Dowey, Kelly. Moral Education: Theory and Practice [M]. Harperand RowLtd. 1978.

[197] Kerry J. Kennedy. Citizenship Education and the Moder State [M].

The Falmer Press, 1997.

[198] H. Starkey. Education for Citizenship: Ideas and Perspectives for Cross Curricular Study [M]. London: Kogan, 1992.

[199] Stuart Elden. Understanding Henri Lefebvr [M]. London and NewYork: Continulsm, 2004.

[200] Eduardo Nolla. Liberty equality democracy [M]. NewYork: NewYork University Press, 1992.

[201] Henri Lefebvre. Critique of Everyday Life [M]. London and NewYork: Verso, 1991.

[202] Hahn, C. L. Becoming Political: Comparative perspectives on citizenship education [M]. Albany: State University of New York Press, 1998.

[203] Will Kymlicka&Wayne Norman (eds.). Citizenship in Diverse Societies [M]. Oxford University Press, 2000.

[204] Honohan. Civic Republicanism [M]. Routledge, 2002.

[205] Walzer. Civility and Civic Virtue in Contemporary America [M]. Principles, Basic Books. 1980.

[206] Galston William. Liberal Purposes [M]. Cambridge: Cambridge University Press, 1991.

[207] Stephen Macedo. Liberal Virtues [M]. Oxford: Clarendon Press, 1990.

[208] John Rawls. The Priority of Right and Ideas of the Good [M]. Philosophy & Public Affairs, 1988.

[209] Kymlicka, Will, Wayne Norman. Citizenship in Diverse Society [M]. Oxford University Press, 2000.

[210] Oldfield. Citizenship and Community: Civic Republicanism and the Modern World [M]. London: Routledge, 1990.

[211] Bryan S. Turner, Peter Hamilton. Citizenship: An Unnatural Practice [M]. in Citizenship: Critical Concepts, Volume Ⅰ, ed. London: Roultedge,

1994.

[212] Ignatieff, Michael. The Myth of Citizenship, in the orizing Citizenship, ed. [M]. New York: State University of New York Press, 1995.

[213] Derek Heater. What is citizenship? [M]. UK: PolityPress, 1999.

四、报刊、论文类:

[1] 池忠军. 善治的德性诉求 [J]. 道德与文明, 2007 (2).

[2] 池忠军. 社区至社会生活共同体化的规范性分析 [J]. 社会主义研究, 2010 (4).

[3] 沈新刊. 乡村社会秩序整合中的制度性规范与非制度性规范: 改革开放以来乡村社会秩序的实践 [D]. 武汉: 华中师范大学, 2008.

[4] 刘宇. 从臣民到公民: 个人自由与权利生长历程的逻辑性考察 [D]. 天津: 南开大学, 2010.

[5] 牛利华. "回归生活世界"思潮的教育学省察 [D]. 长春: 东北师范大学, 2007.

[6] 刘训练. 公民与共和: 当代西方共和主义研究 [D]. 天津: 天津师范大学, 2006.

[7] 易晋. 我国城市社区治理变革与社会资本研究 (1978 - 2008): 一种制度变迁分析视角 [D]. 上海: 复旦大学, 2009.

[8] 贺雪峰. 当前乡村治理模式的形成与面临的挑战 [J]. 福建论坛, 1998 (9).

[9] 沈延生. 村政的兴衰与重建 [J]. 战略与管理, 1998 (6).

[10] 董少林, 蔡永凤. 农村公共服务的有限理性与集体理性——以农村校车服务为例 [J]. 江西社会科学, 2014 (9).

[11] 王芳. 农村思想政治教育面临的问题与对策 [J]. 理论探索, 2006 (1).

[12] 谭莉莉. 公共精神: 塑造公共行政的基本理念 [J]. 探索, 2002 (4).

[13] 袁祖社．公共精神：培育当代民族精神的核心理论维度 [J]．北京师范大学学报，2006 (1)．

[14] 张成福．论公共行政的“公共精神”[J]．中国行政管理，1995 (5)．

[15] 张华，赵海林．公共精神：公共管理的核心诉求 [J]．天府新论，2008 (6)．

[16] 卞桂平．公共精神的伦理形态及逻辑进路 [J]．云南社会科学，2014 (3)．

[17] 俞睿．公共领域与公共精神的关系演变 [J]．理论探索，2008 (6)．

[18] 温振英，陈付龙．论我国公共精神生长的历史进路 [J]．南昌大学学报（人文社会科学版），2007 (3)．

[19] 丛知．公民公共精神缺失的社会根源与催生的“土壤”[J]．福建行政学院学报，2008 (6)．

[20] 王丽．公共治理视域下乡村公共精神的缺失与重构 [J]．行政论坛，2012 (4)．

[21] 朱学勤．让人为难的罗素 [J]．读书，1996 (1)．

[22] 胥博．康德：启蒙与理性的公共运用 [J]．浙江社会科学，2014 (2)．

[23] 郭忠华．善治：中国的思考——以社会资本理论作为研究范式 [J]．理论与改革，2003 (2)．

[24] 王永益．社区公共精神培育与社区和谐善治 [J]．学海，2013 (4)．

[25] 吴光芸．社会资本与协商民主：渊源、互动与发展 [J]．中共福建省委党校学报，2007 (9)．

[26] 梁莹．寻求社会资本与协商民主的良性互动 [J]．浙江社会科学，2005 (6)．

[27] 吴毅．村治中的政治人——一个村庄农民公共参与和公共意识的

分析 [J]. 战略与管理，1998 (1) .

[28] 马俊锋，袁祖社．中国“公民社会”的生成与民众“公共精神”品质的培养与化育 [J]. 人文杂志，2006 (1) .

[29] 吴春梅，石绍成．乡村公共精神：内涵、资源基础与培育 [J]. 前治，2010 (7) .

[30] 笪素林．社会治理与公共精神 [J]. 南京社会科学，2006 (9) .

[31] 铁锴．和谐社会构建中的民主制度供给与公民精神化育 [J]. 内蒙古社会科学（汉文版），2008 (2) .

[32] 田超．公德、私德的分离与公共理性建构的二重性——以梁启超、李泽厚的观点为参照 [J]. 道德与文明，2013 (3) .

[33] 闵学勤．社区冲突：公民性建构的路径依赖——以五大城市为例 [J]. 社会科学，2010 (11) .

[34] 李德芳．吕振羽是村民自治一词的最早使用者 [J]. 北京师范大学学报（社会科学版），2000 (5) .

[35] 陈箭，刘民安．简论村民委员会的法律地位 [J]. 政治与法律 1992 (6) .

[36] 张景峰．对村民自治概念的法学分析 [J]. 社会主义研究，2003 (3) .

[37] 白钢．中国村民自治法制建设平议 [J]. 中国社会科学，1998 (3) .

[38] 李永杰．个人主义与公共精神的悖论性共处——公民社会视阈中的美国早期国民性格 [J]. 中共福建省委党校学报，2010 (1) .

[39] 徐勇．中国民主之路：从形式到实体——对村民自治价值的再发掘 [J]. 开放时代，2000 (11) .

[40] 万俊人．公民美德与政治文明 [N]. 光明日报，2007－06－19.

[41] 万俊人．制度的美德及其局限 [J]. 中国人民大学学报，2005 (3)。

[42] 李萍．论公民美德与市场道德的内在关联 [J]. 北京大学学报

(哲学社会科学版), 2007 (4).

[43] 周红云. 社会资本理论述评 [J]. 马克思主义与现实, 2002 (5).

[44] 秦晖. 传统中国社会的再认识 [J]. 战略与管理, 1996 (6).

[45] 杨仁忠. 社会公共领域的社会矛盾调处功能 [J]. 社会科学家, 2013 (12).

[46] 俞睿. 公共领域与公共精神的关系演变 [J]. 理论探索, 2008 (6).

[47] 徐勇, 赵德健. 找回自治: 对村民自治有效实现形式的探索 [J]. 华中师范大学学报(人文社会科学版), 2014 (4).

[48] 萧延中. 中国早期社会共同体之政治形式与象征系谱纲要 [J]. 华南师范大学学报(社会科学版), 2007 (4).

[49] 潘嘉玮, 周贤日. 村民自治权与农民经济自主权 [J]. 华南师范大学学报(社会科学版), 2003 (4).

[50] 韩玉璞. 道德重构与制度伦理环境建设 [J]. 河南师范大学学报, 2008 (3).

[51] 蒋达勇, 王金红. 反向民主对村民自治制度绩效的影响——一个新的理论解释 [J]. 开放时代, 2012 (5).

[52] 景跃进. 村民自治的空间拓展及其问题 [J]. 教学与研究, 2001 (5).

[53] 唐昊. 诊断"政治冷漠症" [J]. 中国改革, 2004 (7).

[54] 戴雪梅. 制度创新刍议: 价值取向与操作方法 [J]. 求实, 2004 (5).

[55] 杨以谦. 对农民思想政治教育要有新思路 [J]. 思想政治教育, 2001 (2).

[56] 吴素雄, 陈洪江. 从精英治理到民主治理——村民自治制度演进分析 [J]. 江苏社会科学, 2004 (1).

[57] 魏佐国. 新农村建设中的思想道德诉求 [J]. 求实, 2006 (11).

[58] 郭正林. 当代中国农民政治参与的程度、动机及社会效应 [J]. 社会学研究, 2003 (3).

[59] 吴毅. 村治中的政治人 [J]. 战略与管理, 1998 (1).

[60] 陈剩勇, 吴兴智. 公民参与与地方公共政策的制定——以浙江省温岭市民主恳谈会为例 [J]. 学术界, 2007 (5).

[61] 王丽. 公民社会视角下的村民自治研究 [J]. 理论探讨, 2012 (4).

[62] 丛日云. 当代中国政治语境中的"群众"概念分析 [J]. 政治学研究, 2005 (7).

[63] 郜会远. 当前我国非制度化政治参与问题探析 [J]. 云南行政学院学报, 2005 (2).

[64] 张慧卿, 刘丽琪. 亚里士多德公民参与思想对民主政治建设的启示 [J]. 理论探索, 2010 (5).

[65] 陈向军, 徐鹏皇. 村民自治中农民政治参与探讨——基于利益与利益机制的视角 [J]. 宁夏社会科学, 2014 (2).

[66] 盛邦和. 梁漱溟"乡村建设"思想及其发展观叙论 [J]. 江苏社会科学, 2007 (3).

[67] 孟军. 西方近代公民德性观的演进 [J]. 浙江社会科学, 2007 (6).

[68] 董磊明, 陈柏峰, 聂良波. 结构混乱与送法下乡——河南宋村法律实践的解读 [J]. 中国社会科学, 2008 (2).

[69] 〔美〕理查德·罗斯. 反向的民主化: 第三波民主的问题, 王正绪, 方瑞丰, 译. 开放时代, 2007 (3).

[70] 〔美〕乔治·M·瓦拉德兹. 协商民主 [J]. 何莉, 编译. 马克思主义与现实, 2004 (3).

[71] 〔英〕郑永年. 先有制度基础, 后有民主政治 [J]. 新华文摘, 2008 (6).

[72] 吴重庆. 村治及其本土资源 [EB/OL] Http: //www. ccrs.

org. cn，2003. 3. 7.

[73] 吴春梅．村庄治理转型中农民公共精神的核心向度［J］. 青海社会科学，2014（4）．

[74] 陈剩勇．村民自治何去何从——对中国农村基层民主发展现状的观察和思考［J］. 学术界，2009（1）．

[75] 鲁洁．超越性教育——兼论病态适应的教育［J］. 华东师范大学学报（教育科学版），2007（4）．

[76] 曹根记．加强新时期农村思想政治教育的思考［J］. 湖北社会科学，2003（10）．

[77] 郑永廷．论思想政治教育的本质及其发展［J］. 教学与研究，2001（3）．

[78] 郭庆红，宗诚．在新形势下加强和改进农村思想政治教育的对策［J］. 江西社会科学，2003（1）．

后 记

虽然从大学毕业就在导师池忠军教授领导下进行学生工作，对池老师的工作能力、责任意识也有所了解。但具有深刻认识甚至影响到我人生的还是在随池老师读博期间的交流与互动。池老师渊博的学识、扎实的理论功底深深吸引着我。不论是上课还是师门学术交流，池老师对每一个问题的分析常常论及古今，兼达中外，由浅入深，透过现象看本质，最后回到问题上来，见解独到，视野开阔，分析入木三分，给人拨云见日之感。相较于池老师渊博的学识，对我影响更大的是他严谨的治学态度。池老师从不要求我们要如何刻苦学习，但只要你一走进他办公室，看着满屋的书，看着每本书里做着各种标记、标签，就会觉得不努力就有些愧对池老师。特别让人感动的是，池老师为指导我论文写作付出了太多的时间和精力。三次熬夜阅读论文全文，每次都会对论文框架、语言表达、逻辑论证等提出修改意见，甚至对论文中的标点符号也都做精准修改。池老师除了帮助我理顺论文写作思路，还提供了大量阅读书目，甚至亲自查阅和提供文献资料，使论文写作占据翔实的史料。师母易汝玲老师也在学习和家庭生活等方面给了我无微不至的关心，使我在枯燥、落寂、忧愁、焦虑中获得前进的动力。虽然论文业已写完，但文章离池老师的要求还有较大差距，也很惭愧。在今后的学术生涯中，我会以池老师为榜样，以严谨治学、勤奋踏实的态度回报恩师的关怀与帮助。

论文写作也得到了马克思主义学院各位老师的指导和帮助。邹放鸣教授在百忙之中抽出时间参与论文研讨，并鼓励我对农民问题的研究可以有所成就。丁三青教授也时时关心论文进展情况，并提出大量建设性修改意见；段鑫星教授不愧为心理学专家，除了关心论文写作外，还帮助我调适心理压力，给予我最温暖的安慰；张长立教授也对论文提出了大量修改意见。求学过程中陈勇教授、谭书敏教授、焦金波教授、张晓虎教授等给予了热情的指导和帮助，在此向各位老师表达由衷的感谢。

在攻读博士学位期间，与同学之间的彼此交流，互帮互助，友谊日益加深，也令我受益匪浅。感谢赵红灿、郭朝辉、李显棠、王丽、杜刚、李广文（博士）、沈立里、王守刚、王志钢等同学。另外还要感谢我众多同事给我论文写作提供无私帮助，亓光博士不仅参与论文研讨，还给论文写作提出大量修改意见；李绍伟副教授、阎国华副教授等同事细心阅读全文，提出了建设性意见；张建英、陈豪询等同事承担了更多的教学任务，以便为我提供较充分的论文写作时间；李晓东主任也通过不同方式鼓励我加快论文写作。在此向各位同事表示最衷心的感谢。

在论文写毕之际，我以这篇论文告慰与我阴阳两隔的父母。读博期间父母先后罹患癌症并医治无效双双去世，我因工作繁忙无法在病床前为父母尽孝而深感遗憾。在此感谢我亲爱的姐姐和弟弟，是他们在父母弥留之际接过了赡养父母的责任，使我能全身心投入论文写作中。感谢我岳父母，他们虽然年过八旬，但从不让我为他们的事情操心，反而时时让我将儿子交给他们看管。儿子乖巧、活泼，给我带来无尽欢乐。当我劳累之时，儿子跑到书房来有时与我“争抢”鼠标，有时给我按摩疼痛难忍的脖子，还俏皮地说“听话，按摩一会就不疼了”。儿子的健康、快乐、体贴、懂事给我带来莫大的安慰。最后，我要特别感谢我最挚爱的妻子，我在读博期间可谓经历了人生的酸甜苦辣：学业的压力、工作的繁忙、照顾年幼的儿子、照顾先后患病的父亲和母亲，以及为二老送终等。妻子是我这段艰难岁月的坚强后盾，作为医生的她，除了繁忙的业务工作外，还面临着申报课题、撰写论文和职称申报等工作压力。但她义无反顾地承担起了照顾生病的父母之责，深得父母喜爱。

本文写作过程中，我参阅和引用了大量国内外学者的研究成果，这些资料为论文写作提供了充分的学理支撑。论文盲评专家也给论文提出许多宝贵意见，使我从中获益良多，对此深表感谢。我深知自己学术研究能力有限，论文还客观存在着许多不尽如人意的地方，恳请各位答辩委员会专家学者不吝批评指正，我将在以后的学术研究中进一步修改和完善。